Die Kelten – Europas spirituelle Kindheit

Über dieses Buch:
Die Autoren nähern sich dem Rätsel des Keltentums zunächst ganz nüchtern und sachlich, eben so, wie es unserer Mentalität entspricht. Man braucht verschiedene gedankliche Ansätze, um das Keltentum zu »definieren«, z. B.: wie die Römer den Begriff verstanden; wie die Kelten ihn verstanden; als Bezeichnung einer linguistischen Gruppe; als Kunststil; als Geisteshaltung; als Begriff für das sogenannte »keltische Erbe«.

Wie man sieht, stehen wir vor einer komplexen Aufgabe. Am Anfang aller Interpretationen aber steht die Frage: Was wissen wir eigentlich über diese Kelten? – Die Berichte stimmen darin überein, daß sie die Natur über alles liebten. Sie verehrten sie in all ihren Erscheinungen als göttlich und waren für heutige Begriffe sehr erfinderisch und individuell in ihrem spirituellen Leben. Ihr Alltagsverhalten dürfte alles andere als langweilig gewesen sein: Sie galten als ebenso fröhlich wie jähzornig sowie von einer naiven Neugier geprägt. Ihr sexueller Ausdruck war noch nicht durch die ausgefeilten Tabus späterer Zivilisationsstufen eingegrenzt …

Wenn wir dieses Bild auf uns wirken lassen, stellen wir fest: Die Kelten stehen uns viel näher, als wir zu ahnen wagten. Ja, ihre Auffassung von Natur und Welt, ihre ganze Lebenshaltung ist von überraschender Aktualität. Es ist wohl mehr als ein Zufall, daß die Entdeckung des Keltentums als Keimzelle des kulturellen und spirituellen Erbes Europas einhergeht mit der Wiederentdeckung einer »ganzheitlichen Weltsicht«.

Fast mühelos gelingt es den Autoren den Bogen zu spannen von den Spuren der Vergangenheit hin zu einer spirituellen Wiedergeburt Europas.

Momo Edel & Bertram Wallrath

Die Kelten

Europas spirituelle Kindheit

NEUE ERDE

1 2 3 4 5 6 7 17 16 15 14 13 12 10 09 08 07 06 05

Titelseite: Dragon Design, GB
Fotos Titelseite und S. 31: Simant Bostock
Hauptmotiv Titel: Janusfigur, Boa Island, County Fermanagh, Irland
Hintergrund: Dolmen von Paulnabrone, Co. Clare, Irland, bei Sonnenuntergang

Lektorat: Andreas Lentz

Satz und Typographie: Dragon Design, gesetzt aus der Goudy

Gedruckt auf Recymago aus 100% Altpapier
Gesamtherstellung: Westermann-Druck, Zwickau

Printed in Germany

ISBN 3-89060-090-5

NEUE ERDE GmbH
Cecilienstr. 29 · 66111 Saarbrücken · Deutschland · Planet Erde
info@neueerde.de · www.neueerde.de

Inhalt

Mythen, Sagen und Legenden der Kelten
neu erzählt von Momo Edel

Ein auf einem Felsen stehender Druide schlichtet einen Streitfall (anonymer Stich aus dem 19. Jahrhundert)

Vorwort

Europa wird erwachsen – und entdeckt sein »Inneres Kind«

Die Wiederentdeckung von Naturheilkunde, Esoterik, Astrologie und sanfter Wissenschaft geht einher mit der Rückbesinnung auf das Erbe der keltischen Kulturepoche. Indem wir die Wichtigkeit einer ganzheitlichen, ökologischen Lebensweise erkennen, indem die Gleichberechtigung der Geschlechter nicht nur Fortschritte macht, sondern Realität wird, nähern wir uns wieder dem Leitbild unserer keltischen Vorfahren.

Die Menschen unserer technisch-kommunikativen Superwelt sehnen sich zurück nach dem Zauber ihrer eigenen Kindheit. Deshalb stellen wir hier unsere – vielleicht provokative – sicher aber innovative Idee vor: Das »keltische Zeitalter« ist die Kindheit Europas, und um wirklich erwachsen zu werden, muß der europäische Mensch, muß die europäische Kultur die Ideale und Visionen ihrer eigenen Kindheit wieder heimholen.

Das Keltentum ist unser spirituelles Erbe. Nicht zufällig ist das keltische Pantheon eine frühzeitliche multikulturelle Gesellschaft. Die Kelten sind für uns ein Vorbild für den Traum eines vereinten Europa, einer »Einheit in der Vielfalt« – der Regionen, Völker und Religionen.

Momo Edel & Bertram Wallrath im Frühjahr 2005

Europa holt sein inneres Kind heim

> Auf der Straße spielen Kinder, die einige meiner dringlichsten physikalischen Hauptprobleme lösen könnten, weil sie über Formen der Sinneswahrnehmung verfügen, deren ich seit langem verlustig gegangen bin.
>
> J. R. Oppenheimer, Physiker

Würden in etwa zweitausend Jahren Archäologen das ausgraben, was dann noch vom »christlichen Abendland« geblieben ist, würden sie vielleicht genauso ratlos davorstehen wie heutige Forscher vor den Zeugnissen der keltischen Kultur. Unsere Betonbauten werden zerbröselt, das Papier unserer Bücher und Zeitschriften vermodert, das Filmmaterial zersetzt und Plastikprodukte zerfallen sein. Vermutlich würden europäische Christen dann als »allgemein hellhäutig, langnasig, mit runden Augen, unterschiedlicher Haarfarbe und Körpergröße« beschrieben. Und damit werden diese Feststellungen genauso aussagekräftig sein, wie die heutigen Darstellungen der »Kelten« in einer Vielzahl von Forschungsberichten und populären Sachbüchern.

Eines ist sicher: Kein Völkerkundler oder Historiker, der heute ernstgenommen werden will, würde behaupten, finnische Samen (Lappen) und griechische Wanderhirten gehörten ein und demselben »Volk« an. Unbestritten ist auch, daß sowohl »blonde, hochgewachsene« Skandinavier wie auch »untersetzte, dunkelhäutige, dunkelhaarige« Portugiesen gute und ernstzunehmende Christen sein können. Das »christliche Abendland« ist ein Sammelbegriff für eine Kulturepoche (oder Zivilisationsstufe), die zwar räumlich und zeitlich mehr oder weniger einzugrenzen ist, da sie eine gemeinsame (Kultur-)Geschichte aufweist. Dennoch sprechen wir Europäer, Mitglieder dieser kulturellen

Gemeinschaft, viele Sprachen. Als Christen hegen wir unterschiedliche religiöse Vorstellungen. Ein buntes Spektrum der Sitten, Gebräuche, Verhaltensweisen und Temperamente kennzeichnet uns. Dabei käme niemand auf die Idee, uns »christliche Europäer« als ein Volk oder gar eine Rasse zu betrachten.

Genau dies geschieht jedoch häufig, wenn wir von den »Kelten« sprechen. Da ist die Rede vom »Volk, das aus dem Dunkel kam« oder vom »verborgenen Volk«. Damit greifen wir immer noch unkritisch auf die Vorstellungen und Begriffe der griechischen Antike zurück. Für den Athener oder Korinther waren seine so andersartigen europäischen Nachbarn eben die *Celtoi*, die »Verborgenen, Unbekannten«. Diese Bezeichnung war immerhin insofern zutreffend, da er diese Menschen nicht wirklich kannte. Er verstand nicht, welches Weltbild ihre besondere Lebensweise prägte. Es ging den alten Griechen mit ihren *celtoi* ähnlich wie uns heute mit unseren »Ausländern« oder »Fremden«.

Wie unsere heutigen Besucher und Mitbürger aus fernen Ländern, waren auch die »Fremden, Unbekannten«, die uns in der antiken Literatur begegnen, kein »Volk«. Sie waren, wenn überhaupt, viele Völker. Sie hatten ein ganz unterschiedliches Aussehen und zeigten ganz verschiedene Verhaltensweisen. Dabei sprachen sie jedoch ein und dieselbe Sprache. Gemeinsam hatten sie auch ihre Religion, trotz der ungeheuren lokalen Vielfalt ihrer Götterwelt. Staatliche Einheit dagegen hat sie offenbar nie interessiert. Sie kämpften viel, siegten oft und wurden auch häufig besiegt. Vielleicht noch öfter paßten sie sich erfolgreich einer neuen Umgebung an. Ein Charakterzug der »Kelten« fiel offenbar allen auf, die im Laufe der Jahrhunderte über sie berichteten: Sie wirkten unbefangen und spontan wie Kinder, und wie diese hatten sie eine blühende Phantasie. Mit ihrer Phantasie »besiegten sie ihre Sieger und veredelten deren Treiben zu hoher Ritterlichkeit. Sie retteten sich in Träume und steckten mit ihren Träumen alle an. Das meiste dieser wunderbaren Einbildungen sind nur Variationen, unendliche, nie abzuschließende Geschichten, die allerdings ihren Anfang in Wales nahmen. Die Waliser (Kelten) reichten die Fackel des Lebens an die Europäer weiter; die Fackel, die vieles erleuchtet, weil sie vieles verdunkelt in ihrem magischen Licht poetischer Vergegenwärtigung des undurchdringlichen Lebens.« (Eberhard Straub: »König Artus und der Weihnachtsmann«, FAZ vom 22.12.1998)

Die unverbildete, kindlich anmutende Schöpferkraft des keltischen Menschen ist mehr als ein Mythos. Sie lebt nicht nur in unzähligen literarischen Zeugnissen und in dem bis heute nicht annähernd vollständig erfaßten Reichtum volkstümlicher Mythen und Überlieferungen weiter. Sie ist in jedem von uns lebendig, wie tief verschüttet auch immer sie sein mag.

Doch nähern wir uns dem Rätsel des Keltentums zunächst ganz nüchtern und sachlich, eben so, wie es unserer eigenen Mentalität zu entsprechen scheint. Der renommierte Keltenforscher Colin Refrew meint, man bräuchte allein acht verschiedene gedankliche Ansätze, um das Keltentum zu »definieren« (in »Archeology and Language. The puzzle of Indo-European Origins.« 1987)

1. so, wie die Römer den Begriff verstanden;
2. so, wie die Kelten oder besser jene, die sich selbst als solche bezeichneten, ihn verstanden;
3. als Bezeichnung einer linguistischen Gruppe;
4. als Bezeichnung eines archäologischen Komplexes in Mittel- und Osteuropa (im allgemeinen als »Festlandkelten« bezeichnet);
5. als Bezeichnung für das mittelalterliche Irland, Wales und Cornwall (in der Regel »Inselkelten« genannt);
6. als Kunststil;
7. als Geisteshaltung;
8. als Begriff für das sogenannte »keltische Erbe«.

Wie man sieht, stehen wir vor einer komplexen Aufgabe. Am Anfang aller Interpretationen aber steht die Frage: Was wissen wir eigentlich über diese Kelten?

Die Berichte stimmen darin überein, daß sie die Natur über alles liebten. Sie verehrten sie in all ihren Erscheinungen als göttlich und waren für heutige Begriffe sehr erfinderisch und individuell in ihrem spirituellen Leben. Ihr Alltagsverhalten dürfte alles andere als langweilig gewesen sein: Sie galten als ebenso fröhlich wie jähzornig sowie von einer naiven Neugier geprägt. Ihr sexueller Ausdruck war noch nicht durch die ausgefeilten Tabus späterer Zivilisationsstufen eingegrenzt. Wir werden auch sehen, daß sie von der strikten Trennung der Aufgaben und der unterschiedlichen Stellung von Mann und Frau – anders als das »klassische Altertum« – zumindest anfangs überhaupt nichts hielten. Die Keltinnen und Kelten waren auch, um es modern auszudrücken, ausgesprochen körperbewußt und extrovertiert. Sie verkleideten und bemalten sich gern, liebten Farben und Schmuck, waren laut und launisch, ausgesprochen mitteilsam und, wenn man ihren etwas »kopflastigeren« römischen und griechischen Nachbarn Glauben schenken will, nicht selten etwas aufschneiderisch. Sie konnten listig und mutig bis zur Tollkühnheit sein, aber in der Politik wie auf dem Schlachtfeld ermangelte es ihnen – die Geschichte beweist es – letztlich am strategisch-taktischen Kalkül. Am gefürchtetsten waren sie, wenn sie sich erzürnt hatten, dann stürmten sie einfach drauflos, ohne Rücksicht auf ihr eigenes Leben. Obwohl ihre geistigen Führer weit davon entfernt waren, dem klassischen Bildungsideal zu entsprechen, war ihre Weisheit doch sprichwörtlich. Ihre Zauberkraft gar galt als unübertroffen. Der »keltische Mensch« stand in dem Ruf, äußerst wißbegierig zu sein, und da er bei seinen Zügen durch die gesamte damals bekannte Welt vieles sah und erlebte, was ihm erstaunlich und interessant erscheinen mußte, sammelte er Erfahrungen, die anderen Zeitgenossen verschlossen blieben. Er erlebte viel und liebte Geschichten von den Erlebnissen anderer. Dichter (Geschichtenerfinder) und Barden (Märchenerzähler) standen bei ihm in hohem Ansehen. Wenn die Geschichten, Märchen und Lieder schön waren, konnte er stunden-, ja tagelang zuhören. Sie aufzuschreiben war ihm allerdings nicht wichtig, denn, so der Keltenforscher Gerald Messadie: »Wenn Worte keine Poesie sind, dann sind sie überflüssig; und die Vergangenheit ist entweder ein wunderbares Märchen oder langweilig!«

Alles in allem muß diesen Menschen wohl eine größere innere Unabhängigkeit zu eigen gewesen sein als anderen, deren Sozialisation sie in ein feingesponnenes Netz gesellschaftlicher Regeln und Tabus eingliederte. Die Kelten waren durchaus nicht ohne gesellschaftliche Bindungen, aber sie wurden auch nicht von ihnen erdrückt. Sie achteten ihre Vorfahren, aber sie gehorchten nur den höheren Mächten, die nicht von dieser Welt waren, oder deren Stellvertretern auf dieser Welt, den Druiden.

Wenn wir dieses Bild auf uns wirken lassen, stellen wir fest: Die Kelten stehen uns viel näher, als wir zu ahnen wagten. Ja, ihre Auffassung von Natur und Welt, ihre ganze Lebenshaltung ist von überraschender Aktualität. Hier laufen verschiedene Stränge unserer eigenen Träume zusammen. Es ist wohl mehr als ein Zufall, daß die Entdeckung des Keltentums als Keimzelle des kulturellen und spirituellen Erbes Europas einhergeht mit der Wiederentdeckung eines »bewußteren Lebens«, einer »ganzheitlichen Weltsicht«, einer »sanften Wissenschaft«. Und mehr noch: Die keltischen Menschen hatten eine sehr demokratische Vorstellung von ihrem organisierten Gemeinschaftsleben – und sie waren über ganz Europa verbreitet. Sind sie damit vielleicht sogar ein Vorbild für unseren Traum von einem vereinten Europa, von einer »Einheit in der Vielfalt«? (Man wird es kaum glauben: aber zur Zeit der Kelten gab es auch schon einen »Euro«. Die sogenannten »Keltenschüsselchen« waren in ganz Europa anerkanntes Zahlungsmittel.)

> *Es ist – wenn auch vage – zu spüren, daß hier die Wurzeln einer wahrhaft abendländischen Tradition zu suchen sind, die dem Wesen der europäischen Völker in besonderem Maße entsprechen.*
>
> (Jean Markale, *Die Druiden*, 1989)

Fragen wir uns erneut: Wer waren die Kelten? Alles, was wir über sie wissen, verdanken wir im wesentlichen drei Arten von Quellen: Da sind als erstes die Überlieferungen der Kelten selbst. Doch genau hier liegt die Crux: Sie liegen nicht in schriftlicher Form vor. All ihr

Bild eines harfespielenden Druiden, William Blake (1757 - 1827)

Wissen, all ihre Überlieferungen haben sie stets mündlich weitergegeben – nicht etwa, weil sie keine Schrift kannten, sondern weil sie sie nicht brauchten. Rudolf Steiner, der Begründer der Anthroposophie, formulierte das vor Jahrzehnten so: »*Schriftzeichen ließen die Druiden nicht zu. Sie wollten die Urschrift der Natur und des Alls lesen und keine andere. Anscheinend hatten sie auch die Methoden dazu.*« Auch Martha Sills-Fuchs schrieb 1983: »*Die Kelten versuchten alles mit dem Gefühl zu erfassen und nicht mit dem Verstand!*« Obwohl also die schriftlichen Überlieferungen fehlen, finden wir ihre Spuren selbst heute noch in den Mythen, Sagen und Märchen vor allem der Iren und Waliser.

Als zweite Quelle sind die archäologischen Funde zu nennen. Sie waren anfangs spärlich, sind aber glücklicherweise in jüngster Zeit immer umfangreicher geworden. Die Folge ist jedoch, daß viele Theorien und Erkenntnisse, die man über die »Kelten« glaubte gewonnen zu haben, ständig revidiert und erneuert werden müssen, da neue Funde immer wieder Überraschendes zu Tage fördern. So schrieb Ende 1998 eine bekannte Illustrierte in einer Artikelserie über Archäologie: »Verkannte Kelten: Neue Ausgrabungen korrigieren das Bild vom saufenden, kriegslüsternen Banausen.«

Drittens sind da noch die Berichte der »anderen«, das heißt der Gegner, der Besieger, der Nachbarn der Kelten. Sie sind zwar teils sehr aufschlußreich, aber immer auch mit Vorsicht zu genießen. Sie sind im allgemeinen schlichte Propaganda. Man denke an die Berichte europäischer Kriegsberichterstatter anläßlich der Feldzüge, auf denen Schwarzafrika unterworfen wurde. Würden wir ihren Beschreibungen heute noch vorbehaltlos glauben?

Den Griechen verdanken wir die ersten Berichte über die Kelten. Beschrieben werden sie dort als hochgewachsene, blonde oder rothaarige Menschen mit blauen oder grauen Augen. Ihre Heimat liegt nördlich der Alpen, damals sozusagen am Ende der Welt. Diese Fremden hatten angeblich ein schreckliches Aussehen sowie tiefe und rohe Stimmen. Sie waren prahlerisch und angeberisch, immerhin liebten sie die Natur ebenso wie ihre Dichter und Sänger. Das einzige, was klar und eindeutig aus diesen Berichten hervorgeht, könnte man so zusammenfassen: Die Kelten unterschieden sich von den Griechen *in deren Augen* in allem, was für sie Kultiviertheit und verfeinerte Lebensart ausmachte. Die »positiven« Eigenschaften dieser Fremden interessierten sie kaum. Immerhin bestand eine Gemeinsamkeit zwischen beiden Kulturen: ihre Vorliebe für den öffentlichen Vortrag von Geschichten, Gedichten und Liedern. Denn auch die Griechen liebten ihre Dichter und Sänger!

Eine andere Bezeichnung für die im mediterranen Raum unbekannten Völker des Nordens war »Norsen«. Sie wurden, nun schon etwas differenzierter, im wesentlichen in drei Gruppen aufgeteilt:

1. die »Skandinavier«; das wären diejenigen, die der obigen Beschreibung ziemlich genau entsprachen: groß, blond, blauäugig;

2. die »Alpinen«, die vorwiegend in mitteleuropäischen Gebirgsgegenden wie den Alpen, Pyrenäen, Ardennen, Vogesen usw. anzutreffen waren. Sie waren untersetzt, hatten braunes Haar und braune Augen;

3. die »Südländer«, diese waren von mittlerer Größe, sehr schlank, mit dunklen Haaren und dunklen Augen.

Sie alle waren Kelten! Wenn man die Berichte und schriftlichen Zeugnisse der Griechen und Römer genau liest, kann man sich außerdem des Eindrucks nicht erwehren, hier würden Kinder beschrieben.

Sie sind fröhlich, launisch und jähzornig. Sie ziehen voller Staunen durch die Welt, vor allem durch die Natur: Und diese Welt ist geheimnisvoll und voller Zauber: ein großer; wunderschöner Garten, bevölkert von Feen und Elfen, Zwergen und anderen geheimnisvollen Wesen.

Erinnert uns das nicht an die Wunder unserer Kindheit, in der das Blühen einer Blume, ein sich öffnender Tannenzapfen, eine leuchtendbraune Kastanie in ihrem grünen Stachelpanzer oder ein Marienkäfer, der über ein Lindenblatt spazierte, wichtiger und spannender war als eine »ordentliche« Tätigkeit, wie beispielsweise das Zimmer aufzuräumen?

Sie kleideten sich bunt und farbenprächtig, liebten Schmuck, bemalten sich gern, und wenn ihnen danach war; warfen sie einfach ihre Kleider ab und stürmten nackt los! Wenn sie sich streiten und raufen, dann gehen sie nicht strategisch vor; sondern rennen einfach schreiend und brüllend los.

Ja, auch das ist Kinderverhalten: nicht lange nachdenken, sondern einfach drauflosstürmen. Hier werden Kindheitserinnerungen wach. Wer hat sich nicht gern verkleidet oder ist mit seinen Freunden nackt herumgetollt und sich bunt bemalt?

Die Geschlechter; Männer und Frauen, waren gleichberechtigt und gleichermaßen angesehen. Ihre Sexualität war sehr offen, ohne Zwänge, und was Essen und Trinken angeht, so galten sie eher als maßlos!

Das ist die Kinderwelt: Im gemeinsamen Spiel sind die Geschlechter noch nicht von Bedeutung. Leckereien und Saft werden nicht eingeteilt, sondern einfach vertilgt.

Sie lieben Geschichten und Geschichtenerzähler; sie können stundenlang singen und Gedichte wiederholen. Wenn die Lieder und Geschichten schön sind, lernt man sie auswendig.

Auch Kinder lieben Geschichten und vor allem Wiederholungen. Liest man den Kleinen abends am Bett ein Bilderbuch vor, so wollen sie in der Folge immer wieder dasselbe hören und spätestens ab dem vierten oder fünften Abend werden sie den Text im Chor mitsprechen.

Diese Liste der Kelten-Beschreibungen ließe sich beliebig fortsetzen. Es ist verblüffend, wie stark die Übereinstimmungen mit unseren Kindheitserinnerungen sind. Wenn man den gedanklichen Faden weiterspinnt, kommt man leicht zu dem Ergebnis: Die Kelten sind die Kinder Europas, oder anders ausgedrückt: Das keltische Zeitalter ist die Kindheit Europas.

In der Kindheit werden die Grundlagen des späteren Lebens geschaffen, nie wieder erfaßt und erlernt man intuitiv und unbefangen so viel und so schnell wie in diesem Lebensabschnitt. Wenn die keltische Epoche also die Kindheit unserer abendländisch-europäischen Kultur ist, so kann das nachfolgende »klassische Altertum« der Griechen und Römer mit all seinen intellektuellen Denkmodellen zur Erklärung der Welt als ihre Jugend betrachtet werden. Während man seine Umwelt in der Kindheit noch vorwiegend intuitiv und gefühlsmäßig erfaßt, so wird in der Jugend der Verstand geschult: Sie ist die Zeit des »eigentlichen« Lernens oder dessen, was wir noch heute vorwiegend darunter verstehen. Das darauf folgende »christliche Zeitalter« könnte man das Erwachsenwerden Europas nennen, also die Lebensphase des Reifwerdens und des Anwendens all dessen, was man gelernt hat. Man erinnert sich zwar gern an die Zauber- und Märchenwelt der Kindheit und trauert ihr auch voller Wehmut nach. Aber man ist auch stolz auf das Erlernte und seine Anwendung und Umsetzung. Man genießt das Erreichte ... und dann schleicht sich doch wieder die Erinnerung ein an die Kindheit mit ihrer Neugier und ihrer Unbefangenheit gegenüber persönlichem Status, Zeiteinteilung und was sonst noch so zur Welt der Erwachsenen gehört. Genauso ergeht es uns modernen Europäern angesichts der aktuellen Renaissance des Keltentums. Alle Errungenschaften unserer technischen und kommunikativen Superwelt zum Trotz erinnern wir uns tief im Inneren immer wieder an unsere seelischen Wurzeln und an die Zauberwelt unserer Kindheit, wie sie sich in Philipp Carr-Gomms Beschreibung widerspiegelt:

> *Dem Druidentum liegt unter anderem die Vorstellung zugrunde, daß wir »das Land belauschen« sollen, daß es zu uns spricht und uns leitet, wenn wir in der Lage sind, uns ihm zu öffnen.*
>
> (Philipp Carr-Gomm, *Der Weg des Druiden.* 1993)

Erreicht man schließlich die Lebensstufe des Alters – um im Bild zu bleiben: Erreicht Europa seine Altersweisheit –, so ist es wohl nur angemessen, wenn wir dabei unser »inneres Kind« heimholen. Hoffen wir es für uns alle. Wandeln wir weiter auf den Spuren der Kelten, der Kinder Europas.

Das keltische Pantheon – eine frühzeitliche multikulturelle Gesellschaft

Tauchen wir also ein in die Geschichte der *Celtoi,* »des verborgenen Volkes«, um ihren Wert für unsere Zeit neu zu erschließen. Neben ihrer ursprünglich sehr gleichberechtigten und freien Gesellschaftsform, können uns besonders ihre Glaubensvorstellungen und damit ihr spirituelles Weltbild als Inspiration dienen, zu unseren eigenen Wurzeln zurückzufinden. Zudem läßt sich am Beispiel der Kelten die gesamte Entwicklung der europäischen Glaubensvorstellungen gut nachvollziehen.

Die frühesten Zeugnisse, die uns von den Kelten erhalten geblieben sind, deuten auf die Verehrung einer schöpferischen Muttergöttin hin, aus der einst alles Leben entstand. Diese große Göttin war ein Sinnbild für den Kreislauf des Lebens, da sie die Gegensätze von Leben und Tod in sich vereinte. In ihrer dreifachen Gestalt als Jungfrau, Mutter und Greisin symbolisierte sie die immerwährende Abfolge von Geburt, Leben und Tod.

Mit Beginn der Wanderung der Kelten durch Europa, die mit der Eisenzeit im ersten vorchristlichen Jahrtausend begann, trat diese Göttin langsam in den Hintergrund. Zunächst belebten dann männliche und weibliche Götter vollkommen gleichberechtigt den keltischen Götterhimmel. Erst mit den Eroberungsfeldzügen der Römer zu Beginn unserer Zeitrechnung gewannen die männlichen Sonnengötter der kriegerischen Völker die Oberhand im keltischen Pantheon, um schließlich mit dem Christentum die Herrschaft an den alleinigen Gottvater abzutreten.

Das Zeitalter der Kelten (etwa von 600 v. Chr. bis zur Romanisierung Galliens im 1.Jh. n. Chr. bzw. bis zur Christianisierung Britanniens im 6. Jh. n. Chr.) kann als Übergangszeit von einer matriarchalen hin zu einer patriarchalen Religion betrachtet werden, die schließlich ins Christentum mündete. Die keltische Besonderheit ist die Gleichzeitigkeit dieser verschiedenen Religionen. In ihren Glaubensvorstellungen spielte die Große Göttin – im Gegensatz zum restlichen Europa – noch bis ins Mittelalter eine wichtige Rolle, was eine Erklärung für die erstaunliche Gleichberechtigung der Geschlechter sein könnte. Auf ihrem Weg durch Europa, der um circa 600 v. Chr. aus Mitteleuropa und dem Mittelmeerraum begann, lernten die keltischen Stämme Glaubensvorstellungen und Götter anderer Völker kennen und integrierten sie in ihren Götterhimmel. So gleicht die Anderswelt, der keltische Sitz der Götter, einer frühen multikulturellen Gesellschaft. Zugleich spiegelt sie die Vielfalt der keltischen Stämme wie auch ihre Einheit wider.

Über ihr religiöses Leben existieren keine Belege aus erster Hand. Archäologen entdeckten jedoch bei ihren Ausgrabungen in Deutschland, Österreich, der Schweiz, Frankreich und Großbritannien immer wieder dieselben Götterdarstellungen. Die bekanntesten Ausgrabungsstätten sind die keltischen Gräberfelder von Hallstatt in Oberösterreich (Die Ausgrabungen des Gräberfeldes von Hallstatt in Oberösterreich bezeichnen die Periode der frühen Eisenzeit 1000 – 800 v. Chr. Die dortigen Funde geben Aufschluß über das Alltagsleben und die Fertigkeiten der Kelten beim Bergbau im Salzbergwerk.) und La Tène in der Schweiz (Im Gräberfeld von La Tène in der Schweiz wurde eine große Anzahl von Waffen gefunden. Die Zeit, aus der diese Funde stammen, gilt als Periode der späten Eisenzeit – ab dem 5. Jh. v. Chr. Wozu dieses Waffenlager jedoch ursprünglich diente, ob es sich dabei um ein Schlachtfeld, eine einfache Siedlung oder sogar um einen Opferplatz handelte, blieb bis heute ungeklärt.), denen wir viele Informationen über das Alltagsleben der Kelten verdanken.

Doch auch römische und griechische Geschichtsschreiber versuchten seit dem 5. Jh. v. Chr., ihr Geheimnis zu ergründen. Kaum einer recherchierte dabei so gründlich wie Julius Cäsar, der seine Erlebnisse während der Eroberungsfeldzüge in Gallien von 58 bis 51 v. Chr. schriftlich niederlegte. Sein Werk *De bello Gallico* dürfte vielen noch aus dem Lateinunterricht vertraut sein. Darin beschreibt er nicht nur seinen Eroberungsfeldzug in Gallien, sondern auch die Sitten und Gebräuche der besiegten Stämme. Cäsar traf sich mit keltischen Fürsten und Druiden und befragte sie über ihre Kultur und Religion.

Andere Autoren wie der Historiker Diodoros, die Geographen Strabon und Pomponius Mela sowie die Schriftsteller Plinius der Ältere und Lucan recherchierten weniger gründlich als Cäsar. Nicht alle waren den keltischen Völkern auch tatsächlich begegnet. Zum Teil verfaßten die antiken Schreiber ihre Berichte nach älteren, nicht mehr erhaltenen Quellen oder nach Berichten von Reisenden.

Bei dem Versuch, die Götterwelt der Kelten zu erfassen, scheiterten die antiken Autoren jedoch. Es gelang ihnen nicht, die keltischen Götter und Glaubensvorstellungen in ihrer Gesamtheit zu erfassen. Statt dessen versuchten sie, diese ihren eigenen römischen oder griechischen Göttern anzugleichen, um sie besser einordnen zu können. Dabei ließen sie keltische Merkmale dieser Götter außer acht. Für zusätzliche Verwirrung sorgte die Vielzahl lokaler Gottheiten, deren Eigenschaften sich kaum voneinander unterschieden. Das hatte zur Folge, daß die antiken Schreiber dem römischen Gott Mars beinahe siebzig (!) keltische Götter zuordneten.

Fast unser gesamtes Wissen über die keltische Götterwelt haben wir also nur von Angehörigen anderer Kulturen und Religionen, nicht aber von den Kelten selbst. Dabei darf außerdem nicht vergessen werden, daß es sich um die Berichte von Siegern handelt, die natürlich ihre moralische Überlegenheit über den besiegten Feind demonstrieren wollten. Unter diesem Aspekt sollten auch die häufig zitierten Berichte in Lukans *Bellum civile* über die Menschenopfer der Kelten betrachtet werden. Besonders die Beschreibung der aus Weiden geflochtenen Korbriesen, in denen angeblich Menschen bei lebendigem

Leib verbrannt wurden, sorgte im vorchristlichen Rom für große Empörung. Da der römische Senat zu diesem Zeitpunkt immer weniger bereit war, Mittel zur Finanzierung des Krieges im fernen Gallien zur Verfügung zu stellen, könnten diese Berichte durchaus Propagandazwecken gedient haben. Ob die Kelten ihren Göttern Menschen opferten, seien es Gefangene im Krieg oder nur deren rechte Hand, wie Strabon berichtete, konnte bis heute nicht eindeutig geklärt werden.

Eine ebenso unterhaltsame wie wichtige Quelle für moderne Spurensucher bilden die mündlich überlieferten Mythen und Legenden, die in Irland und Wales ab dem 6. Jh. n. Chr. von christlichen Mönchen aufgezeichnet wurden. Bei diesen ersten Mönchen handelt es sich vermutlich um einstige Druiden, Hüter des Wissens, die im Christentum die Vollendung des Druidentums sahen. Der keltische Glaube blieb auf den britischen Inseln selbst unter römischer Herrschaft noch lebendig, und vieles davon findet sich in den alten Sagen wieder. Die drei großen Sagenkreise der Inselkelten, der nordirische Sagenkreis aus Ulster, der südirische Sagenkreis um Finn und der walisische Sagenkreis des *Mabinogi* vermitteln einen guten Eindruck der keltischen Glaubensvorstellungen. Leider wurden sie in späteren Jahrhunderten von anderen Mönchen häufig »überarbeitet«, wobei vieles, was dem Kirchenkanon widersprach, gestrichen oder umgeschrieben wurde. Der Lebendigkeit dieser Sagen hat dies zum Glück keinen Abbruch getan, und sie liefern wertvolle Hinweise für Untersuchungen der keltischen Götterwelt.

Zur Zeit Julius Cäsars waren die männlichen Götter schon deutlich im keltischen Pantheon vertreten. Cäsar berichtet in *De bello Gallico:* »Alle Gallier rühmen sich, von Vater Dis abzustammen, und sagen, das werde von den Druiden überliefert. Daher begrenzen sie ihre Zeitabschnitte nicht nach der Zahl der Tage, sondern der Nächte.«

Auch die Inselkelten glaubten, von einem Göttergeschlecht nämlich den *Tuatha de Danann* abzustammen.

Die Veränderung der Glaubensvorstellungen führte auch zu einer Veränderung des Alltagslebens in der keltischen Gesellschaft. Die keltische Gesellschaft war nun in drei Klassen aufgeteilt: Priester (Druiden), Krieger und Handwerker, zu denen auch die Barden und Künstler zählten. Jede dieser Klassen fand ihre jeweiligen Entsprechungen im Götterhimmel. Es gab einen Kriegsgott, einen Gott der Künste und einen Gott der Redegewandtheit. Über allen Göttern stand Lug *Samildanach* (der Beiname bedeutet soviel wie »der Herr aller Künste«), der in sich die Fähigkeiten aller drei Klassen vereinigte.

Für die Kelten waren die Grenzen zwischen der Welt der Götter und der Welt der Menschen lange Zeit fließend. Das besonders lebendige gälische Christentum könnte aus diesem Gefühl der Nähe zu den Göttern erwachsen sein.

Die »Anderswelt«, jener geheimnisvolle Ort, an dem die Götter lebten und in der sich auch die Unterwelt befand, in die man nach dem Tod gelangte, existierte nach keltischem Glauben parallel zur Welt der Menschen. Sie lag in einer anderen Dimension und konnte nur von Menschen betreten werden, die sich auf einer höheren Bewußtseinsstufe befanden. Wer die Anderswelt betreten durfte, entschieden allein die Götter.

Die Grenzen zwischen Helden und Göttern waren ebenfalls fließend: In den Sagen wurden Helden als Götter verehrt und Götter wurden zu Helden. Der keltische Gott Lug verwandelt sich in den Legenden vom menschlichen Krieger in einen keltischen Sonnengott. Götter konnten sich mit einem Menschen vermählen und ihm oder ihr zuliebe sterblich werden (siehe auch »Rhiannon und Pwyll«, S. 55). Aber auch Menschen verliebten sich in einen Gott oder eine Göttin und lebten mit ihm oder ihr in der Anderswelt (siehe auch »Oisin und Niamh«, Seite 158)

Auch unter den Göttern gab es verschiedene Generationen, die erbittert um die Rangfolge kämpften. Und manchmal benötigten die Götter die Hilfe der Menschen. Ein gutes Beispiel für diese Kämpfe, aber auch für die enge Verbindung von Menschen und Göttern in den keltischen Glaubensvorstellungen, ist die folgende Geschichte von Pwyll, dem König von Dyved, einem Ort im Südwesten von Wales:

Pwyll und Arawn

Eines Tages ging Pwyll, der junge König von Dyved, auf die Jagd. Seine Hunde hatten Beute gewittert, und er rannte hinter ihnen her, wobei er nicht merkte, daß er immer tiefer in den nebligen Wald eindrang und seine Jagdgefährten schon weit hinter sich gelassen hatte. Da hörte er das Gebell einer anderen Meute auf sich zukommen. Kurz darauf brach ein wunderschöner Hirsch aus dem Gebüsch und lief auf eine Lichtung. Ihm folgte eine Meute von Hunden, die das Tier zu Boden riß. Hunde wie diese hatte Pwyll noch nie zuvor gesehen. Ihr Fell war ganz weiß und leuchtete unnatürlich; ihre Augen waren rot.

Pwyll jagte die fremde Meute fort und hetzte seine eigenen Hunde auf den Hirsch, obwohl diese sich vor den fremden Hunden sehr fürchteten. Nach einer Weile erblickte Pwyll am Rand der Lichtung einen grauen Mann, der auf einem grauen Pferd saß. Dieser Mann sprach Pwyll an und fragte ihn, warum er die Hunde weggejagt hätte. Pwyll war sich keiner Schuld bewußt, schließlich jagte er auf seinem eigenen Land, aber er versprach dem Fremden eine Wiedergutmachung.

»Welcher Art soll diese Wiedergutmachung sein?« fragte der Fremde.

»So, wie Sie Eurem Rang und Eurer Würde entspricht«, antwortete ihm Pwyll. »Aber ich kenne Euch leider nicht.«

»Ich bin Arawn««, antwortete der Fremde, »König von Annwn.«

Da wurde es Pwyll ein wenig beklommen zumute. Er stand dem Herrscher der Unterwelt, dem Gebieter über Leben und Tod gegenüber. Jetzt erkannte er auch, warum er seine Gefährten nicht mehr hören konnte und die Gegend um ihn herum so nebelig war. Während der Jagd mußte er unbemerkt die Grenze zur Anderswelt überschritten haben. Er befand sich folglich auch nicht mehr in seinem eigenen Königreich und stand für den Raub der Jagdbeute in Arawns Schuld.

Pwyll schluckte und fragte dann: »Was wünscht Ihr als Wiedergutmachung, Herr?«

»Es gibt hier in Annwn noch einen weiteren König namens Havgan, dessen Reich an meines grenzt. Er führt Krieg gegen mich, und ich kann ihn nicht besiegen. In einem Jahr soll an einer Furt ein Zweikampf zwischen ihm und mir stattfinden. Ich möchte, daß du an meiner Stelle gehst und diesen Kampf für mich gewinnst«, antwortete Arawn.

»Gern will ich das tun, aber was ist, wenn er mich erkennt?« fragte ihn Pwyll eifrig, denn er war ein guter Krieger und kämpfte gern.

»Ich werde dir meine Gestalt verleihen, und du wirst für ein Jahr in Annwn herrschen, in meinem Palast leben und im Bett meiner schönen Königin liegen. Dann werden dich meine Männer zur Furt begleiten, und du kannst gegen Havgan antreten. Du mußt ihn jedoch mit einem einzigen Hieb töten. Versetzt du ihm einen weiteren Schlag, so kann er von dir nicht mehr getötet werden. Und hüte dich vor Mitleid mit ihm! Ich habe ihm aus Mitleid einen zweiten Schlag versetzt und kann ihn nun nicht mehr besiegen«, sagte Arawn. Dann vereinbarten sie noch, daß Arawn in der Zeit von Pwylls Abwesenheit dessen Königreich Dyved regieren solle und sie sich nach einem Jahr und einem Tag an dieser Stelle wiedertreffen würden. Anschließend vertauschte Arawn ihre Gestalten und zeigte Pwyll den Weg zu seinem Palast. Pwyll ritt in Arawns Gestalt davon und wurde bald freudig in dessen Palast empfangen. Er lebte dort ein Jahr lang glücklich und regierte das Volk von Annwn gütig und gerecht. Die Königin war die schönste Frau, die Pwyll je gesehen hatte, und er begehrte sie heftig. Sie empfing ihn zärtlich und liebevoll in ihrem Bett, und Pwyll hätte es ihr gern gleichgetan. Aus Treue zu seinem Freund drehte er der wunderschönen Königin jedoch den Rücken zu und ließ sich auch durch ihr zärtliches Streicheln, Küssen und Flehen nicht dazu erweichen, sie zu lieben. Das mag für ihn ein härterer Kampf gewesen sein als manch ein Duell auf dem Schlachtfeld. Doch es gelang ihm ein Jahr lang, den Zärtlichkeiten der Königin und seinem eigenen Verlangen zu widerstehen.

Dann nahte der Tag des Zweikampfs, und Pwyll begab sich mit den Gefährten Arawns zur Furt. Dort traf er am Morgen auf Havgan, einen Sonnengott, einen wunderschönen strahlenden Jüngling. Pwyll ging das Herz auf, er glaubte ihn lieben zu müssen und konnte diese Regung nur in der Erinnerung an das verbrannte, vernichtete Land, das sie auf dem Weg hierher durchquert hatten, unterdrücken. Ein schrecklich zerstörerischer Gott verbarg sich in diesem Jüngling mit der schönen Gestalt. Es wurde ein furchtbarer Kampf. Bis zur Mittagszeit schien Havgan immer stärker und Pwyll immer schwächer zu werden. Es gelang Pwyll nicht, Havgan eine Wunde zuzufügen, während er selbst bereits aus vielen schweren Wunden blutete. Als die Sonne jedoch ihren höchsten Punkt überschritten hatte, glaubte Pwyll ein Nachlassen von Havgans Kraft zu spüren. Er faßte neuen Mut, und schließlich gelang ihm nach geraumer Zeit der entscheidende Schlag in Havgans Brust. Da lag der schöne Jüngling im Sterben, schaute ihn mit einem herzzerreißenden Blick an und sagte: »Du hast mich besiegt, und ich werde sterben. Eine letzte Bitte habe ich an dich als Mann von Ehre: Gib mir den Gnadenstoß!«

Pwylls Herz floß über vor Mitleid, und schon hob er sein Schwert, als ihm Arawns Warnung wieder einfiel. Die ganze Zeit über hielt ihn Havgans Blick gefangen. Mit einer gewaltigen Kraftanstrengung löste sich Pwyll von diesem Blick und ließ sein Schwert sinken.

»Du hast bereits einen Schlag von mir erhalten, einen zweiten sollst du nicht bekommen.«

Da begriff Havgan, daß er verloren war, und er rief seine Männer zu sich, daß sie Pwyll als neuen Herrscher anerkannten.

Pwyll vereinte die beiden Königreiche Annwns miteinander, ließ ein großes Fest feiern und verabschiedete sich am nächsten Morgen mit einem zärtlichen Kuß von Arawns Königin, um sich mit Arawn zu treffen.

Sie trafen sich an derselben Stelle wie vor einem Jahr und einem Tag. Arawn bedankte sich bei Pwyll für dessen Freundschaft, sie tauschten wieder ihre Gestalt, und jeder ritt in sein eigenes Königreich.

Als Arawn am Abend seine Königin herzte und küßte, wunderte sie sich sehr und erwiderte seine Küsse nicht.

»Was ist mit dir, meine Liebste?« fragte Arawn sie verwundert.

»Das muß ich dich auch fragen!« antwortete sie ihm. »Ein ganzes Jahr lang hast du mir den Rücken gekehrt und hast dich auch durch mein sehnlichstes Flehen nicht erweichen lassen. Und jetzt bist du auf einmal so zärtlich und stürmisch wie ehedem.«

Da erkannte Arawn, welch treuer Freund ihm Pwyll gewesen war, und er erzählte seiner Königin alles. Auch sie verwunderte sich über Pwylls Treue und Standfestigkeit und nannte ihn einen wahren Freund. Die Freundschaft zwischen Pwyll und Arawn dauerte bis an Pwylls Lebensende und wurde danach in der Anderswelt fortgeführt. So lange Pwyll lebte, wurden zwischen den beiden Welten viele Geschenke ausgetauscht, und Pwyll erhielt als Dank für seine treuen Dienste den Namen Pwyll Pen Annwn »Der Weise, der das Haupt der Anderswelt ist«.

Der neblige Wald, in den Pwyll zu Beginn der Geschichte eindringt, lieferte dem erfahrenen keltischen Zuhörer schon den ersten Hinweis, daß sich der Held der Anderswelt nähert. Wenn sich die Grenzen zur Anderswelt öffnen, geht dem oft ein Nebel voraus. Die Grenzen zwischen den Welten und zwischen den Dimensionen verschwimmen, und der irdische Held betritt unbeabsichtigt die andere Welt. In dieser Geschichte hat Arawn Pwyll eine Falle gestellt. Der prächtige Hirsch sollte den jungen Mann über die Grenze locken. Und so geschieht es auch. Pwyll verjagt die fremde Hundemeute und will den Hirsch selbst erlegen. Dabei wähnt er sich im Recht. Als ihm bewußt wird, daß er sich nicht mehr auf eigenem Land befindet, will er sein Vergehen wiedergutmachen. Pwyll ist ein Ehrenmann und steht zu seinem Wort. Aus genau diesem Grund hat ihn Arawn für sein Vorhaben ausgewählt. Denn auch den Göttern sind Grenzen gesetzt. In ihrer Welt finden die gleichen Machtkämpfe statt wie bei den Menschen. Wenn Arawn sein Reich nicht an den jungen Sonnengott Havgan verlieren will, benötigt er die Hilfe eines Menschen. Pwyll läßt sich auf den Handel ein und erweist sich als echter Ehrenmann, weil er seine Sinnlichkeit und Leidenschaft unterdrückt und Arawns schöne Frau nicht berührt. Er rettet also nicht nur den Herrn der Unterwelt, indem er dessen Gegner im Zweikampf besiegt, sondern nutzt obendrein die verzweifelte Lage des Gottes nicht aus. Dieses ehrenhafte Verhalten sichert ihm die ewige Freundschaft Arawns und erregt die Aufmerksamkeit der Göttin Rhiannon, die sich in den Menschenfürsten verliebt.

In Irland war der Glaube an die Verbindung zwischen den Göttern und der Menschenwelt besonders stark, denn die Iren betrachten sich als Nachfahren der *Thuatha de Danann*, der »Kinder der Göttin Dana«.Das Göttergeschlecht der *Thuata de Danann* hatte sich nach der Niederlage gegen die *Kinder des Mile*, der fünften Gruppe von Eroberern Irlands, in Erdhügel zurückgezogen. Dort lebten sie fortan als *Aes Sidhe*, »Menschen der Hügel«, und sind noch heute als Feenvolk in den Märchen der Inselbewohner lebendig.

Vor der Christianisierung glaubten die Kelten, daß die Tore zur Anderswelt an bestimmten Tagen, wie zum Beispiel an *Samhain*, in der Nacht vom 31. Oktober auf den 1.November, geöffnet seien. Für Menschen war das Betreten der Anderswelt nicht ungefährlich, weil die Zeit dort anders verstreicht als in der menschlichen Welt. In den Legenden heißt es, daß die Helden nur wenige Tage in der Anderswelt verbrachten, während auf der Erde Hunderte von Jahren vergingen. Dieses Phänomen kennt man aus vielen Märchen um das Feenvolk.

Die Galerie der keltischen Götter

Terra Mater: Die große Göttin

Im Glauben vieler Urvölker ist die Göttin als Herrscherin über Leben und Tod ebenso gütig wie gnadenlos. Sie schenkt das Leben und nimmt es wieder. Sie ist die Herrin des Himmels, der Erde und der Unterwelt. Von den Kelten und den Völkern des Mittelmeerraums wurde sie mit dem Mond und seinen drei Phasen, dem zunehmenden, abnehmenden und dem Vollmond gleichgesetzt. Daher wird sie häufig als Triade dargestellt, die sogenannten *Matres*. Diese Figuren tragen meist Körbe voller Früchte auf dem Schoß oder haben Säuglinge und Kinder im Arm. Beides gilt als Symbol für die Fruchtbarkeit der Muttergöttin. Die Verehrung der Göttin scheint eine der frühesten Glaubensvorstellungen der Menschheit gewesen zu sein. Sie läßt sich im gesamten indoeuropäischen Raum nachweisen.

Wie auch die germanischen Stämme stellten die Kelten vor ihrem Kontakt mit den Römern keine menschengestaltigen Götterbilder her. Die Spirale z. B. ist seit der Steinzeit ein Symbol für die Schöpfungskraft der Großen Göttin (Felsritzung in Newgrange)

Die Kelten verehrten auch Naturerscheinungen wie Bäume oder Steine und besonders die Quellen der Flüsse als Kinder der Mutter Erde. Sie galten als Sitz einer heilbringenden Göttin. Viele europäische Flüsse erhielten deshalb ihren Namen von einer Göttin: zum Beispiel die Donau, die Marne oder die Seine. In Frankreich erhielt die Marne ihren Namen von den Matronae, den drei Göttlichen Müttern, und die Seine wurde nach Sequana, der Göttin ihrer Quelle benannt. Der englische Fluß Severn z. B. wurde nach Sabrina benannt und der Clyde nach der »Göttlichen Reinigerin, der Göttin Clóta«.

Die Kelten sahen in der Göttin nicht nur die Beschützerin des Landes sowie die Herrscherin über Leben und Tod, sondern auch die Gründerin des Königreiches und sogar das Land selbst. Ein Land konnte nur dann gedeihen, wenn sich der irdische König mit der Göttin verband. Er mußte mit der Göttin eine *Hieros Gamos*, eine »Heilige Hochzeit« feiern. Die rituelle Verbindung des Menschenmannes mit der göttlichen Frau war ein wichtiger Bestandteil der religiösen Zeremonien. In den Mythen inkarnierte sich die Göttin als Sterbliche, um den König heiraten zu können. In der Legende von Königin Medb heiratete die Göttin in ihrer jungen Gestalt nacheinander alle Könige des Landes.

Auch außerhalb der Sagenwelt versuchten die Kelten, die Heilige Hochzeit zwischen dem Land als Verkörperung der Göttin und dem König zu vollziehen. Um 1185 berichtet der Geschichtsschreiber Giraldus Cambresis (auch Gerald of Wales, eigentlich Gerald de Barri 1147 - 1223) entsetzt von einer »königlichen Hochzeit«, die in Donegal stattgefunden haben soll. Bei der Inthronisierung des Königs wurde eine weiße Stute, ein Symbol der Pferdegöttin, vorgeführt. Die Stute wurde getötet, der König vereinigte sich mit dem toten Tier und »benimmt sich selbst wie ein Vieh«. Anschließend zerteilt man die Stute und kocht sie. Der König badet in der Brühe, trinkt davon und verzehrt das Fleisch der Stute anschließend gemeinsam mit seinen Untertanen. Der König hat sich also mit dem Land nicht nur vereinigt, sondern es sich buchstäblich einverleibt.

Die große Göttin hat im keltischen Glauben viele Namen und Gesichter. In Irland wurde die Dana bzw. Danu verehrt, die Stammutter der griechischen Danaer und der irischen Tuatha de Danann. Verkörperungen ihrer drei Erscheinungsformen sind die Göttinnen Morrigan, Macha und Brigit. Der Name Eire für Irland erinnert noch heute daran, daß die Göttin Eire/Erin in der grünen Insel Gestalt angenommen hat. Ihre drei Immanationen sind Erin, die Mutter, Banba, die Kriegerin, und Fótla, die Seherin. Auch sie vermählten sich den Sagen nach mit den jeweiligen Herrschern des Landes. Die Festlandkelten verehrten die Muttergöttin in Gestalt der Pferdegöttin Epona. Die häufigsten archäologischen Spuren der Verehrung der großen Göttin auf ehemals keltischem Gebiet finden sich heute in der Provence, im Rheinland und in Irland. Aufzeichnungen existieren jedoch lediglich über die keltischen Götter Galliens, Irlands und Wales.

Über die 400 keltischen Götter und Göttinnen, die bis heute bekannt sind, wissen wir nicht viel. Manche Götter, beispielsweise der Gott Lug, wurden sowohl auf dem Festland als auch in Britannien und Irland verehrt. Schriftliche Zeugnisse über den gallischen Götterhimmel finden sich in den Aufzeichnungen der zeitgenössischen Griechen und Römer. In Irland und Wales geben die jeweiligen Sagenkreise Aufschluß über den keltischen Götterhimmel.

Die Götter Galliens

Cäsar berichtet im *Gallischen Krieg* über die Götter der Kelten, deren keltische Namen er jedoch nicht erwähnt. Statt dessen vergleicht er sie mit den römischen Göttern Merkur, Mars und Jupiter. Aus Gallien sind viele zwei- und dreiköpfige Figuren erhalten, die als Bildnisse der dreifaltigen Göttin und eines dreifaltigen Gottes gedeutet werden. Auffällig für die gallorömische Zeit sind die häufigen Abbildungen von Götterpaaren.

Interessanterweise behielten die Göttinnen in den Inschriften meist ihre keltischen Namen. Vielleicht gab es im römischen Götterhimmel, der ja viel partriarchalischer war als der keltische, keine entsprechenden Göttinnen. Vielleicht war es auch ein Hinweis auf die Heilige Hochzeit einer keltischen Göttin mit einem römischen Gott.

Die Dreiheit keltisch-gallischer Götter, die man als Inschrift bei zahlreichen Götterdarstellungen fand, wird im 1. Jh. n. Chr. von dem römischen Epiker Lucan (eigentlich Marcus Annaeus Lucanus 39 - 65) erwähnt. Es handelt sich um die Götter Taranis, Teutates und Esus.

Der französische Keltologe J. J. Hatt rekonstruierte indes anhand von archäologischen Funden und deren Inschriften eine mögliche Version der gallischen Mythologie:

Rigani und Esus-Cernunnos

Am Anfang gab es eine große Muttergöttin namens Rigani, die zugleich Himmelskönigin und Kriegsgöttin war. Sie war mit dem Himmelsgott Taranis vermählt und machte sich in der Nacht vom 24. zum 25. Dezember mit zwei Begleiterinnen auf den Weg zum Erdgott Esus. Dieser erschien je nach Jahreszeit entweder in menschlicher Gestalt als Esus oder in seiner unterirdischen Gestalt – halb Mensch, halb Hirsch – als Cernunnos. Der eifersüchtige Taranis schickte ihnen ein Untier, einen schrecklichen Hund hinterher, das Rigani verschlingen sollte. Dieser Hund wurde jedoch von dem Helden Smertulus abgefangen und erwürgt. Um sich zu rächen, verwandelte der Himmelsgott mit Hilfe eines anderen Hundes die Muttergöttin und ihre beiden Gefährtinnen in Kraniche. Smertulus opferte drei göttliche Stiere, und Rigani und ihre Begleiterinnen erhielten ihre menschliche Gestalt zurück. Das zusätzliche Opfer eines Hirsches ermöglichte es Cernunnos, in Menschengestalt als Esus auf die Erde zu kommen und sich mit der Muttergöttin zu vermählen. Doch nach drei Monaten verließ sie ihn und kehrte in den Himmel zu Taranis zurück. Esus mußte daraufhin in die Unterwelt zurückkehren und verwandelte sich dort in Cernunnos.

Die Verbindung der Himmelsgöttin mit dem Gott der Unterwelt, der daraufhin zum Erdgott wird, wiederholt sich immer wieder und gilt als eine Entsprechung der Jahreszeiten.

Eine ähnliche Geschichte beschreibt den irisch-keltischen Jahreslauf (vgl. Die Legende vom rituellen Jahr der Kelten, s. S. 180)

Esus (Hu Hesus), der Gott mit dem Mistelzweig

Esus war der Gott mit dem Mistelzweig, der meist in Begleitung eines Ebers erschien. Häufig wird er auch mit einer Axt, einen Baum fällend, dargestellt. Er war der Gott des Reichtums und des Krieges. Sein Name hat eine spirituelle Bedeutung: »Hu« steht für den Samen und das Kind, aus dem der Riese wächst, »Hesus« bedeutet Atem oder Geist und steht für den Geist des Wachstums, der dem Baum innewohnt.

Lucan berichtet von Menschenopfern, die zu Ehren von Esus vorgenommen wurden. Darin heißt es: »Esus – Mars wird so versöhnt: Ein Mensch wird an einen Baum aufgehängt, bis er unter Blutvergießen die Glieder abgegeben hat.« Ob man sich darunter vorzustellen hat, daß ein Baum zu Boden gebogen und ein Mensch daran festgebunden wurde, der dann beim Zurückschnellen der Bäume (vorher Einzahl und jetzt Mehrzahl!) entzwei gerissen wurde, ist ungewiß.

Cernunnos, der Hirschgott

Bereits in der Steinzeit verehrten die Menschen einen Hirschgott. Möglicherweise handelt es sich bei Cernunnos um dessen Nachfolger. Cernunnos wurde meist mit einem Hirschgeweih dargestellt. Sein Name bedeutet »der einen Scheitel wie ein Hirsch hat«. Dieser Gott wurde in weiten Teilen Galliens als Gott der Naturkräfte, der Bäume und Tiere sowie der Fruchtbarkeit verehrt. Er könnte ein Sinnbild für die Gestaltveränderung bzw. -wanderung zwischen Mensch und Tier sein, die in der Kelten-Literatur so häufig beschrieben wird. Die Christen sahen diesen gehörnten Gott, der zur Hälfte Mensch und zur Hälfte Tier war, als Inkarnation des Teufels an.

Taranus (Taranis), der große Donnerer

Taranis galt als Herrscher des Himmels und Donnergott (*Taran* = Donner). Seine Symbole sind ein Pferd mit menschlichem Kopf, ein Feuerrad, der Adler und ein stilisiertes Auge. Auch er gilt als grausamer Gott. Ihm zu Ehren sollen laut Lukan Menschen in jenen riesigen, aus Weiden geflochtenen Käfigen in Menschengestalt verbrannt worden sein.

Teutates, der Widdergott

Teutates war ein Heldengott und Krieger. Sein Name könnte auf den ägyptischen Thoth zurückgehen. Die Römer verglichen ihn mit dem Kriegsgott Mars, aber auch mit Merkur, da er als Lehrer und Gott der Händler und Reisenden galt. Er könnte auch der Wesir von Taranus gewesen sein. Auf Darstellungen erscheint er in Begleitung eines Widders oder auch eines Ebers. Seine Aufgabe war es, die Toten auf ihrer Reise in die Anderswelt zu begleiten.

Epona, die Pferdegöttin

Epona war die Göttin der Pferdezucht und eine Fruchtbarkeitsgöttin. Als solche entspricht sie der Großen Göttin und wurde auch als Triade dargestellt. Epona wurde in ganz Europa, besonders im gallorömischen Frankreich verehrt. Die meisten Darstellungen zeigen sie im Damensattel reitend. Oft wird sie von einem Hund oder einem Vogel begleitet. Ein Schlüssel in ihrer Hand steht symbolisch für ihre Fähigkeit, das Tor zur Anderswelt zu öffnen.

Der eingangs erwähnte irische Brauch der Heiligen Hochzeit, bei dem sich im 12. Jh. der König des Landes mit einer Stute vereinigen mußte, wird angesichts der Darstellung der Göttin als Stute verständlicher. Epona wurde von allen Reitern, sogar von der römischen Kavallerie verehrt und war die einzige keltische Göttin, die an einem römischen Festtag (18. Dezember) gefeiert wurde. Ihre walisische Entsprechung ist die Göttin Rhiannon.

Dis Pater, Herr der Unterwelt
Laut Cäsar glaubten die Kelten, daß sie von Dis Pater, dem Gott der Unterwelt abstammten. Der gallische Name dieses Gottes ist nicht mehr bekannt. Für die Kelten waren die Götter demnach Vorfahren und nicht Schöpfer, was die fließenden Grenzen zwischen der Welt der Götter und der Welt der Menschen in der keltischen Mythologie erklärt.

Die Götter Irlands

Dem *Lebor Gabála Érenn*, dem »Buch der Einwanderungen« zufolge, waren die Tuatha de Danann die vierten Eroberer Irlands. Sie brachten das spirituelle Wissen, die Künste und das Handwerk nach Irland. Die Tuatha de Danann erreichten Irland am ersten Mai, am Tag des *Beltane-Fests*. In den Legenden heißt es, der oberste Druide habe den Himmel verdunkelt, um ihre Ankunft zu verschleiern. Drei Tage und drei Nächte lang sei es dunkel gewesen, und so hatte es den Anschein, als seien diese Wesen direkt einer Wolke entstiegen.

Eine andere Version der Legende berichtet, daß die Tuatha de Danann in Schiffen ankamen und diese bei ihrer Ankunft verbrannten, als Zeichen dafür, daß sie sich für alle Zeit in Irland niederlassen wollten. Die Tuatha de Danann brachten bei ihrer Ankunft vier magische Schätze mit, die in allen Mythen und Legenden Britanniens bis hin zu den Artussagen, ja sogar in der Mythologie des Tarot-Spiels eine wichtige Rolle spielen: den Stein von Fál, der angeblich aufschrie, wenn sich der wahre König auf ihn setzte (heute soll er in Westminster stehen); der Speer des Lug; das Schwert von Nuada und den Kessel des Dagda, der in den christlichen Legenden als Heiliger Gral weiterlebt. Da diese magischen Schätze in der keltischen Glaubenswelt eine wichtige Rolle spielen, sollen sie hier kurz vorgestellt werden:

Lia Fál: Der Stein von Fál

Der erste der vier unbezahlbaren Schätze, den die Tuatha de Danann nach Irland mitbrachten, war der Stein von Fál. Er stammte aus der legendären Stadt Falias im Norden und besaß die Härte eines Diamanten. Dieser Stein in Form eines Pfeilers befand sich in der Mitte Irlands und wurde als Krönungsstein für die irischen Könige benutzt, da die Legende erzählt, daß der Stein aufschrie, wenn ein wahrer König sich auf ihn setzte. Über seinen heutigen Verbleib gibt es zwei verschiedene Auffassungen. Einer schottischen Überlieferung zufolge, gelangte der Stein nach Schottland und wurde 1297 von Edward I. nach London gebracht, wo er seitdem in Westminster Abbey unter dem Krönungsthron der britischen Könige liegt.

In der irischen Überlieferung heißt es dagegen, daß der Steinpfeiler, der sich auf Tara neben der St.Patricks-Statue befindet, der wahre *Lia Fál* sei.

Der unbesiegbare Speer von Lug

Der zweite Schatz der Tuatha de Danann war der Speer des Sieges aus Gorias, der flammenhellen Stadt aus dem Süden der Welt der Danaer. Dieser Speer gehörte Lug, dem Langarmigen, und es heißt, daß der Speer in der Schlacht laut brüllte und dadurch die Angreifer in Angst und Schrecken versetzte.

Das Schwert von Nuada

Der dritte Schatz der Tuatha de Danann war das Lichtschwert aus Findrias, der wolkengleichen Stadt aus dem Osten. Mananan vertrieb damit die Ungeheuer, die bei der Schöpfung Irlands über den Rand von Brigits Mantel spähten. Das Schwert gehörte Nuada, dem König der Tuatha de Danann. Vielleicht wurde es später zum Schwert Excalibur der Artuslegenden.

Der unerschöpfliche Kessel Dagdas

Der wertvollste Schatz, den die Tuatha de Danann aus ihrer Welt mit nach Irland brachten, war jedoch der »Kessel der Fülle« aus der Stadt Murias. Dieser Kessel gehörte Dagda, dem Allvater der Götter. Es heißt, daß der Kessel unerschöpflich war und jeder daraus die Speise und das Getränk erhielt, die am besten zu ihm paßten. Darüber hinaus konnte der Kessel Tote wieder zum Leben erwecken. Im *Mabinogi* wird erzählt, wie der Kessel Bran, dem Gesegneten, in der Schlacht von Irland zum Verhängnis wurde. Sein Widersacher Matholwch, der König von Irland, benutzte den Kessel, um getötete Soldaten wieder zum Leben zu erwecken. Diese wurden zu seelenlosen Kampfmaschinen und metzelten alle Krieger nieder, die ihnen in die Quere kamen. Das führte zur nahezu vollständigen Vernichtung des walisischen wie auch des irischen Heeres. Nur sieben Männer kehrten nach Wales zurück, das abgeschlagene Haupt Brans führten sie im Gepäck.

Die Tuatha de Danann, die angeblich von der Göttin Dana abstammten, verwirrten die christlichen Schreiber zutiefst. Sie konnten sich nicht einigen, ob es sich bei ihnen um Menschen oder Dämonen handelte. Wer auch immer sie waren, die irischen Kelten erhoben die Tuatha de Danann zu den Göttern ihres Pantheons. In der folgenden Legende sind sie sogar die Schöpfer Irlands.

Der Mantel der Brigit

Die Göttin Brigit sang ein Lied über ein Wunder. Von der fremdartigen Melodie angezogen, versammelten sich bald andere Götter um sie: Angus, der ewig junge, Midir, der Rothaarige, und Ogma, der »Glanz der Sonne«. Auch Dagda kam herbei, um ihr zuzuhören. Schließlich stellte Angus die Frage, wer dieses Lied gesungen habe. Brigit antwortete ihm: »Die Erde hat es gesungen.«

Das Lied der Erde sang von einem Traum, dem Traum des Urbeginns. Die Götter wurden von diesem Lied so tief berührt, daß sie ihre Angst vor dem dunklen, finsteren Abgrund, der die Erde war, überwanden und beschlossen, zur Erde hinabzusteigen.

Sie alle wollten Brigit begleiten, wenn diese die Erde mit ihrem Mantel umhüllte, um sie fruchtbar zu machen.

Midir ergriff den flammenden Speer und stieg in das Chaos hinab. Er vernichtete viele der wilden Wesen, die dort lebten, und drängte die anderen immer weiter zurück. Dann kehrte Midir zu den Göttern zurück.

»Ich habe dir Platz für deinen Mantel bereitet«, rief er Brigit zu. Diese warf ihren Mantel auf die Erde, der sich wie ein silberner Feuerteppich ausbreitete und dabei die Bewohner des Chaos zurückdrängte. Hätte nicht Angus, der jüngste der Götter, die Geduld verloren, der Mantel hätte sich wohl über die gesamte Erde gelegt. So aber sprang Angus lachend herab, und der Mantel verwandelte sich in Nebel. Die anderen Götter folgten Angus. Dagda griff mit beiden Händen in seinen Kessel und holte grünes Feuer heraus. Das warf er auf die Erde, und da wurde sie grün. Angus spielte damit, er grub Täler und Berge. Da sah Manánann, daß sich die Lebewesen aus dem Chaos wieder erhoben, und er ergriff das Schwert aus Licht. Die Untiere zogen sich grollend zurück, aber das Meer erhob sich in einer schimmernden Woge, um das Schwert zu grüßen. Als Brigit ihren Mantel aufhob, verschwand der Nebel, und die Götter sahen, daß sie sich auf einer grünen Insel befanden, auf der es seltsame Berge und Täler gab.

Brigit ergriff den Stein von Fál und versenkte ihn in die Erde. Daraufhin strömte klares Wasser in die Täler, es entstanden Flüsse, Seen und Teiche. Brigit zog weiter, um die Flamme der Freude in andere Welten zu bringen. Die anderen Götter blieben auf der Insel, um dort Pflanzen und Tiere zu schaffen. Bevor sie ging, baten die Götter Brigit, der Insel einen Namen zu geben.

»Diese Insel hat drei Namen«, erwiderte Brigit. »Sie ist die ›Weiße Insel‹, die ›Insel des Schicksals‹ und ihr dritter Name lautet ›Irland‹«.

Lug, der Herr aller Künste

Cäsar verglich Lug mit dem römischen Gott Merkur und beschrieb ihn im *Gallischen Krieg* folgendermaßen:

> *Unter den Göttern verehren sie Merkur am meisten. Von ihm besitzen sie besonders viele Götterbilder; ihn halten sie für den Erfinder aller Künste, für den Führer auf allen Straßen und Wegen, und von ihm glauben sie, er habe den größten Einfluß auf den Erwerb von Geld und auf den Handel.*

Lug wurde sowohl in Gallien als auch in Irland hoch geachtet. Die Städte Lyon, das holländische Leiden, das niederschlesische Liegnitz im heutigen Polen und das englische Carlisle wurden nach ihm benannt. Lug trägt, wie bereits erwähnt, den Beinamen *Samildanach*, »der Herr aller Künste«, weil er die Fertigkeiten aller drei Klassen beherrschte. Er war Krieger, Priester und Handwerker; ebenso war er der Gott des Weitblicks, der Weissagung und der Medizin. Deshalb stand Lug sowohl über den Göttern als auch außerhalb ihrer Gemeinschaft. Er hieß auch Lug *Lámfadha*, »der mit dem langen Arm«.

Lug war ein Seelenführer, der die Toten in die Unterwelt begleitete und wieder hinaus in die Welt der Menschen führte. Er war der Gott der Seelenwanderung. Den Mythen nach, kam Lug aus dem »Land des Lebens« und brachte von dort drei magische Gaben mit: ein Schiff, das die Gedanken eines Mannes lesen konnte und ihn überall hinbrachte, wohin er wollte, ein Pferd, das über Land und Wasser gehen, und ein Schwert, das jedes Panzerhemd durchtrennen konnte. Seine Waffen waren ein Speer und eine Schleuder, die beide große magische Kraft besaßen. Der Speer brüllte so laut, daß die Angreifer vor Entsetzen wie gelähmt waren, und mit der Schleuder konnte Lug die gewaltigsten Felsbrocken in die Reihen der Feinde katapultieren. Er war der Vater des größten irischen Helden Cuchulain.

Am besten wird Lug durch die Geschichte der Schlacht von Mag Tuired beschrieben.

Die Schlacht von Mag Tuired

Die Tuatha de Danann, die vierten Einwanderer aus dem »Buch der Einwanderungen«, hatten mit Hilfe der Ureinwohner, den Fomoriern, in der Schlacht von Mag Tuired ihre unmittelbaren Vorgänger, das Volk der Fir Bolg, besiegt. Die Sieger feierten ein großes Fest. An diesem Fest durfte nur der jeweils beste der Denker, Handwerker, Künstler und Krieger teilnehmen. Daher wurde der Eingang zum Festsaal von einem Pförtner bewacht. Da erschien ein junger, schöner Krieger, der um Einlaß bat. Nach seinem Namen gefragt, antwortete er: »Ich bin Lug Lonandsclech, Sohn von Cian, dem Sohn von Diancecht, welcher der Gott der Heilkunde der Tuatha de Danann war, und von Eithne, der Tochter Balors, dem einäugigen Riesen der Fomorier.« Er vereinte demnach die zwei verschiedenen Welten der einander bekämpfenden Parteien in sich, was seine außergewöhnlichen Fähigkeiten erklärte. Als er vom Türsteher gefragt wurde, welches seine Fertigkeiten seien, zählte er nacheinander alle handwerklichen und kriegerischen Berufe auf. Jedesmal teilte ihm der Türsteher mit, daß sich schon jemand im Saal befinde, der dieses Handwerk beherrsche. Schließlich sagte Lug: »Frage deinen König, ob es in diesem Saal einen Mann gibt, der all diese Fertigkeiten zugleich beherrscht.« Daraufhin wurde er eingelassen. Im Festsaal mußte er noch drei Prüfungen bestehen: Zuerst wurde ihm ein Schachspiel vorgelegt, und er gewann die Partie. Danach mußte er einen riesigen Stein aufheben. Auch das gelang ihm ohne Schwierigkeiten, und er schleuderte den Brocken obendrein durch das ganze Haus. Zuletzt spielte er auf der Harfe. An drei aufeinanderfolgenden Tagen spielte er das Lied des Schlafes, das Lied der Freude und das Lied der Trauer und erwies sich somit als wahrer Barde.

Dagda, der Vater aller und Lüstling mit der Keule

Dagda war ein vorkeltischer Sonnengott, der auch mit den gallischen Göttern Cernunnos, Taranis, Teutates und Dis Pater gleichgesetzt wurde. Er war sowohl der Vater der Urgöttin Dana als auch ihr Sohn, zugleich Totengott und Gott der Druiden. Er trägt die Beinamen

Eochaid Ollathair »der Vater aller«, *Ruad Rofessa* »Herr großen Wissens« und *Aedh* »Feuer«. Er war also ein dreieiniger Gott, ein Gott mit dreifacher Gestalt. Man nannte ihn den »guten Gott«, womit gemeint war, daß er alles gut konnte. Sein Aussehen war jedoch alles andere als gut!

Dagda war ein einäugiger Riese mit abstoßendem Äußeren. Seine Attribute waren ein großer, füllhornartiger Kessel, dessen Inhalt nie versiegte, und eine gewaltige eiserne Keule. Diese Keule wog so schwer, daß sie von acht Männern getragen oder auf einem Wagen transportiert werden mußte. Mit der einen Seite der Keule konnte Dagda Menschen töten und sie mit der anderen Seite wieder zum Leben erwecken. Das machte ihn zum Herrn über Leben und Tod und zum Beherrscher der Seelen. Mit Hilfe seines Kessels ernährte er sein Volk. Seine enorme Gefräßigkeit wie auch seine außerordentliche Potenz waren Gegenstand einiger respektloser Legenden. Dieser häßliche, lüsterne Gott galt aber auch als Gott der Harmonie. Ihm gehörte die Leier der Jahreszeiten, auf der er die drei Lieder der Freude, der Trauer und des Schlafes spielte und über die Jahreszeiten regierte. Er war der Meister der Musik und der Magie. Die folgende Geschichte erzählt von Dagdas Freßgier und Lüsternheit:

Morrigan und Dagda

Dagda war vor der Schlacht von Mag Tuired als Unterhändler in das Lager der Fomorier gegangen. Diese empfingen ihn unter der Bedingung, daß er mit ihnen esse. Um ihn zu verspotten, füllten sie ein großes Erdloch mit Brei, in den sie auch ganze Ziegen, Schafe und Schweine mengten. Sie drohten Dagda mit dem Tod, falls es ihm nicht gelänge, die riesige Menge Brei zu vertilgen. Er ergriff einen Löffel, der so groß war, daß ein Liebespaar darin Platz gefunden hätte, und begann zu essen. Zur großen Überraschung der Fomorier verspeiste Dagda den gesamten Inhalt der Erdgrube. Anschließend fiel er erschöpft in den Schlaf. Als er am nächsten Morgen, dem Morgen von Samhain, erwachte, sah er am Flußufer eine Frau stehen, die sich breitbeinig wusch. Dagda, dessen Lüsternheit seine Gefräßigkeit noch übertraf, überkam große Lust, und er vereinigte sich mit ihr. Als die beiden erschöpft und befriedigt niedersanken, erkannte er in ihr die Göttin Morrigan. Als sie ihrerseits entdeckte, daß es der Gott Dagda war, der ihr so große Lust bereitet hatte, versprach sie ihm in der bevorstehenden Schlacht ihre Hilfe.

(In einer anderen Version dieser Legende vereint sich Dagda nicht mit Morrigan, sondern mit der Tochter des Unterweltkönigs Tetra, die ihm daraufhin ihre Hilfe in der bevorstehenden Schlacht verspricht.)

In dieser Sage wird eine weitere Variante der Heiligen Hochzeit beschrieben. Die Vereinigung zwischen Dagda und Morrigan dient nicht der Fruchtbarkeit des Landes, wie in der kultischen Vermählung des Landesfürsten mit der Göttin. Hier geht es um die zerstörerischen Kräfte der Göttin, ihren Todesaspekt. Als Kriegsgöttin verkörpert Morrigan die dunkle Seite der großen Göttin, und Dagda erweist seinem Volk einen großen Dienst, indem er die Gunst dieser mächtigen Kriegerin gewinnt.

Dana, die Mutter aller

Dana, die uralte Erdmutter, auch Danu oder Anu genannt, war auch im Orient und bei den Mittelmeervölkern bekannt, und man huldigte ihr sowohl in Griechenland als auch in Irland. Von Dana sollen die griechischen Danaer und die irischen Tuatha de Danann abstammen. Auf Kreta war sie Danae, die als Göttin des Ackerbaus verehrt wurde. In Irland und Wales galt sie als die Große Göttin, die Mutter aller Götter und Menschen. Ihr walisischer Name war Don. Ihre dreifache Gestalt entfaltete sich in Irland zu den drei Göttinnen: Brigit, die junge Frau, Banba, die »Mutter Irland«, und Macha bzw. Morrigan, die den Todesaspekt der Göttin verkörperte. Jede dieser Göttinnen erschien wiederum in dreifacher Gestalt.

Wie sehr Irland als Verkörperung der Muttergöttin betrachtet wird, zeigt der Name zweier Hügel, die sich in der Nähe von Killarney befinden. Sie heißen auf irisch Dá Chich Annan, »die zwei Brüste Anus«.

Beli (Belin), die Sonnenscheibe

In der irischen Mythologie galt Beli oder Bile als Vater des Mile, jenem Anführer der Milesier, denen es gelang, die Tuatha de Danann zu besiegen. In der Folge wurde er als Gott der Unterwelt betrachtet, wobei er dem gallischen Dis Pater vergleichbar ist.

In der walisischen Mythologie war Beli der Vater von Arianrhod, Gwydion, Gilvaethwy, Govannon und Amatheon. Als Sonnengott und König des Landes war er mit der Erdgöttin Don vermählt. Häufig wird er auch mit der Sonnenscheibe selbst gleichgesetzt.

Brigit, Brigantia, Brigid, Urmutter und katholische Heilige

Brigit war eine Verkörperung der dreifachen Muttergöttin und des Mondes. Man nannte sie »starke Frau« oder auch »Sommer«. Das *Glossar von Cormac*, ein Kompendium altirischer Wörter aus dem 9. Jh., nennt sie

> *eine Seherin (Dichterin), Tochter des Dagda. Eben diese Brigit ist die Frau der Gelehrsamkeit, eine von den Dichtern verehrte Göttin, denn ihre schützende Fürsorge war sehr groß und sehr berühmt. Darum nennt man sie die Göttin der Dichter: Ihre Schwestern waren Brigit, die Frau der Heilkunst, und Brigit, die Frau der Schmiedekunst, Töchter des Dagda. Nach ihren Namen wurde von den gesamten Iren jede Göttin Brigit genannt.*

Sie und ihre beiden Schwestern, die ebenfalls Brigit hießen, waren die Göttinnen so unterschiedlicher Bereiche wie der Heilkunde, der Kriegskunst, der Landwirtschaft und der Dichtkunst. Darüber hinaus war sie Prophetin und Schutzherrin der Druiden. In Kildare (Irland) brannte Brigit zu Ehren ein ewiges Feuer, das von Priesterinnen gehütet wurde.

Da es der römischen Kirche nicht gelang, den Kult um Brigit auszurotten, erklärte man sie kurzerhand zur katholischen Heiligen St. Brigid. Das Kloster ihres Ordens wurde vor allem wegen seiner Wunderheilungen und der Fruchtbarkeitsmagie bekannt. Auch das christliche Fest Maria Lichtmeß Anfang Februar war ursprünglich ein Fest für Brigantia.

Ceridwen, die Hüterin des Kessels

Ceridwen verkörperte den Todesaspekt der dreifachen Göttin. In ihr vereinen sich die Gegensätze von Leben und Tod besonders deutlich. Sie war die alte Sibylle des Herbstes, die Prophetin. Sie wurde auch als weiße, leichenfressende Sau dargestellt, da das Schwein als Symbol der Muttergöttin angesehen wurde.

Ceridwen besaß große Zauberkräfte und braute in ihrem magischen Kessel den Trank der Erkenntnis für ihren häßlichen Sohn Afangdu. Dieser Trank mußte ein Jahr lang kochen und sollte von dem Knaben Gwion Bach bewacht werden. Ceridwen schärfte ihm ein, niemals davon zu trinken. Doch eines Tages spritzten ein paar Tropfen von dem Trank auf Gwions Finger. Ohne nachzudenken, leckte er den Finger ab und erlangte dadurch großes Wissen und Erkenntnis. Ceridwen verfolgte den jungen Frevler, der sich durch viele Gestaltwandlungen vor ihrem Zorn zu retten suchte. Schließlich verwandelte er sich in ein Getreidekorn, das Ceridwen, in ein Huhn verwandelt, aufpickte. In ihrem Leib wuchs er zum großen Barden Taliesin heran. Seine Verschlingerin sorgte somit für seine Wiedergeburt.

Macha, die schneller war als die Pferde des Königs

Macha war, neben Morrigan und Bodbh, eine der drei Entfaltungen der keltischen Kriegsgöttin, die wiederum eine Immanation der großen Muttergöttin war. Macha erschien ebenfalls in dreifacher Gestalt: als Seherin, Kriegerin und Mutter-Bäuerin. Als Kriegerin assoziierte man sie mit den *mesred machae* genannten Pfählen, auf denen die abgeschlagenen Köpfe besiegter Feinde nach der Schlacht zur Schau gestellt wurden.

Die Verbindung von Kriegerin und Mutter zeigt sich in der folgenden Geschichte besonders deutlich.

Macha und Crunnchu

Nachdem des Bauern Crunnchus Frau gestorben war, trat eines Tages eine wunderschöne Frau in seine Hütte. Sie machte Feuer und begann dann, den Fußboden zu kehren. Eine Weile schaute er ihr verwundert zu.

»Wer bist du?« fragte er sie schließlich.

»Frag mich nicht nach meinem Namen, sonst muß ich dich verlassen«, antwortete sie.

Also fragte er nicht weiter und ließ sie ungestört schalten und walten. Seit ihrer Ankunft gediehen seine Felder und Tiere, und Crunnchu wurde ein wohlhabender Mann.

Da rückte der Tag der Jahresversammlung in Ulad heran. Macha wollte Crunnchu nicht begleiten, denn sie war schwanger und sollte bald niederkommen.

»Sei vorsichtig und erzähle nichts von mir!« warnte sie ihn eindringlich beim Abschied.

»Mach dir keine Sorgen«, erwiderte er leichthin. »Ich werde unser Geheimnis nicht verraten.«

Als er fröhlich mit den anderen Männern feierte und bereits viele Humpen Wein getrunken hatte, wurde er jedoch leichtsinnig. Er hörte, daß das Pferdegespann des Königs das Wagenrennen gewonnen hatte und von allen gepriesen wurde. Da begann er in seiner Trunkenheit zu prahlen, daß seine Frau diesen Pferden ohne weiteres davonlaufen könnte. Für diese Beleidigung des Königs setzte man ihn fest und drohte ihm mit Hinrichtung, sollte seine Frau gegen die Pferde verlieren.

Ein Bote des Königs holte Macha. Als sie hörte, was der König von ihr wollte, erschrak sie sehr.

»Aber ich kann jetzt nicht laufen, ich bin hochschwanger und werde in wenigen Tagen niederkommen.«

»Der König hat es befohlen, und Ihr müßt mir folgen«, antwortete der Bote.

Als sie vor den König trat, wiederholte sie ihre Bitte. »Mein König, Ihr seht, daß ich ein Kind erwarte und nicht laufen kann. Wenn Ihr ein oder zwei Monate wartet, werde ich gern laufen.«

Aber der König blieb unerbittlich. Wenn sie nicht liefe, würde Crunnchu sterben. Da wandte sich Macha an die Männer, die um sie herum standen.

»Ihr Männer von Ulster, die ihr alle von einer Frau geboren seid! Bittet für mich, ihr seht doch, daß ich in meinem Zustand nicht laufen kann«, flehte sie.

Aber die Männer lachten nur und stießen sich gegenseitig vor Vergnügen in die Seiten.

Da wandte sie sich um und ging zu Crunnchu.

»Ich werde um dein Leben laufen«, sagte sie, »aber ich werde niemals zu dir zurückkehren.«

Mit hoch erhobenem Haupt schritt sie zum Startplatz. Das Rennen begann. Während des langen und schweren Rennens hob und senkte sich Machas Bauch in den Wehen. Blut und Schweiß rann in Strömen an ihr herab, doch trotz allem gewann sie das Rennen. Am Ziel angekommen, brach sie zusammen und gebar Zwillinge.

Voller Zorn verfluchte sie die Männer, die das Rennen verfolgt hatten und sie nun anstarrten:

»Männer von Ulster! Ihr habt kein Erbarmen mit einer Schwangeren und einer Gebärenden in ihrem Schmerz. Von nun an sollt ihr immer dann, wenn ihr eure Kräfte am nötigsten braucht, neun Tage lang so schwach und hilflos sein wie eine Frau im Kindbett. Ihr seid verflucht, ihr und eure Söhne bis zur neunten Generation.«

Macha verschwand. Die Festwiese von Ulad heißt seitdem Emuin Macha. Emuin ist das irische Wort für Zwillinge. Machas Fluch schwächte die Männer von Ulster neun Generationen lang.

Morrigan, die Krähe der Schlachten

Morrigan gilt wie die Göttin Macha als eine der drei Entfaltungen der Kriegsgöttin Morrigan, die neben Dana eine der ältesten Formen der Muttergöttin, Herrscherin über Himmel, Erde und Unterwelt war. Morrigan wird in den Sagen als die schrecklichste der drei keltischen Kriegsgöttinnen beschrieben. Es heißt, daß Morrigans Gier nach Blut und Opferfleisch groß und ihr sexuelles Verlangen unersättlich war. Sie symbolisierte die Kräfte der Zerstörung, der Vernichtung und des Chaos. In den Artussagen lebt sie als Fee Morgan weiter.

Wenn der Schöpfergott sich mit ihr vereinigte und ihre Lust befriedigte, beeinflußte er damit das Gleichgewicht zwischen den Kräften des Lebens und der Zerstörung zu seinen Gunsten. Der Gott Dagda vereinigte sich vor der Schlacht von Mag Tuired mit ihr und versicherte sich somit ihrer Gunst. Der Held Cuchulain verweigerte sich ihr, woraufhin sie ihre ganze zerstörerische Wut gegen ihn wandte, wie die folgende Geschichte zeigt.

Morrigan und Cuchulain

Cuchulain, der große irische Held und Ulster-Krieger, wurde eines Nachts von einem Schrei geweckt. Er sattelte sein Pferd und ritt los, um herauszufinden, wer da geschrieen hatte. Da traf er auf einen Wagen, der von einem roten Pferd gezogen wurde. Auf diesem Wagen saß eine wunderschöne Frau mit langen, roten Haaren, die ganz in Rot gekleidet war. Sie grüßte ihn freundlich und bot sich ihm für diese und für alle folgenden Nächte an.

Cuchulain aber war von der Schlacht des Vortages sehr erschöpft und antwortete ihr: »Ihr habt einen schlechten Zeitpunkt gewählt. Ich bin erschöpft vom Kampf und brauche viel dringender Schlaf als die Liebe einer Frau.«

»Ich bin keine gewöhnliche Frau«, antwortete ihm Morrigan. »Ich habe Euch in all Euren Kämpfen zur Seite gestanden und werde es auch weiterhin tun.«

Cuchulain lachte spöttisch auf. »Im Kampf bedarf ich nicht der Hilfe einer Frau. Und Eure Liebe brauche ich auch nicht, weder jetzt noch fürderhin.«

»Wenn Ihr meine Liebe verschmäht«, antwortete ihm Morrigan zornig, »werde ich künftig an der Seite Eurer Feinde kämpfen. Ihr werdet mich nicht erkennen, denn ich kann jede Gestalt annehmen, die ich will. Aber Ihr werdet meine Waffen spüren!«

»Dann kämpft mit mir«, schrie Cuchulain erbost und zog sein Schwert gegen sie. Da verwandelten sich das Pferd und der Wagen mit der schönen Frau in eine Krähe, die krächzend davonflatterte. Cuchulain erkannte, daß er Morrigan verschmäht hatte.

Als er am nächsten Tag an einer Furt kämpfte, wand Morrigan sich ihm in Gestalt einer Wasserschlange um die Beine, so daß er stürzte. Es gelang ihm jedoch, ihre Rippen zu zertreten. Daraufhin verwandelte sich Morrigan nacheinander in eine Wölfin und in eine rote Kuh. Zwar gelang es Cuchulain, der Wölfin ein Auge auszustechen und der Kuh ein Bein zu brechen, aber der Kampf hatte ihn stark geschwächt.

Morrigan war ebenfalls stark verwundet, und sie wußte, daß sie nur von dem Verursacher ihrer Wunden geheilt werden konnte. Daher griff sie zu einer List und näherte sich ihm in Gestalt einer einäugigen Alten mit einer dreizitzigen Kuh. Cuchulain, der nichts Böses ahnte, bat sie um einen Schluck Milch und segnete die Alte für diese Gabe. So heilte er Morrigan von ihren Wunden. Cuchulain fand jedoch in dieser Schlacht seinen Tod.

Die Männer aus Ulster, deren größter Held Cuchulain war, waren die ersten, die sich gegen die Verehrung der Muttergöttin und für das

Christentum entschieden. Das wird in dieser Geschichte bereits deutlich. Cuchulain verweigert ihr nicht nur ihr Recht auf die Heilige Hochzeit, er spricht ihr auch die Macht ab, Einfluß auf seine Heldentaten zu nehmen. Cuchulain ist ein männlicher Krieger, der zwar für eine Königin in die Schlacht zieht, die Hilfe einer Frau aber verächtlich zurückweist. So wird in der Geschichte von Morrigan und Cuchulain das Erstarken der männlichen Kraft des Kriegers gegenüber der weiblichen Macht der Göttin deutlich. Zwar kann die Große Göttin in Gestalt von Morrigan den männlichen Sonnenkrieger noch besiegen, aber er fügt ihr schwere Wunden zu. In späteren Sagen wird die weibliche Kraft dann ganz unterliegen.

Ogma, der Gott der Beredsamkeit

Ogma bildet mit seinem Bruder Dagda und dem Gott Lug die Triade der männlichen Hauptgötter der Tuatha de Danann. Er zeichnete sich durch große Tapferkeit im Kampf aus, war aber gleichzeitig der Gott des Lernens, der Dichter und der Sprache. Er gilt als Erfinder der keltischen Ogham-Schrift (Die exakten Ursprünge dieser Schrift, deren Buchstaben sich aus Strichen zusammensetzen, sind unbekannt. Vermutlich handelt es sich um eine Schrift, die von den Druiden vor allem zu magischen Zwecken verwendet wurde), die der geheimen Kommunikation unter den Wissenden gedient haben soll.

Der griechische Autor Loukianos (eigtl. Lukian von Samosata um 115 – 180 n. Chr.) beschreibt Ogma im 2. Jh. n. Chr. wie folgt:

> *Die Kelten nennen Herakles in ihrer Sprache Ogmios. (...) Sie stellen ihn nämlich als alten Mann dar; der sich dem Ende seines Lebens nähert. Sein Haupt ist kahl, nur wenige weiße Haare sind ihm geblieben, Runzeln bedecken seine Haut, die so schwarzbraun gebrannt ist wie bei alten Seeleuten. (...) Am erstaunlichsten ist, daß dieser alte Herakles eine große Schar von Männern an sich zieht, die alle an den Ohren durch zierliche Ketten aus Gold oder Bernstein – schönen Halsketten ähnlich – an ihn gebunden sind. Obwohl die Ketten dieser*

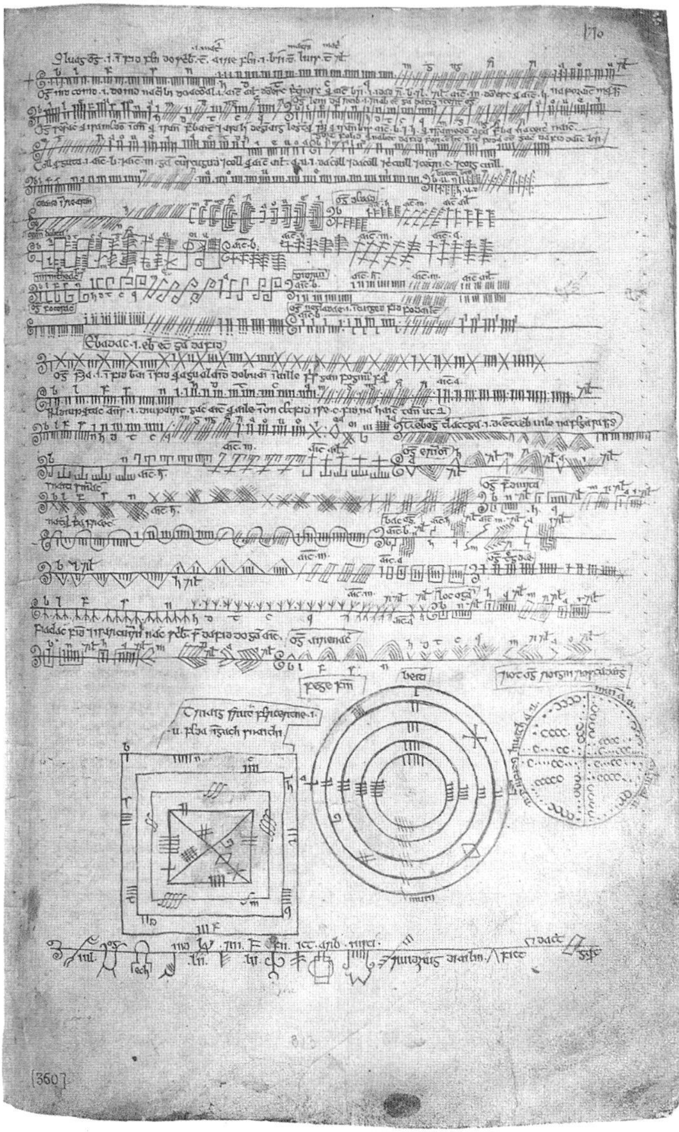

Eine Seite aus dem »Buch von Ballymote« (14. Jh.), in dem unter anderem eine Einführung in die Ogham-Schrift enthalten ist.

Männer so leicht sind, daß sie ohne Schwierigkeiten fliehen können, tun sie das nicht, sondern folgen ihrem Führer fröhlich und vergnügt und voller Lobreden. Da Herakles in der rechten Hand bereits die Keule trägt und in der linken den Bogen, wußte der Maler offenbar nicht, wo er die Ketten der Männer bei Herakles befestigen sollte. Deshalb hat er die Zungenspitze des Gottes mit einem Loch für die Ketten versehen, so daß es nun so aussieht, als würden die Männer; die dem Gott folgen und denen er sich lächelnd zuwendet, von seiner Zunge geführt.

Diese Beschreibung verdeutlicht, welche Macht die Kelten dem gesprochenen Wort beimaßen. Die zarten Ketten führen von der Zunge des Gottes zu den Ohren seiner Gefolgschaft und sind gewiß symbolischer Natur. Diese Beschreibung des Loukianos ist ein gutes Beispiel für das Unvermögen der Griechen und Römer, den keltischen Götterhimmel zu verstehen und angemessen zu interpretieren.

Goibnu, der göttliche Schmied

Goibnu, walisisch Govannon, war der Schmied der Tuatha de Danann und ihr Schmiedegott. Die Waffen, die er schmiedete, machten einen Kämpfer unbesiegbar. Die Kelten schrieben den Schmieden ganz allgemein magische Kräfte zu.

Die walisischen Götter

Der walisische Sagenzyklus handelt von Göttern und Halbgöttern, die das Land als Könige und Fürsten regierten. Die Sagen wurden im 14. Jh. von Mönchen in der Landessprache aufgezeichnet und 1849 erstmals ins Englische übersetzt. Die Übersetzung erschien unter dem Titel *Mabinogion*. Die Herausgeberin Lady Charlotte Guest folgte dabei den schriftlichen Aufzeichnungen mündlicher Überlieferungen aus dem 14. Jh., dem *Roten Buch von Hergest (1400)* und dem *Weißen Buch von Rhydderch (1325).* Erzählt wird die Geschichte der königlichen Familien von Wales, deren Leben mit dem der Götter der Anderswelt untrennbar verbunden ist. Der Sagenzyklus ist in vier Abschnitte, die sogenannten »Zweige« unterteilt. Der erste Zweig beschreibt die Geschichte vom Menschenfürst Pwyll und der Göttin Rhiannon. Der zweite Zweig erzählt die Geschichte der Kinder Llyrs. Der dritte Zweig des *Mabinogi* handelt von Pwylls Sohn Pryderi und Rhiannon. Der vierte Zweig schließlich berichtet von den Kindern der Göttin Don, Gwydion und Arianrhod.

Dieser Sagenzyklus ist mit den irischen Sagen um die Tuatha de Danann vergleichbar.

Rhiannon, die Frau mit den Vögeln

Rhiannon, die eigentlich Rigatona, »große Königin«, hieß, verkörperte einen Aspekt der walisischen Muttergöttin Modron. Da sie meist zu Pferde dargestellt wurde, gilt sie als walisische Entsprechung der gallischen Pferdegöttin Epona. In den walisischen Sagen ist Rhiannon die wunderschöne Göttin der Anderswelt. Sie reitet auf einem weißen Pferd, begleitet von ihren Zaubervögeln, die mit ihren Liedern die Toten erwecken und die Lebenden in den Schlaf singen können. Hier zeigt sich die Nähe Rhiannons zur ursprünglichen Großen Göttin, die ebenfalls über Leben und Tod herrschte. Im Sagenkreis des *Mabinogi* sind Rhiannon gleich zwei »Zweige« gewidmet: der erste und der dritte. Der erste Zweig erzählt die Geschichte von Rhiannon und ihrer Heirat mit Pwyll, dem Fürsten von Dyved. Der dritte Zweig handelt von Rhiannons späterer Heirat mit dem Gott Manawyddan. Bei der folgenden

Rhiannons Boten, die Singvögel (anonyme Illustration)

Erzählung handelt es sich um einen Ausschnitt aus dem ersten Zweig des *Mabinogi*.

Rhiannon und Pwyll

Eines Tages, als Pwyll, der Fürst von Dyved, wieder in der Nähe des Berges unterwegs war, über den er schon einmal in die Anderswelt gelangt war, erblickte er eine wunderschöne Frau, die auf einer weißen Stute an ihm vorbeiritt. Er verliebte sich augenblicklich in sie und versuchte, sie einzuholen. Das hätte eigentlich kein Problem sein dürfen, denn er war zu Recht stolz auf sein Pferd, denn es war das schnellste in ganz Dyved. Also jagte er der Dame hinterher. Mehrmals umrundeten sie den Berg. Aber so sehr er sein Pferd auch antrieb, es gelang ihm nicht, die schöne Frau einzuholen. Das konnte nicht mit rechten Dingen zugehen. Während er sein Pferd beinahe zu Tode hetzte, zuckelte sie in gemächlichem, stets gleichbleibendem Trab an ihm vorbei. Pwyll war sich nun sicher, daß er es mit einer Frau aus der Anderswelt zu tun hatte, aber sein Ehrgeiz war geweckt, und er wollte sie um jeden Preis einholen. Er tauschte sein zu Tode erschöpftes Pferd gegen ein anderes ein, welches er nach einer Weile wiederum gegen ein anderes einwechselte. Aber auch dieses Pferd gelangte ans Ende seiner Kräfte, und Pwyll war der reitenden Dame noch kein bißchen näher gekommen. Als sie zum wiederholten Mal gemächlich an ihm vorbeitrabte, rief er verzweifelt: »Ich bitte Euch, schöne Dame, haltet an!«

Augenblicklich blieb ihr Pferd stehen. Vorwurfsvoll blickte sie ihn an.

»Wenn Ihr früher auf den Gedanken gekommen wärt, mich zu bitten, hättet Ihr Eure armen Pferde nicht so quälen müssen«, sagte sie. Pwyll blickte beschämt zu Boden. Sie aber lächelte. »Ich bin Rhiannon«, sagte sie.

Die beiden wurden ein Paar. Doch bevor sie heiraten konnten, mußte Pwyll die Göttin Rhiannon aus der Unterwelt abholen. Ihr Vater hatte sie dort einem anderen Mann versprochen. Diesen wollte sie aber nicht heiraten und hatte sich deshalb an den Menschen Pwyll gewandt, der ihr überaus gut gefiel. Für ihn war sie sogar bereit, einen menschlichen Körper anzunehmen und die Qualen des Alters und des Todes auf sich zu nehmen. Bei Pwylls erstem Versuch, Rhiannon aus der Unterwelt als seine Braut nach Hause zu führen, geschah folgendes: Rhiannon warnte ihn vor der Hochzeitsfeier inständig, auf seine Worte zu achten. Doch im Freudentaumel wurde Pwyll leichtsinnig und gewährte einem Bittsteller jede Bitte, die dieser an ihn stellen könne. Doch dieser war kein anderer als Rhiannons abgewiesener Verehrer Gnawl, der Pwyll um Rhiannons Hand bat. Da Pwyll ihm sein Wort gegeben hatte, mußte er ihm Rhiannon überlassen. Rhiannon gelang es, bei Gnawl einen einjährigen Aufschub bis zur Erfüllung seines Wunsches zu erwirken.

Nach einem Jahr rüstete sich Pwyll erneut, um in die Unterwelt zu ziehen und Rhiannon als seine Frau heimzuführen. Diesmal gelang es ihm auch, aber nur dank Rhiannons List. Sie rang Gnawl ein bindendes Versprechen ab, und Pwyll kehrte mit seiner Frau aus der Anderswelt nach Dyved zurück.

Die Jahre vergingen, und die beiden lebten als glückliches Ehepaar, aber es wurde ihnen kein Kind geschenkt. Das Volk von Dyved begann zu murren. Viele mißtrauten der Frau aus der Anderswelt und hätten lieber eine ihrer Töchter als Königin auf Pwylls Thron gesehen. Schließlich gebar Rhiannon in der Nacht vor dem ersten Mai, der Nacht vor Beltane, doch noch einen Sohn. Nach der Geburt schlief die Königin erschöpft in ihrem Bett ein. Auch die vier Hofdamen, die darauf achten sollten, daß Rhiannon und dem Kind nichts zustieß, fielen in tiefen Schlummer. Als sie im Morgengrauen erwachten, entdeckten sie zu ihrem Entsetzen, daß das neugeborene Kind verschwunden war. Aus Angst vor Bestrafung töteten die Hofdamen ein Hündchen, beschmierten Rhiannons Mund und Hände mit dessen Blut und legten ein paar Knochen neben sie aufs Bett. Dann stimmten sie ein großes Heulen und Wehklagen an und behaupteten, Rhiannon habe das Kind in der Nacht in einem Anfall von Raserei aufgegessen.

Pwyll wollte ihnen nicht glauben und weigerte sich, seine Frau zu bestrafen. Schließlich mußte er sich dem Schuldspruch der Druiden beugen, die Rhiannon folgende Strafe auferlegten: Fortan sollte sie an der Pforte des Palastes auf Reisende warten und diesen ihre Geschichte erzählen. Dann mußte sie den Fremden anbieten, sie auf ihrem Rücken in den Palast zu tragen. Nicht weit entfernt wohnte ein edler Herr, Teymon, dessen Stute jedes Jahr in der Nacht von Beltane ein Fohlen bekam. Dieses Fohlen war am nächsten Morgen stets verschwunden. In der Nacht, als auch Rhiannons Kind zur Welt kam, hatte Teymon beschlossen, Wache zu halten. Kurz nachdem das Fohlen geboren worden war, erschien im Fenster des Stalls ein riesiger, schwarzer Arm, der nach dem Fohlen griff. Als Teymon ihn erblickte, begann er wie wild mit seinem Schwert auf ihn einzuschlagen. Mit einem unheimlichen Schmerzensschrei verschwand der Arm. Aber zu Teymons Überraschung lag neben dem Fohlen nun ein Säugling, der in kostbare Tücher gewickelt war. Teymon und seine Frau waren zu ihrem großen Kummer bisher kinderlos geblieben. Also brachte er das Kind zu seiner Frau, die es aufzog, als wäre es ihr eigenes. Aber die Kunde von Rhiannons Leid drang auch zu Teymon und seiner Frau. Eine ganze Weile versuchten sie, diese Nachricht zu ignorieren, aber die Ähnlichkeit des Knaben mit Pwyll war nach einigen Jahren nicht mehr zu übersehen. Also machten sie sich schweren Herzens auf den Weg, um Rhiannon von ihrer unverdienten Strafe zu erlösen.

Teymon erzählte die Geschichte der Beltanenacht an Pwylls Hof, und jeder, der den Knaben sah, erkannte, daß er Rhiannons Kind war. Rhiannon rief erleichtert aus, daß sie nun ihre große Sorge los sei. Der Knabe wurde fortan Pryderi genannt, was »Sorge« bedeutet.

Auch in dieser Geschichte kann Pwyll die Anderswelt nur betreten, weil ihm ein Gott bzw. eine Göttin Einlaß gewährt. Rhiannon braucht jemanden, der sie aus ihrer erzwungenen Verlobung befreit. Ob sie die Verlobung nicht auch ohne menschliche Hilfe hätte aufheben können, verrät uns die Legende nicht. Rhiannon hat sich Pwyll als Retter auserkoren. Doch bevor sie ein Paar werden können, muß der Menschensohn einige Prüfungen bestehen. Die erste Prüfung stellt ihm die Göttin Rhiannon selbst. Langsam reitet sie an ihm vorbei, und obwohl er ihr auf den schnellsten Pferden Dyveds nachsetzt, gelingt es ihm nicht, sie einzuholen. Im Gegenteil! Immer wieder holt Rhiannon ihn ein, obwohl sie doch im gemächlichen Trab reitet. Hier zeigt sich schon, daß Stärke und Schnelligkeit nicht die Fertigkeiten sind, mit der Pwyll eine Frau aus der Anderswelt für sich gewinnen kann. Als er sie schließlich in seiner Verzweiflung bittet, anzuhalten, hat er die Prüfung bestanden und die erste Lektion gelernt: Eine Göttin kann man nicht mit männlicher Kraft erobern, man kann nur um ihre Gunst bitten. Diese wird ihm gewährt, allerdings muß er sich für das Schinden seiner Pferde noch eine Strafpredigt anhören. Rhiannon ist schließlich eine Pferdegöttin und kann die Mißhandlung ihrer Geschöpfe nicht einfach so hinnehmen.

Nach einem Jahr zieht Pwyll in die Unterwelt, um seine Braut heimzuführen. Rhiannon warnt ihn noch, auf seine Worte achtzugeben, aber im Siegestaumel beachtet Pwyll die Warnung seiner Braut nicht. Er gibt seinem Widersacher das fatale Versprechen, ihm jede Bitte zu gewähren. Diese Mißachtung des weiblichen Rats, die ihm dann zum Verhängnis wird, ist ein Muster, das sich in vielen keltischen Legenden findet. Aber Pwyll hat Glück, daß seine Braut noch gerissener ist als seine Widersacher. So gelingt es ihm beim zweiten Versuch schließlich doch noch, Rhiannon aus der Anderswelt zu entführen. Das nachfolgende Leid, das Rhiannon nach der Geburt ihres Sohnes hinnehmen muß, kann als Strafe für ihre Verbindung mit einem Menschenmann gesehen werden. Weder in der Welt der Menschen noch in der Welt der Götter werden Liebesverbindungen zwischen den Welten gern gesehen.

Arawn, der Herr der Unterwelt

Arawn, der Herr der walisischen Unterwelt, war ein grauer Mann. Die Sagen berichten, daß er auf einem grauen Pferd ritt, grau gekleidet und stets von Nebel umgeben war.

Arawn führte eine Meute unnatürlich weißer Hunde mit roten Augen und begrüßte die Toten in der Anderswelt. Aber selbst dem Herrn der Unterwelt waren Grenzen gesetzt, wie wir schon in der Geschichte »Pwyll und Arawn« (s. Seite 26) gesehen haben. So benötigte Arawn Hilfe aus dem Reich der Menschen, um den Sonnengott Havgan besiegen zu können, und es kam zur schicksalhaften Begegnung mit Pwyll, dem Fürsten von Dyved.

Manawyddan, der Gott des Meeres

Manawyddan ist die walisische Entsprechung des irischen Gottes Manannán, des Meeresgottes. Die Sagen des *Mabinogi* berichten davon, daß Manawyddan nach Pwylls Tod dessen Witwe Rhiannon heiratete. Als die Mächte der Anderswelt das Königreich Dyved für viele Jahre in Ödland verwandelten, blieben nur Manawyddan, Rhiannon, Pryderi und dessen Frau Kivga zurück. Doch schließlich blieben auch noch Pryderi und Rhiannon an einem Zauberbrunnen kleben und wurden so in der Anderswelt gefangen gehalten. Manawyddan, der als Gott ja auch in der Anderswelt zu Hause war, gelang es durch seine große Klugheit, seine Familie und das Land Dyved von der Verzauberung zu erlösen.

Der irische Gott Manannán war auch der Gott, der die Tuatha de Danann nach der verlorenen Schlacht gegen die Söhne des Mile in die Erdhügel führte, wo sie fortan lebten.

Math, der Fürst von Gwynedd mit dem feinen Gehör

Der vierte Zweig des walisischen Sagenzyklus *Mabinogi* ist Math gewidmet. Math war der Uralte, der so weit vom Irdischen entfernt und so weise war, daß seine Füße den Boden nicht berühren durften, sondern im Schoß einer Jungfrau ruhen mußten. Math hatte ein besonderes

Gehör. Es hieß, daß er alle Gespräche hören konnte, die ihm der Wind zutrug. Er galt als ein Quell der Weisheit und Gerechtigkeit und war gleichzeitig auch ein strenger Richter. Zur Strafe für die Vergewaltigung seiner Fußhalterin verwandelte er seine beiden Neffen für drei Jahre in verschiedene Tiere. Nach verbüßter Strafe nahm er sie in Gnaden wieder auf. Seine Zauberkünste bewies Math durch die Schaffung einer künstlichen Frau aus Blüten, die Blodeuwedd (blodeu = walisisch für Blüte) genannt wurde.

Gwydion, der Gestaltwandler

Der große Druide, Barde und Magier Gwydion war der Sohn Dons und Belis. Er wurde von seinem Onkel Math aufgezogen und in den geheimen Künsten der Magie unterrichtet. Gwydion war ein Meister der Gedanken und Ideen. Er war ziemlich gewitzt und zog es vor, seine Ziele durch List, statt durch Kampf zu erreichen. Pwyll, der Fürst von Dyved, hatte von seinem Freund aus der Anderswelt einst Schweine erhalten. Diese Tiere gab es bis dahin nicht in Wales, und viele beneideten Pwyll um diesen Schatz. Gwydion gelang es, Pwylls Sohn Pryderi die Schweine durch einen Trick zu rauben. Er verwandelte Pilze in wunderschöne Pferde mit goldenem Zaumzeug und bot diese Pryderi zum Tausch gegen die Schweine an. Die Verzauberung der Pilze wirkte jedoch nur einen Tag und eine Nacht lang. Als Pryderi die Täuschung bemerkte, rüstete er sich zum Kampf. Es kam zu einer großen Schlacht, in der Gwydion Pryderi im Zweikampf besiegte. Die folgende Geschichte zeigt Gwydions Gewitztheit, aber auch die Strafe für ein Verbrechen gegen den freien Willen einer Frau.

Gwydion und Gilvaethwy

Gwydions jüngerer Bruder Gilvaethwy verzehrte sich vor Liebe nach Goewin, der jungfräulichen Fußhalterin seines Onkels Math. Diese war Math jedoch aufrichtig zugetan und wollte nicht wegen einer einzigen Liebesnacht mit einem jugendlichen Heißsporn ihre Stellung und ihren Ruf verlieren. Gwydion konnte das Elend seines Bruders nicht mit ansehen und sann auf eine List, wie Gilvaethwy einen Zugang zu Goewin finden könne. Also raubte er die Schweine Pryderis und entfesselte damit einen Krieg zwischen den Ländern Dyved und Gwynedd. Math, der Uralte, erhob sich von seinem Ruhelager, um sein Heer anzuführen. Jetzt konnte Gilvaethwy in dessen Kammer eindringen und die Jungfrau verführen. Zu Gilvaethwys Kummer erwiderte Goewin seine Liebesgefühle nicht. Sie wehrte sich heftig gegen seine Liebkosungen, worauf er sie vergewaltigte.

Als Gwydion davon erfuhr, war er entsetzt. Die Vergewaltigung einer Frau verstieß gegen die Heiligen Harmonien, die vorschrieben, daß ein Mann und eine Frau sich nur in gegenseitiger Zuneigung zueinander legen sollten. Er hoffte sehr, daß Goewin ihre Stellung als Fußhalterin zu wichtig wäre, um den Verlust ihrer Jungfräulichkeit bekanntzugeben. Aber da hatte er die junge Frau unterschätzt.

Als Math nach siegreicher Schlacht zurückkehrte, wollte Goewin seine Füße nicht mehr halten. Nach dem Grund befragt, erzählte sie von dem ihr angetanenen Unrecht. Math war überaus zornig und erlegte seinen Neffen Gwydion und Gilvaethwy eine schwere Strafe auf: Er verwandelte sie in einen Hirsch und eine Hirschkuh und befahl ihnen, nach Art der Hirsche im Wald zu leben und erst nach einem Jahr wiederzukommen. Als sie nach einem Jahr mit einem Hirschkalb an ihrer Seite wiederkamen, verwandelte er sie in Wildschweine und befahl ihnen abermals, nach Art der Wildschweine im Wald zu leben und nach einem Jahr wiederzukommen. Wieder erschienen die beiden Wildschweine, diesmal mit einem Frischling an ihrer Seite. Math verwandelte sie nun in Wölfe. Als sie nach wiederum einem Jahr mit einem Welpen an ihrer Seite vor ihm standen, gab er ihnen ihre menschliche Gestalt zurück. Auch die drei Jungen, die sie als Tiere geboren hatten, erhielten menschliche Gestalt und wurden getauft.

Die Fußhalterin Goewin aber machte Math als Entschädigung für das Unrecht, das ihr seine Neffen angetan hatten, zu seiner Königin.

Arianrhod, die Herrin des silbernen Rades

Arianrhod war die Tochter der Göttin Don, der walisischen Entsprechung der großen Göttin Dana und des Sonnengottes Beli. Arianrhod ist eine Verkörperung der Mondgöttin. Sie war sowohl die Göttin des sich drehenden Sternenhimmels als auch die Göttin der Dämmerung. Ihr Schloß Caer Arianrhod, in dem sie mit ihren drei Schwestern wohnte, soll sich im Sternbild der Nördlichen Krone *(Corona Borealis)* befinden. Die Meinungen über Arianrhod gehen auseinander. Einerseits wurde sie als Mondgöttin verehrt, andererseits galt sie als böse Frau – zum einen, weil sie in der Kunst der Magie bewandert war, und zum anderen, weil sie ihre beiden unerwünschten Söhne verstieß. Die innige Beziehung zu ihrem Bruder Gwydion, dem Druiden und Magier, schien über die übliche Liebe zwischen Geschwistern hinauszugehen. Jedoch wandte Arianrhod sich der schwarzen Magie zu und wurde durch sie zerstört, während Gwydion sich der weißen Magie verschrieb. Die Geschichte der beiden wird im vierten Zweig des *Mabinogi* erzählt. In den Artuslegenden finden sich ihre Entsprechungen im Zauberer Merlin und Morgan, der Fee.

Arianrhod und ihre Söhne

Arianrhod hatte ewige Jungfräulichkeit gelobt und wurde deshalb von ihrem Bruder Gwydion als Fußhalterin für König Math vorgeschlagen. Denn diesen Platz durfte nur eine Jungfrau innehaben. Sie traten gemeinsam vor den König, aber etwas in Arianrhods Haltung ließ den König stutzen. Er bog seinen Zauberstab aus Eibenholz zu einem Halbmond und sagte: »Jede Jungfrau, die diesen Platz einnehmen will, muß sich zuerst einer Prüfung unterziehen. Steig bitte über diesen Stab.«

»Mißtraut Ihr etwa meinem Wort?« fragte Arianrhod hochmütig, beugte sich aber schließlich der Prüfung. Beim ersten Schritt über den Eibenstab bekam sie schreckliche Krämpfe, und plötzlich fiel ein rosiger, blondgelockter Knabe aus ihrem Schoß. Arianrhod floh und bekam an

der Türschwelle abermals starke Krämpfe. Gwydion eilte ihr nach, hob das Ding, das dort liegengeblieben war, auf und wickelte es in seidene Tücher, bevor auch er davonlief.

Math, der König, ging mit Govannon, dem Schmied und Bruder Arianrhods, sowie dem Kind, das er in seiner Obhut hatte, zum Meer. Dort tauften sie den Knaben auf den Namen Dylan. Wie groß war jedoch ihr Erstaunen, als sich der Knabe aus den starken Armen Govannons wand und ins Meer sprang, wo er wie ein Fisch schwimmend in den Wogen verschwand.

Das Bündel aber, das Gwydion davongetragen hatte, war ein frühgeborenes Kind, das er in einer Truhe vor seinem Bett regelrecht ausbrütete. Eines Tages brüllte es in der Truhe, und Gwydion hob einen schönen Knaben heraus. Diesen zog er bei sich am Hofe auf, und manche Quellen berichten, daß es sich um seinen leiblichen Sohn gehandelt habe. Damals waren die Bande zwischen Onkel und Neffe viel stärker, als sie es heute sind, was die große Fürsorge Gwydions erklären mag.

Als der Knabe vier Jahre alt war, beschloß Gwydion, ihn seiner Mutter vorzustellen. Er war davon überzeugt, daß Arianrhod angesichts der Schönheit des Jungen von Stolz erfüllt sein und ihn in ihr Herz schließen würde. Doch er hatte Arianrhod falsch eingeschätzt. Sie hatte die Schmach, die ihr im Thronsaal von König Math widerfahren war, nicht verwunden. Der Ruf ihrer Jungfräulichkeit war ihr heilig, auch wenn sie längst keine Jungfrau mehr war. Sie hatte nicht geahnt, daß das Überschreiten des Eibenstabes jeden männlichen Samen, der je in sie gedrungen war, zu einem Kind heranreifen ließe.

Das Verschwinden Dylans in den Wogen hatte sie mit Genugtuung erfüllt, denn so konnte er ihre Jungfräulichkeit nicht mehr in Frage stellen. Das kleine Wesen, das sie an der Türschwelle verloren und das Gwydion aufgezogen hatte, hatte sie nicht einmal bemerkt.

Wie groß war ihr Zorn, als Gwydion nun mit dem Knaben vor ihr stand und ihn ihr als ihren Sohn vorstellte. Sie würde diesen lebenden Beweis ihrer verlorenen Jungfräulichkeit niemals anerkennen, und so *sprach sie den ersten von drei Flüchen gegen ihren Sohn: Nie sollte er einen Namen erhalten, wenn sie ihm nicht einen gäbe. Und das gedachte sie niemals zu tun. Ein Name war aber von großer magischer Bedeutung, und ein Kind ohne Namen war fast nicht existent.*

Aber Gwydion gelang es mit einer List, Arianrhod dazu zu bewegen, dem Jungen doch noch einen Namen zu geben.

Er verwandelte sich und den Jungen in zwei Schuster, die wunderschöne Schuhe aus Gold anfertigen konnten, und legte mit einem Boot vor Arianrhods Festung an. Arianrhod war von den Schuhen hingerissen und gab ein Paar in Auftrag. Zweimal erhielt sie wunderschöne Schuhe, die jedoch nicht paßten. Beim dritten Mal setzte sie sich in das Boot zu dem Schuster und seinem Sohn. Da ließ sich ein Zaunkönig auf dem Bootsrand nieder. Der Knabe zielte mit seiner Zwille und schoß dem kleinen Vogel genau gegen das Bein. Arianrhod jubelte und gratulierte dem »Hellhaarigen mit der geschickten Hand«. Daraufhin gab sich Gwydion zu erkennen, und der Knabe hieß fortan Llew Llaw Gyffes, was sinngemäß soviel wie »Leuchtende Geschickthand« bedeutet.

Wutentbrannt verfluchte Arianrhod ihren Sohn zum zweiten Mal: Er solle keine Waffen erhalten, es sei denn, sie würde sie ihm anlegen. Aber auch diesen Fluch konnte Gwydion durch eine List entschärfen. Einige Jahre später erschienen die beiden in Gestalt von Barden in Arianrhods Festung. Plötzlich schien ein großes Heer die Burg anzugreifen. In ihrer Angst folgte Arianrhod den Anweisungen Gwydions und legte Llew eine Rüstung an.

Da sprach sie ihren dritten Fluch über Llew aus: Seine Lenden sollten nie die Lenden einer Frau berühren, die von einer Frau geboren worden war.

Wohlweislich hatte sie diesen letzten Fluch so formuliert, daß sie nicht mehr überlistet werden konnte. Dieser Fluch sollte Gwydion und Llew zum Verhängnis werden, aber das ist eine andere Geschichte.

Llew, der Sonnengott mit der geschickten Hand

Über die ungewöhnliche Art und Weise, in der Llew das Licht der Welt erblickte, wird im vierten und letzten Zweig des Mabinogi berichtet.

Llew wurde von Gwydion aufgezogen und wuchs in einer Männerwelt auf. Seine Mutter Arianrhod verfluchte ihren Sohn, wollte ihm Namen, Waffen und eine Frau vorenthalten. Wie wir gesehen haben, gelang es Gwydion aber, Arianrhod zu überlisten und die ersten zwei Flüche aufzuheben. Dem dritten Fluch jedoch, der ihm eine Frau aus Fleisch und Blut verwehrte, konnten sie nur dadurch entgehen, daß sie eine künstliche Frau erschufen. Gwydion und Math schufen daher eine Frau aus Blüten, die Blodeuwedd oder »Blumengleich« genannt wurde. Llew liebte Blodeuwedd sehr. Die beiden heirateten und erhielten von Math ein Reich, das Llew weise und gerecht regierte. Blodeuwedd aber verliebte sich in Gorowny und entlockte ihrem Gemahl Llew in einer Liebesnacht das Geheimnis, wie er getötet werden konnte. Als Sohn einer Göttin konnte Llew nur mit einem Speer umgebracht werden, dessen Anfertigung ein Jahr gedauert hat. Und er mußte mit einem Fuß auf dem Rand eines Badetroges und mit dem anderen Fuß auf einer Ziege stehen. Blodeuwedd sorgte dafür, daß sich Llew in dieser Position befand, und Gorowny traf Llew mit dem Speer. Im Augenblick des Todes verwandelte sich Llew in einen Adler. Gorowny, der in den schwarzen Künsten der Magie ein wenig bewandert war, nahm tagsüber die Gestalt Llews an und regierte dessen Königreich. Math und Gwydion durchschauten jedoch die Täuschung und begaben sich auf die Suche nach der Seele Llews, die sie weder in der Welt der Menschen noch in der Anderswelt fanden. Endlich, nach langer Suche, fand Gwydion den verletzten Adler. Er verwandelte ihn in einen Menschen zurück und pflegte ihn gesund. Danach zogen sie in die Schlacht gegen Gorowny, den Llew im Zweikampf tötete.

Gwydions Suche nach Llew

Als Gwydion erfuhr, daß Gorowny und Blodeuwedd Llew getötet hatten, durchsuchten Math und er das ganze Land mit ihren magischen Sinnen. Sogar in der Anderswelt, dem Reich Arawns, forschten sie nach der Seele Llews. Aber nirgendwo entdeckten sie die kleinste Spur von ihm. Also nahm Gwydion die Gestalt eines alten Barden an und begab sich zu Fuß auf die Suche nach Llews Seele. Er erkundete jeden Winkel des Landes, betrachtete jede noch so kleine Fliege, die seinen Weg kreuzte. Nach langer Zeit erreichte er ein Bauernhaus in der Nähe des Ortes, wo er einst gegen Pryderi gekämpft hatte. Dort hörte er eine merkwürdige Geschichte. Die Bauern besaßen ein Schwein, es war ein Nachfahre jener Schweine, die Gwydion in jungen Jahren Pryderi geraubt hatte. Dieses Schwein verschwand jeden Tag, sobald der Schweinestall geöffnet wurde, in den Wald und kehrte erst abends bei Sonnenuntergang zurück. Obwohl es kein Futter annahm, war es rosig und rund. Gwydion verspürte ein merkwürdiges Kribbeln der Vorahnung, und er beschloß, dem Schwein am nächsten Tag in den Wald zu folgen. Und richtig, kaum wurden die Türen des Schweinestalls geöffnet, rannte das Schwein in den Wald, so schnell es seine kurzen Beinchen trugen. Gwydion folgte ihm, und sie gelangten zu einer Eiche. Dort am Fuß der Eiche ließ sich das Schwein nieder und begann genüßlich von dem fauligen Fleisch zu fressen, das vom Baum herabtropfte. Gwydion wagte kaum, nach oben zu schauen. Als er es tat, erblickte er einen ausgezehrten, verwundeten Adler. In seiner Seite steckte eine Speerspitze, und aus dieser Wunde tropfte das verwesende Fleisch hinab. Gwydion hatte Llew gefunden. Er lockte den Adler mit einem Lied:

Zwischen zwei Seen eine Eiche wächst –
Dunkel breitet sie sich über Himmel und Schlucht.
Wenn ich nicht die Unwahrheit spreche,
Liegen hier die Glieder Llews.
Auf hohem Grund eine Eiche wächst –

Regen kann sie nicht schmelzen, noch Hitze sie verdorren.
Drei Schock die Schmerzen, drei Schock die Qualen,
Ertragen in ihren Ästen von Llew Llaw Gyffes.

Am Abhang eine Eiche wächst –
Welch Glück, daß ich ihn erblickte –
Wenn ich nicht die Unwahrheit spreche,
Wird Llew auf meinen Schoß kommen.
(zitiert nach: Evangeline Walton:
Die vier Zweige des Mabinogion. Stuttgart 1990)

So gelang es Gwydion, in das Bewußtsein des Vogels einzudringen, das zuvor von Schmerz erfüllt war. Der Adler gewann Zutrauen und setzte sich auf Gwydions Schoß. Dieser versetzte ihn daraufhin in einen heilsamen Schlaf und verwandelte ihn in seine menschliche Gestalt zurück. Die Druiden Math und Gwydion konnten zwar Llews Körper, nicht aber seine Seele heilen. Diese behielt durch den Verrat seiner geliebten Blodeuwedd eine tiefe Narbe.

Mit dieser Geschichte endet der walisische Sagenkreis, der Mabinogi, und auch die hier vorgestellte Galerie der keltischen Götter.

Die Druiden:
Hüter des Wissens und der Weisheit

> Alle Dinge beginnen und enden an Albions uralten druidischen Felsenufern ... Adam war ein Druide, Noah ebenfalls; auch Abraham war berufen, das druidische Zeitalter weiterzuführen.
>
> William Blake

Wer kennt nicht Miraculix, den Druiden aus dem Comic *Asterix und Obelix* von Goscinny und Uderzo, den weißgewandeten, majestätisch-pfiffigen Greis mit wallendem Bart, der Misteln mit goldenen Sicheln schneidet? Steht da nicht sofort Merlin, der »Erz-Druide«, vor unserem geistigen Auge? Woher aber stammt dieses phantasievolle Bild des Druiden, das durch unsere Köpfe geistert – spätestens seitdem am Ende des neunzehnten Jahrhunderts das gebildete Europa wieder einmal eine Phase der sogenannten »Keltomanie« ergriff? Fakten kennen wir nur wenige über die Druiden, und über ihre Bekleidung wissen wir am allerwenigsten. Gut möglich, daß sie verhältnismäßig alt waren und demzufolge lange weiße Bärte trugen, wenn man sich vor Augen hält, daß ihre Ausbildung rund zwanzig Jahre dauerte. Das Wissen über ihre (angeblich) weißen Gewänder verdanken wir dem Zeugnis des berühmten römischen Geschichtsschreibers und Literaten Plinius d. Ä. (23/24 - 79 n. Chr.). Berühmt wurde seine Beschreibung eines keltischen Eichenrituals:

> *Niemals zelebrieren sie ein Ritual ohne einen Zweig dieses Baumes; man darf also annehmen, daß die Druiden ihren Namen aus dem Griechischen haben ... Die Druiden kennen nichts Heiligeres als die Mistel und den Baum, auf dem sie wächst; sie glauben, daß es sich dabei um Eichen handelt.* (Plinius d. Ältere: *Historia naturalis*)

»Porträt eines Druiden« aus Britannica Antiqua Illustrata (1676)

Aus verschiedenen Weltkulturen sind kultische weiße Gewänder bekannt, warum also sollten nicht auch die Kelten solche getragen haben? Aber selbst die katholischen Geistlichen tragen ihre kultischen Gewänder nicht im Alltag. Sollte also die »Dienstkleidung« der Druiden tatsächlich weiß gewesen sein, so dürften sie ebensowenig ständig darin umhergelaufen sein. An dieser Stelle sei noch ein weiteres, vor allem von den griechisch-römischen Zeitgenossen der Kelten gefördertes Vorurteil über die Druiden ausgeräumt: die blutigen Menschenopfer. Was auch immer bei den Ritualfeiern der Druiden daran erinnerte, es dürfte nur symbolischen Charakter gehabt haben. Zum Vergleich ein Beispiel aus der Eucharistiefeier der katholischen Kirche: Bei der Konsekration während der Messe »verwandelt sich Brot und Wein in das Fleisch und das Blut des Gekreuzigten«. Anschließend wird dieses »Opfer« von den Gläubigen verspeist und getrunken. Sind etwa deshalb alle katholischen Christen Kannibalen? Ohne nähere Kenntnisse könnte man es leicht so darstellen – und aus der historischen Entfernung von zwei Jahrtausenden immer noch so verstehen.

Aber wie haben die Druiden denn nun tatsächlich ausgesehen? Vielleicht so, wie der Erzdruide Merlin in der *Suite de Merlin* (1886) beschrieben wird?

> *Da schlug Merlin die Kapuze zurück, die sein greises Gesicht beschattete und mehr verbarg als blicken ließ, und indem es sichtbar ward, verwandelte es sich: Aus dem vertrauten Antlitz mit weißem Bart, vom Mistelzweig gekrönt, ward das strahlende Gesicht eines alterslosen Knaben mit Lorbeer in den goldenen Locken. Er lächelte und rief – und seine Stimme klang wie die fernen Hörner der Geisterjagd: »War es eine Geisterjagd und eine Feenmaid? Seid ihr nicht Manns genug, Abenteuer mit Geistern zu suchen und Feen nachzujagen? Wozu seid ihr hier versammelt – wenn nicht um Gawans Beispiel zu folgen« Damit verhüllte er sein Haupt in die Kapuze und war verschwunden.*
> (aus: Heinrich Zimmer: *Abenteuer und Fahrten der Seele*, 1961)

So kennen wir »unseren« Druiden Merlin, aber so ist er ein rein literarisches Produkt. Federführend bei seiner Erschaffung war der Waliser Geoffrey of Monmouth. So ganz aus den Fingern gesogen hat dieser sich das »Urbild« Merlins allerdings nicht. Alte, vielleicht sogar historische Überlieferungen erzählen von Lailoken, der während einer Schlacht in Cumbria 575 n. Chr. verrückt geworden sein soll und als »erleuchteter Irrer« durch Südschottlands Wälder zog. Diesen Verrückten nannten die Waliser Myrddin, ihm wurden alle möglichen Prophezeiungen über die Wiedererstarkung der Kelten zugeschrieben. Geoffrey fand diese Überlieferungen höchst interessant, latinisierte den walisischen Myrddin zu *Merlinus* – und ein höchst folgenreicher abendländischer Mythos war geboren und mit ihm das Urbild der gängigen Vorstellung vom Druiden.

Fragen wir uns erneut: Was wissen wir tatsächlich über die geheimnisvollen Druiden? Was waren ihre Aufgaben?

Die Kelten nannten ihre Priester Druiden; sie beherrschten die Kunst des Weissagens und jede andere Wissenschaft; ohne ihre Zustimmung durfte der König weder handeln noch eine Entscheidung treffen, so daß in Wirklichkeit sie die Herrscher waren, während die Könige nur wie Diener ihren Willen vollstreckten. (Dion Chrysostomos: *Oratio*)

Gibt es Dokumente, Belege, Berichte, die dieses Bild bestätigen oder widerlegen können? Dokumente nein, Berichte ja; denn nichts an den Kelten wurde von den zeitgenössischen Schriftstellern der Griechen und Römer so genau dargestellt wie die Druiden und ihre Rituale. So »barbarisch« die griechisch-römische Welt die keltischen Menschen im allgemeinen fand, so fasziniert war sie doch vom Druidentum. Obwohl – oder vielleicht gerade weil – das spirituelle Weltbild der Druiden für sie gleichzeitig so unverständlich war, verwendeten sie große Mühe darauf, es in allen Einzelheiten zu beschreiben. So hält beispielsweise der spätrömische Geschichtsschreiber Ammianus Marcellinus im 4. Jh. fest:

Die Druiden, Männer von weit überragender Geisteskraft, waren – so wie Pythagoras es vorgeschrieben hatte – in Bruderschaften zusammengeschlossen; ihre Beschäftigung mit den verborgensten und höchsten Geheimnissen machte sie erhaben.

Die ausführlichste und genaueste Beschreibung aber verdanken wir Cäsar. In seinem berühmten Werk *Der Gallische Krieg* lesen wir:

In ganz Gallien gibt es zwei Klassen von Menschen, die wirklich zählen und Ansehen besitzen (...) Von den erwähnten Klassen sind aber die eine die Druiden, die andere die Ritter. Die Druiden gestalten den Kult, besorgen die öffentlichen und privaten Opfer; legen die religiösen

Vorschriften aus. Bei ihnen sucht eine große Zahl junger Männer ihre Ausbildung, und sie stehen bei den Galliern in hohem Ansehen. Sie nämlich entscheiden fast allen öffentlichen und privaten Streit, auch wenn ein Verbrechen begangen, ein Mord geschehen ist, wenn über eine Erbschaft oder eine Grenze Streit herrscht, fällen sie das Urteil und setzen Belohnungen und Strafen fest. Fügt sich ein einzelner oder ein Stamm ihrem Spruch nicht, so schließen sie ihn von den Opfern aus. Diese Strafe ist für Gallier die schlimmste, denn wer mit diesem Bann belegt ist, gilt als Frevler und Verbrecher; alle gehen ihm aus dem Weg und fliehen Begegnung und Gespräch, um sich durch die Berührung kein Unheil zuzuziehen. Sie können weder ihr Recht noch irgendeine Ehre erlangen. An der Spitze der Druiden steht derjenige, der unter ihnen das höchste Ansehen genießt. Stirbt dieser; so folgt ihm der Druide nach, der sich deutlich vor den übrigen auszeichnet, oder die Druiden stimmen bei mehreren gleich Würdigen über sie ab; manchmal kämpfen sie sogar mit Waffen um das höchste Amt. Die Druiden sitzen zu einer bestimmten Jahreszeit im Gebiet der Karnuten, das als die Mitte ganz Galliens gilt, an einem geweihten Ort zu Gericht. Dort kommen von überall her alle zusammen, die Streitigkeiten haben, und beugen sich ihrem Spruch und Urteil. Die Lehre soll in Britannien gefunden und von dort nach Gallien gelangt sein, und heute noch reisen alle, die tiefer in sie eindringen wollen, zumeist nach Britannien. Die Druiden nehmen gewöhnlich nicht am Krieg teil, zahlen auch nicht Steuern wie alle anderen, sind frei vom Kriegsdienst und allen Lasten. Von solchen Vorteilen verlockt, aber auch aus innerem Antrieb, besuchen viele ihre Schulen oder werden von Eltern und Verwandten hingeschickt. Dort lernen sie, wie es heißt, eine große Menge von Versen auswendig. Daher bleiben manche zwanzig Jahre lang in ihrer Schule. Es ist nämlich streng verboten, ihre Lehre aufzuschreiben, während sie in fast allen übrigen Dingen, im öffentlichen und privaten Verkehr, die griechische Schrift verwenden. Dies scheinen sie mir aus zwei Gründen so zu halten: Sie wollen ihre Lehre nicht in der Masse verbreitet sehen und zudem verhindern, daß ihre Zöglinge im Vertrauen auf die Schrift ihr Gedächtnis zu wenig üben. Ihre Hauptlehre ist, die Seele sei nicht sterblich, sondern gehe von einem Körper nach dem Tod in einen anderen über; und sie meinen, diese Lehre sporne besonders zur Tapferkeit an, da man die Todesfurcht verliere. Auch sprechen sie ausführlich über die Gestirne und ihre Bewegung, über die Größe von Welt und Erde, über die Natur; über Macht und Walten der unsterblichen Götter und überliefern ihre Lehre der Jugend.«

Schon aus dieser Darstellung ergibt sich, daß die Druiden bei den Kelten die Elite schlechthin waren, mit weitreichenden Funktionen und Vollmachten. Sie »*hatten die Aufgabe, sowohl die göttlichen als auch die menschlichen Angelegenheiten zu ordnen und zu verwalten. Sie waren der Angelpunkt, um den sich Leben und Handeln jener Völker drehte.*« (Jean Markale: *Die Druiden* 1989)

Die Druiden waren zwar ein genuin keltisches Phänomen, die Wurzeln ihres Wissens und ihrer Aufgaben aber reichen wahrscheinlich viel weiter in die Geschichte der Völker zurück.

Eine alte irische Sage erzählt die Geschichte des Druiden Mog Ruith, der sich in ein Vogelgewand kleidete, das er über einer Stierhaut trug, und der sich, nachdem er weitere Ausrüstungsgegenstände eingesammelt hatte, in die Luft erhob und davonflog. Diese und ähnliche Quellen verweisen auf die schamanischen Wurzeln des Druidentums, möglicherweise auf eine Herkunft aus der vermuteten zentralasiatischen Urheimat der indoeuropäischen Völker. Schon das Wort Druide selbst könnte in diese Richtung weisen: Die alten Schriftsteller leiteten es von *drus* (Eiche) ab. So erschließt sich der ursprüngliche Sinn des Wortes als »Eichenkundiger« oder »der Weise/Wissende aus dem Eichenwald«. Manche Forscher greifen zurück auf die Dryaden, die altgriechischen Orakelpriesterinnen und Eichennymphen. Aber die korrekte etymologische Deutung scheint doch die folgende zu sein: Der Wortstamm *dru*, der soviel wie »stark, kräftig, dicht« bedeutet, und die indoeuropäische Wurzel *wid* oder *vid*, die sich im lateinischen

Wort »videre« (sehen, wissen) ebenso wiederfindet wie im Sanskritwort *vidya* (Wissen, Weisheit) und im englischen Wort *wisdom* (Weisheit), ergeben, frei übersetzt, zusammen den »besonders weit Sehenden« oder den »besonders viel Wissenden«. Diese Erklärung wird durch die Aufgaben und Funktionen des Druiden gestützt.

> *Sie haben auch Philosophen und Theologen, die sie mit besonderer Wertschätzung behandeln und die sie Druiden nennen (...) Wenn die feindlichen Heere mit gezogenem Schwert und eingelegter Lanze aufeinander zumarschieren, begeben sich die Druiden häufig mitten zwischen die feindlichen Parteien und besänftigen sie – wie man es mit wilden Tieren macht – mit Zaubersprüchen (...) Wenn man sich mit ihnen unterhält, reden sie wenig; sie sprechen in Rätseln und zeigen in ihrer Ausdrucksweise eine Vorliebe dafür, das meiste erraten zu lassen. Hyperbeln benutzen sie häufig, sei es, um sich selbst zu rühmen, sei es, um andere herabzusetzen. Ihre Reden wirken einschüchternd und hochmütig, sie tendieren zu tragischem Pathos. Dennoch sind sie von großer Klugheit und verstehen es, sich Wissen anzueignen.* (Diodor von Sizilien im 1. Jh. n. Chr.)

Damit sind wir mitten in der Beschreibung der Aufgaben und Funktionen des Druiden: Er war Priester und Schamane, Gelehrter und Philosoph, Historiker und Lehrer, Richter und Gesetzgeber, Diplomat und Verhandlungsführer, Dichter und Sänger, Magier und Musiker, Heiler und Biologe, Seher und Wahrsager, Astronom und Astrologe; kurz, er war, wie wir es heute nennen würden, eine Art »Universalgenie«. Seine Bedeutung wird vor allem darin deutlich, daß selbst der König seine Ratschläge nicht ablehnen durfte. Schließlich offenbarten die Druiden die Wünsche und Pläne der Götter! Während der König als höchster Entscheidungsträger der Gesellschaft fungierte, war der Druide gleichsam ihr Bewußtsein. Es darf nicht vergessen werden, daß der Druide aber auch die Bitten des Königs erfüllen mußte, es sei denn, sie waren sittenwidrig. Mit anderen Worten: In der keltischen Gesellschaft gab es keine Trennung von Religion und Politik – politisches Handeln war immer auch sakrales Handeln; das gesamte gesellschaftliche Leben war Teil einer tief spirituellen Sicht von Mensch, Natur und Kosmos.

Sie (die Druiden) legten Heilkräuter und Pflanzen auf ihre Wunden und besprachen sie mit magischen Formeln zur Genesung. Am nächsten Tag brachten sie Zaubertränke und sprachen Zauberformeln über die blutenden Wunden, um den Blutverlust und die tödlichen Schmerzen zu lindern. (aus: Der Rinderraub von Cualnge)

Die Druiden – keine geschlossene Gesellschaft

Wie schon Cäsar erkannte, bildeten die Druiden keine Kaste, obwohl sie in manch populärwissenschaftlichem Buch gern in eine Reihe mit den Brahmanen Indiens gestellt werden. Die Druiden waren alles andere als eine »geschlossene Gesellschaft«. Was die Erlangung der Druidenschaft betraf, galt bei den Kelten bereits die in der heutigen Pädagogik so gern propagierte Chancengleichheit: Jeder konnte Druide werden, egal, ob er Mitglied einer Königsfamilie, ob er Krieger, Künstler, Hirte, Bauer oder gar Sklave war. Jedem, der die etwa zwanzigjährige Ausbildung und Studienzeit hinter sich gebracht hatte, stand der Zugang zur Druidenschaft offen. Demokratisch war, wie wir bei Cäsar gesehen haben, auch die Wahl ihres Oberhaupts. Jean Markale verdanken wir eine sehr detaillierte Beschreibung der Aufgaben der Druiden:

1. *sencha:* Geschichtsschreiber, deren Aufgabe darin bestand, die Helden zu rühmen und historische und philosophische Traditionen zu bewahren.
2. *brithem:* Richter, Gesetzgeber, Botschafter
3. *scelaige:* Kenner und Bewahrer der Epen und Mythen
4. *cainte* oder *gutuater:* Meister des magischen Gesangs, mit der Aufgabe, die Segenssprüche, Verwünschungen und Flüche auszusprechen.

Sie waren auch wegen ihrer Macht als Spötter und Satiriker gefürchtet.

5. *liaig:* Ärzte und Chirurgen; sie kannten die Eigenschaften der Pflanzen und beherrschten die magischen Rituale.

6. *cruitire:* Magische Harfenspieler, deren Musik die Menschen zum Lachen, Weinen, Schlafen oder Sterben bringen konnte.

7. *deoghaire:* Die Mundschenke, vermutlich auch Kenner berauschender Substanzen und halluzinogener Drogen

8. *faith:* Auf die Kunst der Weissagung spezialisierte Druiden

Druide im Heiligen Hain, Titelseite von Elias Schedius' »De Dis Germanis« (1648)

Gab es Druidinnen?

Eine Frage hat die Forschung vielfach beschäftigt und immer wieder zu lebhaften Diskussionen geführt: Gab es auch Druidinnen? Tatsächlich finden wir vielfältige Hinweise darauf, vor allem in den Mythen und Sagen. Danach gab es in den keltischen Gemeinschaften eine ganze Reihe Priesterinnen, Seherinnen und »heiliger Jungfrauen«. Ob diese auch Zugang zur eigentlichen Druidenschaft hatten, wissen wir nicht mit letzter Sicherheit. Es ist aber durchaus wahrscheinlich, wenn wir an die weitgehende Gleichstellung der Geschlechter denken, die in der keltischen Gesellschaft von alters her gegeben war, wenn diese auch unter dem Einfluß patriarchaler Eroberer im Laufe einer langen Zeit Schritt für Schritt eingeschränkt wurde. Darüber hinaus belegen archäologische Zeugnisse, daß es in jedem Fall Magierinnen gegeben hat. Hochinteressant ist in diesem Zusammenhang, daß beim Übergang zum Christentum nicht nur viele Druiden zu Priestern, manche sogar zu Bischöfen wurden, sondern auch die weiblichen geistlichen Führungspersönlichkeiten der Kelten – mögen sie nun »Druidinnen« gewesen sein oder nicht – häufig das Nonnengelübde ablegten. Barbara Walker, eine der großen Spurensucherinnen des Matriarchats in der Geschichte des Altertums, schreibt in ihrem spannenden Buch *Das geheime Wissen der Frauen:*

> *Die »Kollegien« der Druidinnen oder Dryaden gingen fast unbemerkt in ihre neue Bestimmung über; sie wurden zu Nonnenklöstern. Eine der drei Druidinnengruppen bestand aus einer nach außen hin abgeschlossen lebenden Schwesternschaft, wie zum Beispiel die Priesterinnen der Brigit, die in konventähnlichen Heiligtümern lebten und die heiligen Feuer hüteten, die niemals erlöschen durften. Eine andere, weniger abgeschirmt lebende Druidinnengruppe setzte sich aus verheirateten Frauen zusammen, die in der Nähe der Tempel wohnten und gelegentlich nach Hause gingen, um ihre Ehemänner zu besuchen. Eine dritte Gruppe bestand aus Tempeldienerinnen, die bei ihren*

»Druidin mit Sichel und Mistelzweig«, Gemälde von Armand Laroche (1826 - 1903)

Familien lebten. Das Christentum verwandelte nur die hohen heiligen Schwesternschaften in Nonnenorden. Die Frauen aller anderen Gruppen galten fortan als Hexen.

Geheimnisvolle Eroberer: die Thuata de Danann

Steigen wir selbst in die Tiefen der Geschichte hinab, erinnern wir uns an die geheimnisvolle Epoche weit vor Beginn der exakten Geschichtsschreibung, da die Thuata de Danann, jenes mythische Eroberervolk Irlands über die »Grüne Insel« herrschten.

Eines Tages sahen sie fremde Schiffe kommen und, nichts Gutes ahnend, versuchten sie deren Landung durch einen großen Zaubernebel zu verhindern. Als die Fremden dennoch landeten, traten ihnen nacheinander die drei Königinnen des Landes entgegen. Amergin, der Druide der ankommenden Milesier, schlug ihnen freiwilligen Verzicht oder Kampf vor. Man entschied sich für den Kampf, und zwar in der Form, daß die Angreifer wieder auf neun Wellenlängen vom Ufer fortfahren und dann erneut zu landen versuchen sollten. Sollte ihnen dies gelingen, so wären sie die neuen Herrscher der Insel. Andernfalls sollten sie dahin zurückfahren, wo sie hergekommen waren.

Wieder begannen die Tuatha de Danann zu zaubern, und es erhob sich ein großer Sturm, durch welchen fünf Milesier-Söhne ums Leben kamen. Um die übrigen drei zu retten, wirkte Amergin einen Gegenzauber und sprach:

Die umhertreiben in stürmischer See,
sie sollen sicher das Land erreichen.
Sie sollen sich niederlassen in den Ebenen
in den Gebirgen und Tälern,
in den nußreichen Wäldern
und an den fischreichen Gewässern.
Ein König unseres Volkes soll in Tara regieren.
Die Insel soll unser Land werden
und unsere Fürsten und weisen Frauen
sollen der edlen Eriu kundtun,
daß wir kommen!

Der Sturm legte sich, und Amergin konnte als erster das Land betreten. Er entzündete ein Feuer und sang sein Lied, in dem er sich mit dem neu gewonnenen Land und allem, was dazugehörte, für eins erklärte. Dieses Lied gehört zu den herrlichsten Druiden-Liedern, die uns erhalten geblieben sind:

Ich bin der Wind über der See,
Ich bin eine Meereswoge,
Ich bin der Stier der sieben Schlachten,
Ich bin ein Adler auf dem Fels,
Ich bin der Strahl der Sonne,
Ich bin die schönste der Pflanzen,
Ich bin ein starker, wilder Eber,
Ich bin der Lachs im Wasser
Ich bin ein See in der Ebene,
Ich bin ein Wort der Weisheit,
Ich bin eine Speerspitze in der Schlacht,
Ich bin ein Gott, der Feuer wirft ins Gehirn.
Wer verbreitet Licht über dem Hügel?
Wer kennt die Phasen des Mondes?
Wer kennt den Platz, an dem die Sonne ausruht?

Dann nahm er das Land in Besitz und übernahm alles, was dort seit uralter Zeit an Weisheit und Wissen entstanden war und überliefert wurde.

Besonders interessant erscheint in diesem Zusammenhang, daß die siegreichen Milesier, auch Gälen genannt, zwar als militärische Sieger auftraten, sich aber offenbar die kulturellen Errungenschaften des eroberten Irland aneigneten, um selbst eine höhere Stufe der Entwicklung zu erklimmen. Ingeborg Clarus, eine Kennerin keltischer Geschichte und Mythologie, kommentiert den uralten Text so:

Nach den letzten Zeilen seines Gesanges zu schließen, ist es nicht nur das Wissen um die Erde und alles, was darauf lebt, sondern auch das Wissen um die Zeitabläufe, um die Gestirne und vor allem um den Lauf der Sonne und des Mondes. Dies alles floß in die druidische Weisheit der neu angekommenen Gälen ein. (aus: *Keltische Mythen*, 1991)

Facetten einer großen Kultur

Trockene Geschichtswissenschaft mag den Mangel an »harten Fakten« beklagen, der die Geschichte des Keltentums mit einem undurchdringlichen Schleier zu umgeben scheint. Dennoch ist es möglich, daß wir uns ein lebendiges Bild dieser großartigen Kultur machen, mit dem sie strahlend, von jahrhundertealten Vorurteilen befreit, aus dem vorgeschichtlichen Dunkel hervortritt. Hunderte von Mythen, Tausende von Gesängen und eine ständig wachsende Zahl archäologischer Zeugnisse lassen sich wie Mosaiksteine zusammenfügen. So entsteht ein Bild, welches das Druidentum wie einen geschliffenen Kristall erscheinen läßt, dessen unzählige, reiche Facetten durch die einbrechenden Sonnenstrahlen der Erkenntnis immer neue Bilder hervorzaubern. Lassen wir alte und neue Texte durch sich selbst wirken.

Cathbad ist es, der liebenswürdige Druide, inmitten der Druiden von Ulster! Er vereinigt in sich alles Wissen, herrscht über die Elemente und eröffnet den Zugang zum Himmel; er blendet die Augen jedes Fremden und bannt durch sein Wissen dessen Kraft. Er unterrichtete seine Schüler im Nordosten von Emain; acht von ihnen waren fähig, sich das Wissen der Druiden anzueignen.

Tain Bó Cualnge

Am Ufer stand dichtgedrängt eine große Menge bewaffneter Krieger. Zwischen ihnen rannten Frauen in Trauergewändern und mit aufgelöstem Haar; in der Hand flammende Fackeln, wie Furien hin und her: und rundum standen Druiden, die ihre Hände gen Himmel erhoben und schreckliche Flüche ausstießen.

Tacitus

Ihr, O Druiden, die ihr in tiefen Wäldern in abgeschiedenen Hainen lebt: Ihr lehrt, daß die Schatten der Toten nicht an den stillen Wohnort des Erebus oder in das lichtlose unterirdische Reich des Dis eingehen, sondern, daß dieselbe Seele Gliedmaßen in einer anderen Sphäre neu belebt. Wenn gewiß ist, was ihr singt, ist der Tod das Zentrum immerwährenden Lebens.

Lukian

Schriftsteller alter Zeiten, begabt mit gutem Urteil, waren davon überzeugt, daß selbst die Schule des Pythagoras und die Weisheit der Perser ihre Ursprünge in der alten Philosophie dieser Insel hatten.

Milton, *Areapagitica*

Es gibt keinen Bruch zwischen den alten, halb magischen Formeln, die die Druiden sangen, und den späteren Beschwörungsformeln des Zauberers und der »weisen Frau«. Beide entsprangen den – den Veden ähnelnden – heiligen Hymnen, die den Lehrfundus der Druidenlehrer und -seher ausmachten. Ihn gaben sie in ihren Schulen mündlich weiter: Die meisten dieser Weisheiten sind niemals schriftlich niedergelegt worden. Die uns erhaltenen, schriftlichen Fragmente sind wahrscheinlich nur die Überreste einer bedeutenden mündlichen Literatur.

Lewis Spence, *The History and Origins of Druidism*

Sie haben Weisheitslehrer; welche Druiden heißen und zwanzig Jahre lang die Adligen Galliens in vielen Dingen im Verborgenen unterweisen; das geschieht entweder in Höhlen oder in entlegenen Wäldern.

Pomponius Mela, *De Chorographika*

In alten Zeiten machten die Druiden Samhain-Masken aus lebenden Bäumen. Der Holzschnitzer zog sich in den Wald zurück, nachdem er geträumt hatte, aus welchem Holz die Maske sein sollte. Er wählte einen heiligen Totem-Baum und verbrannte an seinem Fuß Räucherwerk als Opfergabe. Dann rieb der Druide die Rinde mit Bienenwachs und Myrrhe ein, während er erweckende Zauberformeln sprach und den Baum darum bat, der Maske, die nun aus seinem Stamm geschnitzt würde, seine Lebenskraft, seinen Wesenskern und Charakter zu verleihen. Solche Masken hatten keine Öffnungen für die Augen und Gesichtsschnitzereien, die so schauerlich anzusehen waren, daß sie nicht nur erschreckend auf übelwollende Geister wirkten, sondern über die Seele des Priesters hinaus in die Grenzen der Anderswelt hinein.

Llywelyn Sion, *The Book of Pheryllt*

Sie bedienen sich der Künste der Seher (Druiden), denen sie großen Einfluß einräumen; diese Seher sagen ihnen die Zukunft voraus, indem sie den Vogelflug beobachten und Opfer darbringen, und das ganze Volk ist von ihnen abhängig. (...) Niemand bringt ohne die Anwesenheit eines Philosophen (Druiden) sein Opfer dar, denn sie glauben, die Vermittlung dieser Männer, die das Wesen der Götter kennen und sozusagen ihre Sprache sprechen, in Anspruch nehmen zu müssen, um Dankopfer darbringen und den göttlichen Beistand erflehen zu können.

Diodor von Sizilien

Die Seher (Druiden) bemühen sich, durch ihre Untersuchungen die Ereignisse zu verstehen und den Zugang zu den tiefen Geheimnissen der Natur zu bekommen.

Timagenes, nach Ammianus Marcellinus

Die Religion ist nämlich sehr alt, und sie ist durch eine ununterbrochene Kette von Überlieferungen von den Druiden bis zu mir gelangt.

Iolo Morganwg, *Le Mystère des Bardes*

Die Tuatha de Danann lebten auf den Inseln im Norden der Welt. Sie wurden in allen Wissenschaften, in der Magie und im Druidentum unterwiesen, lernten die Zauberkunst und wurden Weise, so daß sie schließlich alle Weisen der Heiden an Wissen übertrafen.

Die Schlacht von Mag Tuired

Die Druiden wohnten in den Tiefen der Wälder und zogen sich dorthin zurück, wo es keine andere Menschenseele gab. Sie zelebrierten barbarische Rituale und einen düsteren Kult. (...) Ihre Götter beteten sie in Wäldern an, ohne dafür Tempel zu benutzen (...) Das Volk nahte sich niemals der Kultstätte, denn sie war ausschließlich den Göttern vorbehalten.

Lucanus, *Pharsalia*

Alles nur ein Traum ...? Vielleicht. Aber es gibt Träume, die die höheren Wirklichkeiten wesentlich besser wiedergeben als der tägliche Anblick einer Welt, die in beständigem Wandel begriffen ist. Die Druiden waren »Sehende«. Sie waren des Glaubens, daß jeder einzelne ebenfalls einen überdurchschnittlichen Grad an innerer Sicht erreichen kann. Sie hatten Vertrauen in das Wesen des Menschen und behaupteten, daß es für den Menschen nichts Unmögliches gibt, da die Macht des Menschen nach dem Bilde der göttergleichen Druiden und des unnennbaren Gottes unendlich groß ist, nur daß er gelegentlich außerstande ist, ihr Ausmaß einzuschätzen, und nicht immer weiß, wie sie genutzt werden kann.

Jean Markale, *Die Druiden*

is e mo drui Crist mac Dè – Mein Druide ist Christus, der Gottessohn.

St. Columcille

Jetzt sei durch das verhängnisvolle Feuer ein Zeichen vom Zorne des Himmels gegeben worden, und, so weissagten in eitlem Aberglauben die Druiden, der Besitz der Menschenwelt werde den transalpinischen Völkern vorbedeutet.

Tacitus, Historia

Wenn das abendländische Denken nach seiner Identität sucht, und wenn es sie nicht in den großen Religionen wiederfindet, sollten wir uns einer anderen Botschaft entsinnen, die aus dem Dunkel längst vergangener Zeiten zu uns dringt: die Botschaft der Druiden, der Bewahrer und Verkünder höchst spiritualistischer Glaubenslehren, für die auch »der Tod der Ort eines langen Lebens ist«.

Jean Markale, *Druidentum heute?*

Die Barden: Macht durch Lieder und Worte

> Die Harfe der Barden ist ein Sinnbild für die von Liebe durchdrungene Seele, welche die himmlische Weisheit von Zeitalter zu Zeitalter weiterzugeben vermag.
>
> E. C. Merry

»Am Anfang war das Wort ...« Mit diesem Satz beginnt die biblische Schöpfungsgeschichte. Er könnte auch am Anfang der Geschichte der keltischen Dichter und Sänger stehen. Ursprünglich waren die Barden die *sencha*, die wir bereits als Vertreter der zweiten Schule des Druidentums kennengelernt haben. Sie waren es, welche die kulturellen Überlieferungen am Leben zu erhalten und die Helden zu rühmen hatten. Ihr kostbarster Besitz waren drei Dinge, die ihre Kunst befruchteten und ihre Stellung sicherten: das Wissen um den uralten Mythos, ihre poetische Imagination und ein unerschöpflicher Schatz alter Verse und Gesänge. Aus den rätselhaften und mythischen Anfängen des Druidentums stiegen sie auf zu den geachtetsten und bestbezahlten Mitgliedern mittelalterlicher Königshöfe. Sie waren begnadete Künstler des Wortes, sprachen gern in Rätseln und Rätselgedichten und kannten alle Geheimlehren. Sie konnten der Geschichte und den Geschichten Leben einhauchen, sie waren Berichterstatter und Entertainer in einem; wenn man so will, waren sie das Fernsehen längst vergangener Zeiten. Genausogut könnte man sie auch als die »wandelnden Bibliotheken« ihrer Zeit bezeichnen.

Mit hoher Kunstfertigkeit schmückte ein Barde die überlieferten Erzählungen und Vorträge aus, machte die Geschichte und die gegenwärtige Welt für seine Zeitgenossen erfahrbar und vorstellbar. Oft dauerten seine zauberhaften Vorträge, die magischen Erzählungen und Gesänge Tage, Wochen, ja Monate an und schufen eine unverwechselbare Atmosphäre. Die gesamte keltische Bilderwelt ist durchdrungen von der ursprünglichen, wilden Schönheit der Verse und Lieder der Barden. *»In der Tat ist das Keltische nicht vom Reichtum seines Erzählgutes zu trennen, sondern beide haben denselben Ursprung.«* (Douglas Monroe, *The lost Books of Merlyn – Druid Magic from the Age of Arthur*. 1998)

Da die Grundlage des Barden-Daseins die Magie des gesprochenen und gesungenen Wortes darstellte, ruhte sein gesamtes Ansehen, seine oft erstaunliche Autorität auf dem Klang seiner Stimme und seiner Fähigkeit zur Ausgestaltung des überlieferten Wortes. *»Die Alten besaßen ein sehr tiefes Wissen darüber. Es war möglich, durch die Sprache wirklich magische Wirkungen zu erzeugen, die auch Elemente der Heilung einschlossen.«* (M. Arnold, *On the Study of Celtic Literature*. 1864)

»Der Barde«, Ölgemälde von Thomas Jones (1743 - 1803). Nach der letzten, verlorenen Schlacht der Kelten schickt er sich an, sich in den Abgrund zu stürzen.

Das innerste Geheimnis von Wort und Stimme konnte natürlich auch nur durch das Wort selbst und durch die Anwendung des Zaubers der Stimme weitergegeben werden. Alles, was die Barden kannten und wußten, gaben sie von Generation zu Generation ausschließlich mündlich weiter. Nichts, aber auch gar nichts wurde aufgeschrieben. Die mündliche Tradierung ihrer Fähigkeiten verschaffte ihnen eine unnachahmliche Exklusivität, und die Vorliebe, ihr Wissen in Rätselgedichten zu verstecken, verlieh ihnen den Nimbus unerreichter geistiger Macht. So war aber auch für viele Mißverständnisse gesorgt. Der hellenistische Philosoph, Historiker und Geograph Poseidonios (etwa 135 - 151 n. Chr.) berichtet in seinem Werk *Polybios, Bd. V:*

> *Wenn sie zusammenkommen, sprechen sie mit wenig Worten und in Rätseln, indem sie meist nur dunkel auf Dinge hinweisen und ein Wort verwenden, wenn sie ein anderes meinen. Um sich selbst zu erhöhen und alle anderen herabzusetzen, lieben sie es, in Superlativen zu sprechen. Sie sind ruhmredig und drohen gern und lieben eine bombastische Sprache. Und dennoch haben sie einen scharfen Verstand und sind nicht ohne Klugheit und Bildung.*

Ein weiterer Beleg dafür, daß die Kelten im allgemeinen und die Barden im besonderen dem gesprochenen Wort unbegrenzte Macht beimaßen, ist der Bericht des Poseidonios über jene Barden, die zwischen zwei schlachtbereite Heere traten und imstande waren, diese aus ihrer »tierischen Raserei« herauszureißen und Frieden zu stiften, so daß *»die Leidenschaft der Weisheit das Feld überläßt und Ares in Ehrfurcht vor den Musen steht«*. Es wird deutlich, daß die Barden weitaus mehr waren als nur Geschichtenerzähler und Chronisten. Sie erhielten die gesamte Geschichte, Tradition und Kultur eines Stammes am Leben.

> *Für die Kelten war der Barde schon seit alters her der wichtigste Bewahrer ihrer Stammesgeschichte. Er war die Autorität in Bezug auf ihre Genealogie, er besang ihre und ihrer Väter Taten, ihr Festhalten*

> *am Königtum, an sozialer Gerechtigkeit und Ordnung. Der Barde war der Verfasser und Bewahrer der kollektiven Erinnerung und des Mythos. Ohne einen Barden lief der Stamm Gefahr, seine Wurzeln und seine Identität zu verlieren.* (Malcom Godwin: *Der heilige Gral*)

So war es nur natürlich, daß die Barden in der keltischen Gesellschaft eine privilegierte Stellung innehatten. Außer ihnen gab es bei den keltischen Völkern zwei weitere gesellschaftliche Gruppen, die aufgrund ihrer geistigen Fähigkeiten eine hervorgehobene Stellung einnahmen: die Druiden oder Priester und die Ovaten oder Euhagen (Seher und Wahrsager, die auch priesterliche Funktionen wahrnahmen).

Die jeweiligen Ämter und Aufgaben waren zwar im Prinzip klar voneinander abgegrenzt, doch gab es immer wieder Überschneidungen, besonders als das Druidentum von den römischen Herrschern verboten und verfolgt wurde.

Einen legendären Ruf genossen die walisischen Barden. Von ihnen wurden besondere Inspirationen erwartet, so daß sie eine höhere Position einnahmen als gewöhnliche »Verseschmiede« oder »Seher«. Unter königlichem Schutz stehend, glichen sie den irischen Dichtern, die *fili* genannt wurden. Wie sie waren die walisischen Barden Dichter und gleichzeitig Seher in offizieller Funktion. Der Seher – oder, wie ihn Helmut Birkhan nennt, der »Zukunftswissende« – konnte aber auch ein Narr sein, denn »Narrentum und Inspiration sind nahe Verwandte« (Birkhan). Der Bogen vom Spielmann zum späteren Hofnarren, der immer auch die unangenehme Wahrheit sagen darf, ist schnell gespannt. Ein berühmtes Beispiel ist die Geschichte des Bardenkönigs Suibne Geilt, der in der Schlacht von Mag Rath (637 n. Chr.) wahnsinnig wurde und sich zuletzt nur noch in den Baumwipfeln aufhielt.

Über die äußere Erscheinung der Barden wissen wir so gut wie nichts. Anders als bei den Druiden hat sich hier keine volkstümliche Vorstellung ins Bewußtsein der Nachwelt eingeprägt. Die Forschung begnügt sich mit Vermutungen: Die gallische Nationaltracht, der mit dem Scheitelkamm der Meerkatzen verglichene *bardocullus*, könnte mit Helmut Birkhan als »Bardenkapuze« verstanden werden. Eine amüsante Fußnote der Modegeschichte lieferte der zweite römische Soldatenkaiser, Marcus Aurelius Severus Antoninus (211 - 217). Er erhielt seinen Spitznamen Caracalla nach dem sogenannten »gallischen Kapuzenmantel«, den er in der Manier des exzentrischen Weltmannes als letzten Schrei der Herrenmode in der Hauptstadt des Imperiums einführte.

Sagenhafter Taliesin

Um so reicher ist die Überlieferung an sagenhaften und wunderbaren Geschichten über die Barden. Nach Geoffrey of Monmouth soll ein Barde mit im Boot gesessen haben, als der tote König Artus die Überfahrt nach Avalon antrat. Nicht irgendein Vertreter dieser Zunft der Dichter und Sänger, sondern Taliesin. Taliesin! Beim Klang dieses Namens gerieten bereits Generationen von Keltenliebhabern in Verzückung. Zwar war er mit Sicherheit nicht der erste Barde überhaupt, als den manche ihn sehen wollten. Zweifellos aber war er der bedeutendste unter jenen Fünfen, die als die hervorragendsten Barden in die Geschichte eingingen. Die anderen vier hießen Aneirin, Talhaem, Bluchbard und Cian.

Was waren das für Menschen, die so wichtig waren, daß einer von ihnen sogar den großen Artus auf seiner letzten Reise begleiten durfte? An »gesichertem Wissen« besitzen wir über den großen Taliesin so gut wie nichts. Um so eindrucksvoller ist der Schatz von Legenden, der sich um sein Leben rankt. Wohl nur der Zauberer Merlin kann es ihm darin noch gleichtun.

Was seine Herkunft angeht, so wurde viel spekuliert und gerätselt. Eine Legende erzählt von dem jungen Gwion Bach, der bei der alten Göttin Ceridwen den Kessel mit dem Trank der Erkenntnis hüten sollte (siehe auch S. 46). Ein paar Spritzer davon kamen auf Gwions Finger, und er leckte sie augenblicklich ab. Mit einem Schlag war er im

Besitz aller Weisheit und allen Wissens der ganzen Welt. So wußte er auch, daß Ceridwen ihn ob seines Mißgeschicks verfolgen würde. Er wechselte deshalb gleich mehrere Male die Gestalt – wir werden noch davon hören – und wurde schließlich dennoch von der erzürnten Göttin gefressen. Sie gebar ihn daraufhin als Taliesin.

Die wohl bekannteste Legende über diesen Barden heißt »Die Geschichte von Taliesin« und wurde von Charlotte Guest im *Mabinogion* (siehe auch Anhang Seite 201) Ende des neunzehnten Jahrhunderts veröffentlicht. Der wohl spannendste Teil dieser Geschichte ist der Bardenwettstreit, den der junge Taliesin am Hofe König Maelgwns gewinnt, um seinen Herrn Elphin zu retten. Er belegte einfach die königlichen Dichter, Barden einer älteren Generation als der seinen, mit einem Bann. So mußten sie ihm ihre ungeteilte Aufmerksamkeit schenken, ob sie wollten oder nicht. Ihr Anführer Heinin beschwerte sich daraufhin beim König, daß er *»nur verdrossen sei von diesem Quälgeist, der noch fast ein Kind ist«*. Als Taliesin aufgefordert wird, Auskunft über seine Person zu geben, rezitiert er das folgende Rätselgedicht und befreit damit seinen Herrn Elphin – und anschliessend natürlich auch die alten Barden – von seinem Bann.

Oberster Barde bin ich bei Elphin,
und meine Heimat ist die Region der Sommersterne;
Idno und Heinin nannten mich Merddin,
Dereinst werden alle Könige mich Taliesin nennen.
Ich war bei meinem Herrn in den Himmelssphären
bei Luzifers Fall in die Tiefen der Hölle.
Ich habe Alexanders Banner getragen;
Ich kenne die Namen der Sterne von Nord bis Süd;
Ich war im Weltall vor dem Thron des Erhabenen;
Ich war in Kanaan, als man Absalom erschlug;
Ich begleitete Awen, den göttlich Inspirierten, in die Ebenen des Tals von Hebron:
Ich war am Hof von Don, bevor Gwydion geboren wurde.

Ich war der Lehrer von Eli und Enoch;
Ich war am Ort der Kreuzigung von Gottes barmherzigem Sohn;
Ich war dreimal in Arianrhods Kerker;
Ich war der Oberaufseher beim Turmbau von Babel.
Ich bin das Geheimnis, dessen Herkunft niemand kennt.
Ich war in Asien mit Noah in der Arche,
Ich sah die Zerstörung von Sodom und Gomorrha;
Ich war in Indien, als Rom erbaut wurde;
Ich komme nun zu den Überresten Trojas.
Ich war mit meinem Gott in der Eselskrippe;
Ich unterstützte Moses beim Zug durch den Jordan;
Ich war im Himmel mit Maria Magdalena;
Ich habe meine Gaben aus Ceridwens Kessel erhalten;
Ich war Lleon von Lochlins Harfenbarde.
Ich war auf dem Weißen Hügel am Hofe von Cynvelin,
Ein Jahr und einen Tag war ich gefangen,
Ich verzehrte mich nach dem Sohn der Jungfrau,
Ich wurde gefüttert im Land der Götter,
Ich bin der Lehrer aller Weisen,
Ich vermag das ganze Universum zu unterweisen.
Ich werde leben, bis auf Erden das Jüngste Gericht anbricht;
Und keiner wird wissen, ob ich Fisch oder Fleisch bin.
Ich war neun Monde lang
Im Schoß der Hexe Ceridwen;
Ursprünglich war ich Klein Gwion
Doch nun bin ich Taliesin.«
(aus dem Englischen von Bertram Wallrath)

Dieses Rätselgedicht forderte Generationen von Historikern, Literaturwissenschaftlern und Hobby-Keltenforschern immer wieder zur Deutung heraus. Ihre Ergebnisse waren bisweilen nicht weniger vieldeutig als das Objekt ihres Scharfsinns und phantasievollen Gedankenflugs: Da war die Rede von einem frühen Beleg der Lebendigkeit des Reinkarnationsglaubens im vorchristlichen Europa bis hin zu einer vorgeschichtlichen Geheimschrift, wie Robert Ranke-Graves meint. Geoffrey Ashe, ein Verfechter ebenso nüchterner wie geistreicher Betrachtung historischer Zusammenhänge, sieht das ganze eher als Spöttelei des jungen Poeten Taliesin, der sich nur über die ältere Generation der Barden lustig machen wollte. Zum Vergleich zitiert er einen frechen amerikanischen Song, der amerikanischen College-Studenten zugeschrieben wird, mit dem sie ihren »allwissenden Lehrer« verspotteten:

I was born about ten thousand years ago,
Ther' ain't nothin' in this world, that I don't know:
I saw Peter; Paul and Moses playin' ring around the roses
And I'll whip the guy that says it isn't so.

Ich wurde vor etwa zehntausend Jahren geboren,
Und es gibt nichts auf dieser Welt, das ich nicht weiß.
Ich sah Peter; Paul und Moses, wie sie spielten Ringelreihen
und jeder fängt sich eine, der behauptet, daß das nicht stimmt.

Spottes Macht

Die Macht des Spottes war den keltischen Barden sehr wohl bekannt. Der *cainte* war ein berufsmäßiger Spötter, gefürchtet von allen, die er aufs Korn nahm. Von einem Barden verspottet zu werden, war fast die größte Angst der Kelten – nur übertroffen durch ihre Furcht davor, daß ihnen der Himmel auf den Kopf fallen könnte. Das wissen wir nicht nur aus den Geschichten von Asterix und Obelix, sondern auch aus den alten Geschichten von Pwyll oder Cuchulain. Diese Helden, selbstverliebt in ihre »Männlichkeit«, ließen sich lieber zum Treuebruch ihrem König gegenüber verleiten, als Opfer des öffentlichen Spottes zu werden.

»Ein Erzdruide im Ornat«, aus dem Buch
»Costume of the Original Inhabitants of the British Isles«, 1815

Altirische Annalen berichten über die Schlachten von Mag Tuired. Der kriegführende König Bress wird als Antiheld geschildert: Seine Eigenschaften waren denen eines guten Königs entgegengesetzt. Er war geizig, habsüchtig, ließ seine Untertanen darben, und – was ihn den Kelten nicht nur verwerflich, sondern verächtlich erscheinen ließ – »er entbehrte jeglicher Gelehrsamkeit und der Freude an der Dichtkunst«. So kam es, daß er die hochgeachteten Vertreter dieser Künste, die Barden, schlecht behandelte. Er ließ ihnen weder die ihnen gebührenden Geschenke noch angemessene Unterkunft und Verpflegung zukommen. Das war des Unköniglichen zuviel, und so wurde König Bress zum Ziel des Spottverses von Coirbre, eines der berühmtesten Dichter:

Ohne Nahrung schnell auf der Schüssel,
Ohne Milch, um die Kälber zu ernähren,
Ohne Wohnung, um die Nacht zu verbringen,
Ohne Belohnung für die Schar der Erzähler,
Möge so die Lage des Bress werden.

Dies gilt als der erste Spottvers, der in Irland in Umlauf gesetzt wurde, und er bewies erneut eindrucksvoll die Macht des Wortes: Der Barde Coirbre brachte den König damit zu Fall. (Näheres in Ingeborg Clarus: *Keltische Mythen. Der Mensch und seine Anderswelt.* 1991)

Bardentradition bis in die Gegenwart

Für die Träger der keltischen Kultur, Barden und Druiden, besaß die mündliche Tradierung ihres Wissens unschätzbare Vorteile. Gegenüber der Welt um sie herum führte sie jedoch auch immer wieder dazu, daß echte Überlieferung als Fälschung interpretiert wurde. Dies betrifft vor allem unsere »exakte Wissenschaft«, die alle anderen Methoden der Wissensvermittlung außer der eigenen für äußerst störanfällig hält. Im akademischen Elfenbeinturm moderner Historiker ist man oft der Meinung, daß alles, was »nur« mündlich weitergegeben wird, sich dabei inhaltlich so stark verändert, daß letztlich nur noch »gefälschtes« oder »erfundenes« Gedankengut herauskommen kann (man nennt das den »Stille-Post-Effekt«). Diese Sicht der Dinge erweist sich als naiv, wenn man bedenkt, daß die Gedächtniskunst bei vielen alten Völkern – übrigens auch noch im christlichen Mittelalter – in hohen Ehren gehalten wurde und daß auf diesem Gebiet damals nach heutigen Maßstäben geradezu Unglaubliches vollbracht wurde. So auch bei den Kelten: Schon der Dichter des niedersten Grades mußte allein sieben große Erzählungen beherrschen, der Dichter des neunten und höchsten Grades, der Ollam, zählte 250 Haupterzählungen und 100 Nebenerzählungen zu seinem Repertoire. (nach Annalena Staudte-Lauber: *Kelten.* 1995)

Das berühmteste und bekannteste Beispiel eines »Mißverständnisses« dieser Art gedieh, wie könnte es anders sein, auf dem Boden der neuzeitlichen Bildungsbeflissenheit. Es ist von einer ganz besonderen Pikanterie, daß es dadurch dennoch zu einer bemerkenswerten Rezeption des keltischen Kulturguts gekommen ist, die noch heute nachwirkt.

Gemeint sind die »Gesänge Ossians«, verfaßt von dem schottischen Schulmeister James Macpherson im 18. Jh. Im schottischen Hochland trugen seine Landsleute noch zu seinen Lebzeiten jene epischen Gesänge vor, welche die keltischen Barden einander seit vielen Jahrhunderten überliefert hatten. Man erzählte sich, daß diese gälischen Gedichte auf Ossian, den Sohn Fingals, des Königs von Morven, und damit ins 3. Jahrhundert zurückgingen. Im 18. Jh. erwachte in den

Titelkupfer zur deutschsprachigen Erstausgabe von »Die Gedichte Ossians eines celtischen Dichters«, Wien 1768

gebildeten Schichten ganz Europas ein reges Interesse an den »primitiven« Literaturen der Welt. Im Zuge eines Wiedererwachens des schottischen Nationalismus richtete sich der Blick von Idealisten wie Macpherson gerade auch auf das literarische Erbe der Kelten, deren goldene Ära als leuchtendes Vorbild für eine Alternative zum von Korruption und Machtdenken zerfressenen britischen Großreich galt. 1751 hatte Alexander MacDonald einen Band der gälischen Gesänge veröffentlicht, ohne daß dieser sonderlich beachtet worden wäre. Nach seinem Beispiel begann auch James Macpherson die Highlands zu durchstreifen, um – wie die Brüder Grimm in Deutschland – die überlieferten Erzählungen seiner Heimat aufzuschreiben, sie ins Englische zu übersetzen und anschließend zu publizieren: 1760 erschien *Fragments of Ancient Poetry*, 1761 *Fingal* und 1763 *Temora*. 1765 brachte er eine erste Gesamtausgabe, zusammen mit zwei Dissertationen, eine von ihm selbst und eine von seinem Freund, Dr. Blair, heraus. Die endgültige Ausgabe des *Ossian*, wie das rasant an Popularität gewinnende Werk aus dem Jahr 1773 später nur noch genannt wurde, wurde bis heute ungezählte Male wieder aufgelegt.

»James Macpherson«, von Sir Joshua Reynolds (1723 - 1792)

Macpherson, der im Grunde selbst ein Dichter in der bardischen Tradition war, tat eigentlich dasselbe, was auch die Brüder Grimm beim Sammeln der alten deutschen Volksmärchen taten: Er bearbeitete die alten Lieder und Texte neu und paßte sie dem Verständnis seiner Zeit an.

Der Einfluß seiner Epen und Gesänge auf die gesamteuropäische Literatur war enorm, nicht zuletzt auf die Dichter des Sturm und Drang in Deutschland. Englische Wissenschaftler hingegen, denen schon aus politischen Gründen wenig an einer gefeierten nationalen Überlieferung der Schotten liegen konnte, bezichtigten ihn der Fälschung. Es mutet wie Ironie des Schicksals an, daß er nach seinem Tod am

12. Februar 1796 ausgerechnet neben dem Schotten- und Ossian-Feind Samuel Johnson in Westminster Abbey begraben wurde. Macpherson hinterließ sein Geld für ein Denkmal zu Ehren der keltischen Überlieferung und bestimmte in seinem Testament 1000 Pfund (für damalige Verhältnisse ein Vermögen) für die würdige Edition der in seinem Besitz befindlichen »Originale« der alten keltischen Legenden und Sagen.

Damit können natürlich nur seine eigenen Aufzeichnungen gemeint gewesen sein, schließlich war das Tonband, welches heutigen Volkskundlern zur Dokumentation ihrer Interviews mit lebendigen Traditionsträgern dient, noch nicht erfunden worden. Doch was geschah? Die Kisten, in denen sich diese Originale befinden sollten, waren verschwunden! Ein Schelm, wer Böses dabei denkt – von welcher der beiden streitenden Parteien auch immer! Festzuhalten bleibt: In Deutschland ist niemand je auf die Idee gekommen, die Brüder Grimm der »Fälschung« zu bezichtigen, obwohl die Wissenschaft inzwischen längst nachgewiesen hat, wie sehr die beiden renommierten Gelehrten die von ihnen aufgezeichneten Volksmärchen bearbeitet und verändert haben. Elias Lönnrot sammelte in den finnischen Wäldern die alten überlieferten Bylinen und formte daraus das finnische Nationalepos »Kalevala« und wurde zum Begründer der finnischen Literatur. Die keltischen Barden der letzten Jahrhunderte wie lolo Morganwg, James Macpherson, Hersart de Villemarques oder Fabre d'Oliver hingegen, die ebenfalls die mündlichen Überlieferungen ihrer Vorfahren schriftlich festhielten, galten in den Augen ihrer zahlreichen Gegner aber stets als »Betrüger« und »Fälscher«.

Allerdings sind die Förderer einer neuzeitlichen Renaissance des Keltentums mit ihren Deutungen bisweilen selbst übers Ziel hinausgeschossen. So behaupteten die Bretonen La Tour d'Auvergne und Le Brigant unter anderem, die keltische Sprache sei die Muttersprache des Menschengeschlechts. Ihre Thesen besaßen immerhin den Charme einer geistreichen Herausforderung des akademischen Establishments unter den Keltenforschern, aber darüber hinaus hätte man auch auf der sachlichen Ebene gute Gründe gehabt, sich ernsthafter damit auseinanderzusetzen. So ganz falsch war dieser Deutungsversuch nämlich nicht, besagt doch der aktuelle Forschungsstand, daß das Keltische zum uralten Kern der indoeuropäischen Sprachfamilie zählt.

Eine herbe Niederlage erlebten die selbsternannten Bewahrer eines Geschichtsbildes, das sich nur auf die angeblich »harten« Fakten stützt, anläßlich der Jahreswende 1998/99: Platons Atlantis-Bericht in seinem Werk *Timaios*, von der Geschichtswissenschaft bisher als Mär abgetan, steht seither plötzlich wieder im Mittelpunkt ernsthafter Forschungen nach dem sagenhaften Reich, das einst im Meer untergegangen sein soll. Ausgerechnet das Nachrichtenmagazin *Der Spiegel*, einer unkritischen Befürwortung des esoterischen Weltbildes wohl unverdächtig, titelte seinerzeit: »Die These, Atlantis sei reine Fiktion, hat an Zugkraft verloren!« (Ausgabe vom 28.12.1998)

Theosophie und Ökologie: Bardentum im 20. Jahrhundert

Im Sinne des Wortes von Jean Markale, daß keine Religion je untergeht, kann man ohne Übertreibung sagen: Keltische Sänger und Dichter sind immer noch unter uns. Schon als Rudolf Steiner sich von der Theosophischen Gesellschaft der Madame Blavatsky löste und die Anthroposophie begründete, griff er auf das alte keltische Wissen zurück. Er unternahm den Versuch, das Weltbild der Druiden und Barden in einen übergeordneten Sinnzusammenhang zu bringen, der auch in der modernen Zeit Gültigkeit besitzt. Annalena Staudte-Lauber würdigt diese Leistung in ihrer Bedeutung für den Menschen von heute: »So bietet eine Kultur, die über ihren Glauben und ihre Vorstellungen nichts Schriftliches hinterlassen hat, für viele Menschen die Möglichkeit, ihr eigenes Keltentum zu entdecken.« (Annalena Staudte-Lauber, *Kelten*. 1995)

Als sich dann Anfang der achtziger Jahre des 20. Jh. die Liedermacher in ganz Europa an die Spitze der Umweltbewegung setzten, um singend gegen die Atomverseuchung ihrer jeweiligen Heimat zu protestieren, entdeckten sie die Tradition des Bardentums aufs Neue. Sie stellten sich damit in eine Reihe mit berühmten Vorbildern aus der Geschichte, denn die Verbindung von Bardentum und politischem Widerstand hat Tradition. Das Jahr 1649 markiert für die Iren noch heute ein trauriges geschichtliches Ereignis. Oliver Cromwell, der englische Feldherr und Politiker, landete mit seinen Truppen auf der Insel. Indem sie ihre Unabhängigkeit verlor, wurde dem entstehenden Britischen Weltreich ein wichtiger Eckstein hinzugefügt. Den Preis hatten natürlich die Iren zu zahlen: Neben der politischen und wirtschaftlichen begann jetzt auch ihre kulturelle Kolonisierung. »Alles Irische« – in den Augen der Engländer – wurde verboten. Die keltische Literatur durfte nicht mehr öffentlich gepflegt werden. Letztlich stärkte das aber nur ihre Lebendigkeit: Im Untergrund entstand jetzt eine neue keltische Volksdichtung, die den unterdrückten Menschen als Ventil für ihre Empörung und zur Linderung ihres Leids diente. (Vgl. hierzu Ulf Diederichs in Martin Löpelmann, *Erinn. Keltische Sagen aus Irland.* 1977.)

Und »sie« waren nun nicht mehr wegzubekommen, auch nicht durch das gesamte Repertoire staatlicher Zwangsmaßnahmen: Die Barden waren wieder auferstanden, als Anwälte des Volkes gegenüber der Unterdrückung, als Bewahrer seiner Identität im Bewußtsein eigener, lebendiger Tradition. Historisch gesehen stehen diese irischen Volkssänger des 17. Jh. am Schnittpunkt von Vergangenheit und Zukunft des Keltentums: Ihre Wurzeln reichen tief in die Geschichte zurück, bis hin zu den alten Barden, und der Impuls ihrer politischen und künstlerischen Vision wirkte nach bis zu den Liedermachern der Gegenwart. Das »neue Bewußtsein« unserer Zeit, das Frieden, demokratische Freiheit und den Umweltgedanken vereint, leitet sich damit nicht nur im Geiste, sondern ganz konkret historisch auch auf das alte keltische Weltbild zurück. Sowohl für die Druiden und Barden als auch für die Friedensbewegung der siebziger und die Ökologische Bewegung der achtziger Jahre des 20. Jh. ist es ein ganz wesentliches Ziel, daß die Menschheit im Einklang mit der sie umgebenden Natur lebt.

In einem vereinten Europa wird die Irrationalität nationaler Grenzen zunehmend erkannt. Ein »Europa der Regionen« würde der kulturellen Vielfalt unseres Kontinents, deren Entwicklung viel weiter in die Geschichte zurückreicht als der nationalstaatliche Gedanke, vermutlich weit besser gerecht. Die Gemeinsamkeit der kulturellen Wurzeln verschiedenster Regionen über politische Grenzen hinweg tritt heute immer klarer zutage. Es verwundert deshalb nicht, daß gerade die Befürworter einer Wiederentdeckung des Keltentums, das ja über den gesamten Kontinent hinweg seine Spuren hinterlassen hat, die Internationalisierung ihres Anliegens aktiv betreiben. Die »Kinder Europas« beginnen, sich gegenseitig wiederzuerkennen und gemeinsam in eine Zukunft zu gehen, in der ihre Ideale wieder anerkannt und gelebt werden können.

An symbolträchtiger Stätte, im Stift Zwettl in Niederösterreich, einer Region also, in der vor vielen Jahrhunderten die keltische Kultur eine außerordentliche Strahlkraft entwickelt hatte, wurde im Jahre 1984 ein Zeichen gesetzt. Dort versammelten sich Dichter und Sänger aus Wales, der Bretagne, dem Elsaß, Irland und vielen anderen Regionen unseres Kontinents. Sie alle empfanden sich als »Barden« – und nannten sich auch so. Anlaß des Treffens war der »Erste internationale Kongreß Keltisches Bewußtsein«. Eingeladen hatte der Trikont-Verlag aus Deutschland, bei seiner Gründung eine der Speerspitzen der 68er-Bewegung. Die Geschichte dieses Verlages ist exemplarisch für die Entwicklung der demokratisch-alternativen Bewegung in Deutschland und Europa. Trikont hatte mit der Publikation der Schriften Fidel Castros und Che Guevaras begonnen und sich nach der »Trikontinentale« benannt. Bald aber richtete sich der Blick der Verlagsleute weniger auf die »Dritte Welt«, sondern vermehrt auf die politisch gärenden Regionen Europas. Bücher über den Selbstfindungskampf der Völker Korsikas oder der Bretagne wurden veröffentlicht. Auf einmal tauchten uralte Bezeichnungen kulturell eigenständiger, aber politisch entmündigter Regionen, wie beispielsweise Okzitanien, wieder auf, und mit ihnen all jene volksnahen Überlieferungen, die man schon vergessen geglaubt hatte. Uraltes Liedgut und Schrifttum wurde begeistert wiederentdeckt. Der Verlag wurde umbenannt in Trikont-Dianus und gab sich ein neues Programm: »Wir sind konservativ geworden und progressiv geblieben!«

Wo in den sechziger Jahren die (bürgerlichen) Protagonisten der proletarischen Internationale publiziert wurden, tummelten sich jetzt die Vertreter einer spirituellen Gegenkultur, die über Jahrhunderte in den Untergrund gedrängt worden war: Indianer, Hexen und Kelten. Bücher über sie eröffneten ihren jugendlichen Lesern neue »Pforten des Bewußtseins«, um mit Aldous Huxley zu sprechen, einem der bedeutendsten Ideengeber für den Wandel einer rein politischen Protestbewegung zu einer »alternativen Bewegung«, in der die spirituelle Selbsterfahrung zu einem wesentlichen Teil der persönlichen Identitätsfindung geworden ist. Für die Wiederbelebung keltischen Gedankenguts sorgten Geschichten aus der Bretagne und aus Okzitanien, vor allem aber das Buch *Die Wiederkehr der Kelten* von Martha Sills-Fuchs. Zur Begrüßung der Teilnehmer der Konferenz wurden daraus die folgenden Verse konzertant aufgeführt:

Schau dich im Spiegel der Teiche,
Uraltes Elbenreich, an.
Steig aus den Ringen der Eiche,
Tanze mit Buche und Tann!
Zweilichtland zwischen den Welten,
Wildnis aus Mensch und Getier,
Laß deine Schatten, die Kelten,
Auf wieder stehen in dir!

(Es handelt sich um die von Gottfried von Einem nach Texten von Lotte Ingrisch komponierten Waldviertler Lieder.)

Das Keltentum, das »innere Kind« Europas – wohl kaum je ist die Begegnung mit dem verdrängten Teil des individuellen und kollektiven Unbewußten des europäischen Menschen mit der spirituellen

Dimension des Wandels von Mensch und Gesellschaft so greifbar geworden. Der Kongreß im Stift Zwettl ist in der – heute rascher denn je wachsenden – Szene der Kelten-Bewunderer selbst schon zur Legende geworden. Ebenso jene Persönlichkeit, bezeichnenderweise eine Frau, deren Gegenwart dieser Tagung die Atmosphäre eines feierlichen, ja rituellen Geschehens gab. Die Begrüßung von Martha Sills-Fuchs durch Lotte Ingrisch belegt, wie mit den Liedern der Barden, mit dem Zauber der Mythen auch das Charisma der Druidin seine Auferstehung feierte.

Die weise Frau

Auch sie kehrt wieder; warnend und weissagend, und übt ihren alten Zauber auf uns aus. Wo nur hat Martha Sills-Fuchs sich so lange verborgen?

Wir wissen wenig von ihr. In einem fremden Land erzog sie ein junges Mädchen zur Königin. Sie schrieb ein Buch über Paracelsus, führte in seinem Namen ein Haus des Heils in den Bergen, schloß Freundschaft mit Max Planck, und verheiratet war sie irgendwann, irgendwo auch. Mit Göttern, Geistern und Dämonen verkehrt sie mühelos. Sie weiß, unter welchen Hügeln die Feen leben, und ihr Geist streift durch viele Welten. »Wie groß sie ist!« dachte ich, als ich sie zum ersten Mal sah. Ich merkte erst, als sie neben mir ging, daß sie kleiner als ich war. Sie trägt keltische Ohrringe aus Gold, sie hat einen Löwenkopf, ihre Gestalt ist majestätisch, und sie ist älter als dieses Jahrhundert.

Älter auch als das Jahrtausend, und viel jünger zugleich. Ich nenne sie DIE DRUIDIN. Aber sie hat keinen Altar mehr. Oder doch?

Vielleicht wird der Kreis ihrer Leser zum neuen Carnac.

Es paßt ins Bild, daß diese neuzeitliche Druidin im Gebiet des alten keltischen Königreiches Norikum, der einzigen keltischen Staatsgründung der Geschichte, lebte und daß diese Gegend heute »Waldviertel« heißt.

In der Folge scharten sich die neuen Barden um den Verlag, der ihnen eine Plattform bot, um ihre Geschichten und Lieder der Öffentlichkeit im Medienzeitalter nahezubringen. Die Auftritte der neuzeitlichen Barden waren Ereignisse, bei denen sich die Teilnehmer in einer Gemeinschaft geborgen fühlen konnten und die ihnen einen sozialen Rahmen gab, um Ausgelassenheit und spirituelle Erfahrung miteinander zu verbinden. Auch damit wußte man sich auf den Spuren alter Tradition. Schon Ammianus Marcellinus berichtete: *»Die Barden feierten, begleitet von den süßen Weisen der Harfe, die Heldentaten berühmter Männer in epischen Gesängen.«*

Es war die hohe Zeit der Liedermacher und die Zeit der gefühlsbetonten, enthusiastischen Entdeckung einer Qualität innerer Erfahrung, die dem Menschen des wissenschaftlichen Zeitalters vordem verschlossen schien. Es war der Beginn einer »Liebesaffäre der Seele« – der erregenden Begegnung mit einem Teil von sich selbst, der aus den Fesseln des Rationalismus, der Effizienz, mit einem Wort: aus moderner »Coolness« befreit wurde. Kein Wunder, daß sich jetzt auch die Popmusik der Inhalte der Bewegung annahm. So sang 1984 der walisische Barde und Popsänger Dafydd Iwan ein kymrisches Lied, »Mae Hireath«. Dieser Titel ist eigentlich nicht ins Deutsche zu übersetzen, denn im Kymrischen bedeutet er zugleich *Heimat, Herdfeuer und Erbe*:

Mein Herz sehnt sich nach dem Gestern, das nicht wiederkehrt.
Und meine Seele trauert um die Vergangenheit.
Ich beweine die, die weggegangen sind,
Dunkle Schatten wirft die Erinnerung.
Ich such' in den Bergen, ich such' in den Tälern.
Ich ergründe den Fluß, ich betrachte den See.
Ich warte, hoffe, will mein Erbe finden.
Der Wind in den Zweigen erzählt von unglücklichen Zeiten
Als die Landlords die Erde ausspreßten.
Das Rauschen redet leise von des armen Mannes Pein,

Vom Opfer kurzer Leben und langer, harter Tage.
Doch das Wasser von den Bergen spricht von Glück und frohem Sinn,
Über Stolz und Frohlocken unter dem Joch.
Und die Fluten des Flusses erzählen, wie die englischen Unterdrücker nicht vermochten,
Das brave Herz meines geliebten Landes zu brechen.
Und da, da seh' ich mein Erbe.

»Bedarf von unten«

Mittlerweile haben sich die Wogen des Gefühls, auf denen sich die »neuen Kelten« seinerzeit förmlich davontragen ließen, etwas geglättet. Die Verbindung von Politik und Begeisterung für das vorchristliche Heimaterbe hat an Brisanz verloren. Die Bewegung als ganze ist aber eher stärker geworden. Einschlägiges Gedankengut wanderte in viele kleine Zirkel, die im Keltentum jene inneren Werte finden, die unserer Zeit nach der Meinung von immer mehr Menschen verlorenzugehen drohen. Ein sicheres Zeichen für einen »Bedarf von unten« sind die immer zahlreicher werdenden Bücher über Geschichte, Kultur, Weisheit und Mythen der Kelten, deren Klappentexte sie oft als »praktische Handbücher« ausweisen. Die Verbreitung des Keltischen reicht mittlerweile weit in unseren Alltag hinein, sogar in die Mode und das aktuelle graphische Design. Wenn das öffentliche Interesse an den Kelten alles andere als eine Eintagsfliege ist, dürfte es sich lohnen, zu fragen: Gibt es eine echte Kontinuität des Keltentums, über die tiefen Gräben der Jahrhunderte und nationalstaatlichen Grenzen hinweg – eine historische Kontinuität, also nicht nur im Geiste, sondern ganz konkret als Traditionslinien, in denen das Wissen weitergegeben wurde, oder doch wenigstens in Form von identifizierbaren Persönlichkeiten oder Gruppen, die sozusagen als Bannerträger eines kulturellen Erbes gelten können, das sie erfolgreich vor dem Aussterben bewahren? Der Blick in die Geschichte zeigt, daß diese Frage eindeutig mit ja zu beantworten ist. Die neuen Barden der achtziger Jahre des 20. Jh. kamen keineswegs aus dem historischen Nichts. Sie konnten sich ganz legitim auf Vorgänger berufen, welche die Fackel des Keltentums selbst im Zeitalter des Rationalismus immer wieder erfolgreich vor dem endgültigen Erlöschen bewahrt haben. Das vielleicht eindrucksvollste Beispiel für die kontinuierliche Aktivität eines neuzeitlichen Druidentums stammt aus Wales, von jeher eine regionale Hochburg keltischer Kultur. Seit 1792 treffen sich dort jedes Jahr an den Tagen der Sonnenwende die Barden und Druiden zum *Gorsedd*, der Versammlung der walisischen Kelten. Ebenfalls im 18. Jahrhundert wurde der »Göttinger Hain« gegründet, ein Dichterbund, der Klopstock und Ossian verehrte, und dessen Mitglieder sich gegenseitig mit Bardennamen ansprachen. Göttingen ist bis in die heutige Zeit ein regionales Zentrum des Interesses am Keltentum geblieben. Dort fand Mitte der fünfziger Jahre, also lange bevor die »alternative Bewegung« keltisches Liedgut entdeckte, ein Bardentreffen statt.

In der Verlagsszene der Universitätsstadt hinterließ die Kelten-Renaissance der siebziger Jahre ebenfalls ihre Spuren: Im Verlag Bert Schlender erschien eine »Keltische Reihe«,die ließ seinerzeit in liebevoll aufgemachten Editionen alte und neue Bardenstimmen erklingen, darunter Marisa Reys gesammelte *Galizische Märchen aus dem Matriarchat*, Edna O'Briens mythendurchwobene autobiographische Erzählung *Mother Ireland*, die Gedichte junger gälischer Dichter unter dem Titel *Schottische Gedichte: Bäume* und das von der gallischen Autorin Paule del Sol zu neuem Leben erweckte *Keltische Baumhoroskop*, das seither zum stillen Bestseller und in der Folge von vielen Verlagen abgeschrieben wurde.

In der Zwischenzeit versammelten sich auf der Burg Waldeck im Hunsrück jährlich die neuen Barden, die sich, dem Zeitgeist folgend, »Liedermacher« nannten, zum fröhlichen Wettstreit. Sie traten in die Fußstapfen der Wandervögel und Bündischen, die in den ersten Jahrzehnten des 20. Jh. die entlegensten Schlupfwinkel unserer keltischen Vorfahren in Irland, Schottland, der Bretagne und vielen anderen

Ländern durchstreift hatten. Dabei erweckten sie die alten Sagen und Mären der Barden vom Zauberer Merlin, von König Artus und den Rittern seiner Tafelrunde sowie vom Gral zu neuem Leben. Diese umherziehenden Spielleute der neuen Zeit besorgten die Neugestaltung der mittelalterlichen Mythen. Einer von Ihnen war der Schriftsteller, Wandervogel und Liederdichter Werner Helwig. Er entdeckte schon früh seinen *Ossian* und die anderen mythischen Erzählungen der Iren und Gälen und schrieb dazu:

> *Dieser wunderliche Roman, der heute nur noch in Universitätsbibliotheken und Fachzeitschriften für Celtologie ein Dasein fristet, er war es, der mich in den Bann der gälischen, kymrischen, urkeltischen Sagentrümmer zog und mir die Lust eingab, mich in diesen Stoffen umzutun und aus ihnen ein Bild zusammenzuziehen, darin – vielleicht – das Ur-Irische in Erscheinung träte. Eine Geschichte entstand, eine wiederum »gefälschte« Sage.*
>
> (Werner Helwig in »Die Waldschlacht – Eine Saga.« 1959)

Barden unserer Zeit

Ein moderner Barde, der Weltruhm erlangte, ist J.R.R. Tolkien (1892 - 1973), der Verfasser des Märchenromans *Der Herr der Ringe*. Professor für germanische Philologie in Oxford, eine Kapazität auf seinem Gebiet, beschäftigte er sich mit den erhaltenen mittelalterlichen Überlieferungen und erschuf in bester Bardentradition eine phantasievolle Neufassung des keltischen Weltbildes. Der weltweite Erfolg seiner Anderswelt »Mittelerde« wurde inzwischen in drei Teilen kongenial verfilmt und führte Millionen von Menschen in die Gedanken- und Vorstellungswelt der Kelten.

R. E. Howard (1906 - 1936), der Schöpfer des hyperboreischen Recken Conan, der sich bis heute so erfolgreich durch unsere Comic- und Fernsehkultur kämpft, war stolz darauf, daß seine Familie von den halbmythischen irischen Barden und Helden abstammte; sein Biograph G. Lord bezeichnet ihn sogar als »The Last Celt«. (G. Lord: *A Biography of R.E. Howard* 1976)

Auch Harold Foster, der 1937 seinen ersten *Prince Valiant* (Prinz Eisenherz) veröffentlichte und ihn bis heute viele Abenteuer, vor allem zusammen mit den Rittern des Artushofes, erleben ließ, ist in die Reihe bardischer Erzähler unserer Zeit zu stellen. Der alte Ausspruch »Die Barden sind unter uns!« hat durchaus seine Berechtigung. Nur daß sie heute nicht mehr unbedingt zur Leier greifen müssen, sondern Romane schreiben, Comics zeichnen und Filme drehen können. Derrick de Kerckhove hat die perfekte Verschmelzung zwischen Medienkultur und dem kreativen Rückgriff auf die Keltenwelt eindrucksvoll auf den Punkt gebracht:

> *Die Macht des keltischen Images, das durch Asterix in alle Altersgruppen und in alle soziokulturellen und sprachlichen Bereiche dringt, gibt seinen Schöpfern, Goscinny und Uderzo, quasi den Status von Barden in unserem globalen Stamm. Sie sind die Geschichtenzeichner, die uns gesungene Erzählungen bildlich vor Augen führen und Tanz in Farbe übertragen. Und sie machen es fröhlich, das heißt durchaus keltisch.*

Die vielleicht schönste Bardenstimme der Neuzeit erklang völlig unvermittelt, aus dem mythischen Nebel eines persönlichen Geheimnisses heraus tönend, und schon im Jahre 1894:

> *Ich bin vor mehr als tausend Jahren in dem fernen Reich des Gälentums geboren, das als die Hügel der Träume bekannt ist. Dort habe ich den größten Teil meines Lebens verbracht. Der Name meines Vaters ist Romantik, und meine Mutter heißt Traum. Ich besitze kein Bild meiner Heimat, doch ist diese leicht zu finden, denn sie liegt genau unter der Wölbung des Regenbogens im Westen.*

Fiona McLeod veröffentlichte seinerzeit »Pharais – eine keltische Romanze«. Die Wirkung war überwältigend, und die Verfasserin wurde damit augenblicklich zur führenden Vertreterin der schottischen Hochland-Gälen. Sie lieferte den ersten herausragenden Beitrag zur Renaissance des Keltentums von schottischer Seite.

Wenig später gründeten William Butler Yeats und Lady Gregory in Irland die Gälische Liga. Yeats, späterer Nobelpreisträger für Literatur, der sich in dieser Schaffensphase selbst als Barden-Dichter sah, feierte Fiona McLeod geradezu überschwenglich:

> *Fiona McLeod hat, im Unterschied zu anderen Autoren, die Handlungen von Männern und Frauen darstellen, die Kunst des Mythenschöpfers wiederentdeckt und gibt den Freuden und Leiden eine sichtbare Form, läßt diese wie Realitäten erscheinen und Männer und Frauen dagegen wie Illusionen. Geister wie sie haben Aphrodite aus Liebe und Meeresschaum entstehen lassen und Prometheus aus dem menschlichen Denken und seiner Ähnlichkeit mit einer lodernden Flamme.*

Die mysteriöse Fiona McLeod – die eigentlich ein Mann war und William Sharp hieß – sagte von sich selbst:

> *Ich würde für mich sagen, daß ich nicht alte keltische Schilderungen von tragischer Schönheit und Schicksalhaftigkeit reproduzieren will, sondern in der Natur, im Leben und in dem gleitenden Gedanken der zeitlosen Vorstellungskraft jene Art von Schönheit suche, die von den keltischen Poeten entdeckt und zum Ausdruck gebracht wurde. In jenen alten Tagen gab es Dichter und Mythenschreiber – und auch heute wird ein neuer Mythos gewoben, obwohl wir ihn nicht mehr mit dem alten Erstaunen betrachten mögen oder aus diesem heraus die Kräfte der Natur und ihre schweigenden und rätselhaften Prozesse mittels der Vorstellungskraft formen und nachmalen.*

Viel Inspiration empfing Fiona McLeod durch die Freundschaft mit Dante Gabriel Rossetti, dem Dichter und Maler der Präraffaelitischen Bruderschaft. Dieser Künstlerbund hatte sich eine idealistische und symbolistische Kunstauffassung auf die Fahnen geschrieben und entdeckte die alten Grals- und Artusmythen für die Malerei neu. Damit knüpfte man fast nahtlos an die Ossian-Begeisterung und die Ideen der »Ancients«, wie William Blake, Samuel Palmer oder Edward Calvert an. Die Präraffaeliten lehnten die *»realistische und rationalistisch bestimmte Haltung des ausgehenden neunzehnten Jahrhunderts ab und setzten dieser Werte wie Schönheit, Natur, Inspiration, Traum und Mystifikation entgegen«* (Sylvia Luetjohann in: Fiona McLeod, *Das ferne Land*, 1986)

Der Untertitel einer Geschichtensammlung McLeods, *Barbarische Geschichten und Mythen aus alten keltischen Zeiten, in Träumen von Schönheit wieder eingefangen* offenbart die verinnerlichte Qualität der geistigen Verbundenheit mit den Überlieferungen der Barden. Auch das Pseudonym »Fiona McLeod« wurde natürlich bewußt und gezielt gewählt: Fiona ist die Verkleinerungsform des alten keltischen Vornamens Fionaghal (Flora) und bedeutet »schönes Mädchen«. Aber gleichzeitig ist »Fiona McLeod« auch eine historische Figur, nämlich die weniger bekannte Schwester der berühmten schottischen Liederdichterin Mary McLeod aus dem 16. Jh. Sie wurde *Neghean Alasdair Ruadh* (Tochter Alasdair des Roten) genannt, und es ist ihre poetische Seele, die nun durch William Sharp wiedererweckt wurde.

In rascher Folge erschienen weitere Gedichte, Erzählungen, Geschichten und Romanzen. Noch zu Lebzeiten stellte Fiona McLeod eigenhändig eine dreibändige Ausgabe zusammen: *Barbarische Geschichten, Spirituelle Erzählungen, Tragische Romanze«*. Im Jahre 1905 verstummte die Stimme dieser wundervollen Bardin in einem großen Dichter englischer Sprache für immer. Wie ein Epitaph wirkt diese zauberhafte Beschreibung des eigenen Werkes:

Die meisten dieser Geschichten sind aus dem Geist der grauen wandernden Woge des fernen schottischen Westens gewoben und sie alle sind vom Wind des gälischen Geistes berührt, der überall nach Grenzenlosigkeit sucht, doch in der Begrenztheit der Dinge, wie sie nun einmal sind, sich der trüben Verzauberung der Träume zuwendet. Und was sind diese anderes, ob sie nun von den kummervollen Abgründen eines einzelnen Herzens handeln oder von der Müdigkeit unzähliger Geister im Labyrinth von Zeit und Schicksal, als Träume, als hin- und herflimmernde Traumbilder; mit denen der Gäle seit mehr als tausend Jahren den Leiden und Ungerechtigkeiten eines tragischen Schicksals entgegengetreten ist: das ungreifbare Gut, das er ständig erschafft und wieder auflöst, so wie der Maiwind das Gold des Ginsters sammelt und verstreut …

Mannweiber und Königinnen: Die »starken« Frauen der Kelten

Königinnen und Kriegerinnen, tapfere, geschickte und listige Frauen begegnen uns nicht nur in den keltischen Legenden. Wir wissen, daß viele keltische Stämme von einer Frau geführt wurden. Tacitus schrieb dazu: *Sie (die Britannier) machen in der herrschenden Stellung zwischen den Geschlechtern keinen Unterschied.* (aus: Tacitus, Historien. 1959)

Bei den Kelten gab es auch Heerführerinnen und Kriegerinnen. Wie furchterregend diese auf die Römer wirkten, zeigt die Schilderung des Römers Ammianus Marcellinus aus dem 4. Jh. n. Chr.:

> *Die Gallier sind streitsüchtig und arrogant bis zum Exzeß. Jeder Beliebige von ihnen bietet in einer Streiterei immer zugleich mehreren Gegnern die Stirn, und dies ohne eine weitere Hilfe als der Unterstützung seiner Frau, die ein noch fürchterlicherer Meister im Kampf ist als er: Man muß diese Mannweiber einmal mit eigenen Augen gesehen haben, wenn ihre Halsschlagadern im Zorn anschwellen, sie ihre schneeweißen und muskulösen Arme schwingen, ihre Fäuste und Füße einsetzen und Schläge und Tritte losprasseln lassen, die wie von einem Katapult abgeschossen wirken.*
> (zitiert nach Jean Markale: *Die keltische Frau.* 1984)

Die Frauen der Inselkelten durften regieren und herausragende Stellungen im politischen, religiösen und künstlerischen Leben einnehmen. Sie übten auch Berufe aus, waren Richterinnen, Kriegerinnen und Druidinnen. Sie nahmen an Ratsversammlungen teil und leiteten diese. Bei den Verhandlungen mit dem karthagischen Feldherrn Hannibal wurden sie als Schiedsrichterinnen eingesetzt. Am deutlichsten wird die Stellung der keltischen Frau jedoch in den Rechtsangelegenheiten des Alltags. Die Aufzeichnungen des keltischen Rechtssystems, das »Recht von Brehon« aus dem 5. Jh. n. Chr., sind erhalten geblieben und geben Aufschluß über die erstaunlich gleichberechtigte Situation der keltischen Frauen. (Das älteste erhaltene keltische Rechtssystem ist das »Recht von Brehon«, eine Ableitung des keltischen Breitheam, was »Richter« bedeutet. Die erste Zusammenfassung und schriftliche Niederlegung dieser Gesetze erfolgte unter der Regierung des Hochkönigs Laoghaire (428 - 436 n. Chr.). Der Hochkönig Ollamh Fódhla gründete das alle drei Jahre stattfindende Fest von Tara, das Féis Tembrach, bei dem die Gesetze diskutiert und überarbeitet wurden.)

Die Inselkeltinnen hatten das Recht, sich ihren Ehemann selbst auszusuchen und durften nicht gegen ihren Willen verheiratet werden. Zwar zahlte der Bräutigam einen Kaufpreis an den Vater der Braut, damit erwarb er sich aber nur das Recht auf ihren Körper und die gemeinsamen Kinder, nicht aber auf ihren Besitz. Außerdem wurden die Kinder nach der Frau benannt.

In den Sagen der Inselkelten läßt sich die Verschiebung vom Matriarchat zum Patriarchat anhand der Namen der Helden deutlich ablesen. In den frühen Sagen werden die Helden noch als Söhne oder Töchter einer Frau bezeichnet. Der Name des geheimnisvollen Volkes der Tuatha de Danann bedeutet, wie bereits erwähnt, nichts anderes als »Kinder der Göttin Danu«. In den späteren Sagen tragen die Helden nur noch den Namen des Vaters. Cäsar beschreibt die Kelten im *Gallischen Krieg* geradezu als Erfinder der ehelichen Zugewinngemeinschaft:

> *Möchte ein Mann eine Frau ehelichen, so hat er eine bestimmte Summe zu zahlen; aber auch die Frau hat ihrerseits einen Betrag gleicher Höhe zu entrichten. Jährlich wird das Vermögen der beiden Parteien geschätzt. Die Gewinne (»Früchte«), die daraus hervorgehen, werden aufbewahrt, und der jeweils überlebende Partner erhält nur seinen ursprünglichen Anteil zurück, zuzüglich der im Lauf der Zeit erzielten Gewinne.*

Das ermöglichte der keltischen Frau selbst in der Ehe finanzielle Unabhängigkeit. Und das war eine wichtige Voraussetzung für einen weiteren Punkt. Die Ehe galt bei den Kelten nicht als unauflösbar. Die Scheidung konnte von beiden Partnern eingereicht werden. Beging die Frau Ehebruch, galten die daraus entstandenen Kinder als Kinder ihres Ehemannes, es sei denn, der Vater der Kinder kaufte dem Ehemann dieses Recht ab. Beging der Mann Ehebruch, konnte die Frau die sofortige Scheidung fordern. In späteren Jahrhunderten verloren die Frauen dieses Recht. In Britannien wie im restlichen Europa konnte sich der Mann scheiden lassen, wenn die Frau Ehebruch beging, nicht aber umgekehrt. Die Keltinnen verfügten in diesem Punkt über wesentlich mehr Rechte als ihre späteren Geschlechtsgenossinnen.

Auch die Scheidung in beiderseitigem Einverständnis war möglich. Wenn eine Frau verlassen, belästigt oder schlecht behandelt wurde, hatte sie zudem Anspruch auf Schadensersatz. Allerdings war der »Ehrenpreis«, der der Frau zustand, nur halb so hoch wie der des Mannes.

Die Gleichstellung der Geschlechter galt aber auch bei den Kelten nicht in allen Punkten. Ein keltischer Mann konnte mehrere Frauen heiraten, keltische Frauen aber nur einen Mann. Wenn der Mann sich eine zweite Frau nehmen wollte, mußte er den »Kaufpreis« für diese Frau an seine erste Frau zahlen.

Die Frauen in Griechenland hatten beispielsweise im Vergleich zu den keltischen Frauen nahezu keine Rechte. Sie wohnten in abgetrennten Frauengemächern und durften das Haus nicht verlassen. Sie hatten kein Recht, Land zu besitzen oder zu erben. Die Ehemänner bestimmten über sämtliche Belange ihrer Frauen. Sie waren »bewegliches Eigentum«. Starb ein Mann, gehörten seine Frau und Tochter zur Erbmasse.

Römische Frauen verfügten zumindest über etwas mehr Rechte als die Griechinnen. Sie durften das Haus verlassen und die Mahlzeiten gemeinsam mit ihrem Mann einnehmen. Allerdings verfügten auch sie nach der Heirat über keinerlei Eigentum. Sie selbst und alles, was sie besaßen, gingen in den Besitz des Ehemannes über. Geschäfte durften sie nur zusammen mit einem männlichen Vormund tätigen. Die Vorstellung, daß eine Römerin oder Griechin die Geschicke ihres Landes lenkte, war undenkbar.

In welchem Maße eine keltische Frau ihrem Mann gleichgestellt war, wurde weitgehend von ihrer sozialen Stellung bestimmt. Es gab drei verschiedene Formen von ehelichen Verbindungen. Im ersten Fall war die Frau genauso vermögend wie ihr Mann und stammte aus derselben Schicht. In diesem Fall war sie ihm vollkommen gleichgestellt und konnte eigenständig Verträge abschließen. Stammte die Frau aus einer niedrigeren gesellschaftlichen Schicht als ihr Mann und besaß sie ein geringeres Vermögen, waren ihre Rechte stark eingeschränkt. Aber auch diese Frauen konnten die Verträge ihres Mannes anfechten, wenn sie töricht waren. War, im umgekehrten Fall, die Frau vermögender als ihr Ehemann, so galt sie als Oberhaupt des Ehepaares und der Familie. Der Mann erhielt den Status des *fer fognama*, des »dienenden Mannes«, oder sogar des *fer for ban thincur*, was soviel hieß wie »Untertan einer Frau.« (Vgl. Jean Markale, *Die keltische Frau. Mythos, Geschichte, soziale Stellung*. 1984)

Wie wichtig es war, welcher der Ehepartner über das größere Vermögen verfügte und entsprechend das Sagen in der Ehe hatte, zeigt die folgende berühmte Episode aus der Geschichte des »Rinderraubs von Cuailnge« (*Táin Bó Cuailnge*), in dessen Verlauf die Königin Medb verbissen um einen Stier kämpft, der ebenso wertvoll ist wie der Stier ihres Mannes Ailill.

Das Kopfkissengespräch von Ailill und Medb

Eines Abends lagen der König Ailill und seine Königin Medb in ihrem Schlafgemach und unterhielten sich. Dieses Gespräch wurde als das berühmte »Gespräch auf dem Kopfkissen« bekannt und brachte großes Leid über die Völker von Connacht und Ulster. »Meine Liebe«, sagte Ailill, »die Leute haben schon recht, wenn sie sagen, daß ein tüchtiger Mann eine wohlversorgte Frau hat.«

»Wie meinst du das?« entgegnete Medb scharf.

»Nun, du kannst doch nicht bestreiten, daß du heute viel besser gestellt bist als damals, als ich dich zur Frau nahm«, erwiderte Ailill.

»Du nahmst mich zur Frau?« fragte Medb.

»Du kannst doch nicht leugnen, daß du zwar eigenen Besitz hattest, aber keinen Tag vor den Angriffen deiner Nachbarn sicher warst«, antwortete Ailill trotzig.

»Da irrst du dich aber gewaltig«, erwiderte Medb erzürnt. »Zwar bin ich die jüngste der sechs Töchter meines Vaters, doch bin ich bei weitem die vornehmste und großzügigste. Ich zog wie ein Mann in den Kampf und befahl über fünfzehnhundert Krieger. Viele Männer haben sich um meine Hand beworben, darunter auch der König Conchobar, den ich aber wieder verließ, weil er sich mir nicht unterordnen wollte. Du weißt ja, daß ich nur einen Mann in meinem Bett dulden kann, der mir an Großzügigkeit und Tapferkeit ebenbürtig ist. Und das warst nur du, mein Gemahl. Im übrigen ist mein Besitz viel größer als deiner!

»Das bezweifle ich«, entgegnete Ailill, »keiner im Land besitzt mehr Reichtümer und Schätze als ich«.

»Das werden wir morgen abschätzen«, antwortete Medb. Am nächsten Morgen ließ Medb ihren ganzen Besitz vor Ailill ausbreiten. Sie zeigte ihm alle ihre Schätze und Reichtümer und ließ all ihre Herden an ihm vorüberziehen. Ailill tat es ihr gleich, und es stellte sich heraus, daß sie beide über gleich viele Schätze verfügten. Einzig bei den Tieren konnte Ailil Medb übertrumpfen. Er besaß einen prächtigen Stier. Dieser war von einer Kuh Medbs geboren worden, wollte sich aber nicht unter Kühen aufhalten und war deshalb in die Herde des Königs gewechselt. Dieser Stier hieß Findbennach, der »Weißhörnige«. Die Königin wollte nun einen ebenso wertvollen Stier in ihren Besitz bringen, wie der ihres Mannes einer war. Sie erfuhr von dem braunen Stier Don de Cuailnge, der sich im Besitz des Dare von Ulster befand. Medb ließ Boten ausschicken, die Dare Medbs Angebot darlegen sollten, den Stier für einen hohen Preis zu kaufen. Die Boten führten *den Auftrag aus. Auf dem Rückweg betranken sie sich und prahlten in ihrem Rausch, daß sie den Stier notfalls auch mit Gewalt holen würden. Das wurde Dare zugetragen, der daraufhin die Herausgabe des Stiers verweigerte. Die Königin Medb wollte den Stier aber um jeden Preis besitzen. Also ließ sie aufrüsten und zog gegen Ulster in den Krieg. Daraus entwickelte sich eine große Schlacht, in welcher der Held Cuchulain die Furt neun Tage lang allein gegen Medbs Heer verteidigte, während die Helden von Ulster unter der Schwäche litten, die Machas Fluch über sie verhängt hatte.* (siehe auch »Macha und Crunnchu«, Seite 47)

Diese Geschichte steht exemplarisch für die große Macht der keltischen Frauen und für das Schwinden dieser Macht. Die Königin Medb ist ihrem Manne in allem ebenbürtig, bis auf eine Kleinigkeit. Der König Ailill besitzt einen prächtigen Stier und die Königin nicht. Die Situation ist um so pikanter, da der Stier ursprünglich der Königin gehörte und aus eigenem Antrieb ins männliche Lager wechselte. »Er hatte es nicht für ehrenvoll gehalten, bei Frauengut zu sein.« (R. Thurneysen, *Die irische Helden- und Königssage*. 1921)

Um dem König wieder gleichgestellt zu sein, muß Medb einen Stier erwerben. Die törichte Prahlerei ihrer Männer verhindert einen ehrlichen Tausch, und so zieht die Königin ins Feld, um sich den Stier mit Waffengewalt zu holen. Der daraus entstandene Krieg zwischen Medb und dem König Conchobar von Ulster droht beide Stämme fast vollkommen auszulöschen. Medb verliert den Krieg und alles was ihr wichtig ist, obwohl sie anfangs noch durch die Macht der Göttin unterstützt wird. Sie zieht gegen jene Krieger ins Feld, die einst die schwangere Macha zu einem Wettrennen mit den königlichen Pferden zwangen. Macha verfluchte die Krieger daraufhin, daß sie neun Tage lang an einer Kindbettschwäche leiden sollten, gerade dann, wenn sie ihre männliche Kraft am nötigsten bräuchten. Und so geschah es auch. Als Medbs Heer näherrückte, verfielen die Krieger von Ulster in eine tiefe Schwäche und konnten nicht mehr aufstehen. Einzig Cuchulain, der

Sohn des Gottes Lug, war von dem Fluch ausgenommen. Neun Tage und neun Nächte verteidigte er eine Furt ganz allein gegen ein ganzes Heer. Mit seinem Sieg sicherte er die Vormachtstellung der Ulster-Krieger in Irland und auch die Herrschaft des männlichen Prinzips.

Mit dem Einzug des Christentums endete die Gleichberechtigung für die Frauen der Inselkelten. Seit dem 5. Jh. n. Chr. existierte, parallel zum einheimischen Gesetz, dem »Recht von Brehon«, ein Kirchengesetz in Irland. Die beiden Rechtssysteme klafften gerade in Fragen der Sexualität stark auseinander. Vieles, was die Rolle der Frau und ihre Sexualität betraf, wurde vom kirchlichen Recht kriminalisiert. Eine Episode des römischen Geschichtsschreibers Cassius Dio (*um 155 - 235) illustriert den Unterschied der beiden Rechtsauffassungen sehr schön: Die römische Kaiserin Julia Augusta äußerte im 3. Jh. n. Chr. gegenüber Argentocoxos, der Frau eines nördlichen Stammesfürsten, daß es den keltischen Frauen an Moral fehle, da sie sich ihre Männer und Geliebten selbst aussuchen dürften und dies auch ohne Heimlichtuerei taten. Laut Cassius Dio drehte sich Argentocoxos zur Kaiserin um und antwortete ihr würdevoll: *»Wir keltischen Frauen gehorchen den Anforderungen der Natur auf eine viel moralischere Weise als die Frauen Roms. Wir verkehren in aller Offenheit mit den besten Männern, aber ihr in Rom laßt zu, daß ihr im Geheimen von den übelsten Männern verdorben werdet.«* (Peter Berresford Ellis, *Celtic women. Women in Celtic Society and Literature.* 1995)

Von Boudicca zur »Prinzessin von Vix«: Keltische Königinnen in der Geschichte

Die wohl bekannteste keltische Königin ist Boudicca, die Königin der Icener, eines keltischen Stammes im Gebiet der heutigen Grafschaft Norfolk in Ostengland. Nach dem Tod ihres Mannes, des Fürsten Prasutagus, weigerten sich die Römer, den Rechtsanspruch der keltischen Königin anzuerkennen. Sie fielen über ihr Reich her, peitschten die

Königin Boudicca aus und vergewaltigten ihre beiden Töchter. Um diese Taten zu rächen, versammelte Boudicca im Jahre 61 n. Chr. ein Heer aus den südlichen Stämmen Britanniens um sich und zog gegen die Römer ins Feld. Sie saß auf einem Streitwagen, ihr zu Füßen ihre beiden Töchter, und feuerte die Kämpfenden an. Ihren Anblick beschrieb der römische Geschichtsschreiber Cassius Dio wie folgt:

> *Boudicca war von hohem Wuchs, schreckenerregendem Anblick und mit einer rauhen Stimme begabt. Eine Flut leuchtendroten Haares fiel ihr bis zu den Knien herab. Sie trug ein aus verschnörkelten Gliedern zusammengesetztes goldenes Halsband, ein vielfarbenes Gewand und darüber einen dicken, von einer Brosche zusammen gehaltenen Umhang. Nun ergriff sie einen langen Speer; um bei allen, die sie beobachteten, Furcht zu erregen.*
>
> (Cassius Dio, *Römische Geschichte*. Übersetzt von Otto Weh 1987)

Der Anblick einer kämpfenden Frau war für die Römer ebenso befremdlich wie furchterregend – und um so mehr eine Frau, die ein Heer anführte! Boudicca eroberte mit ihren Kriegern die römischen Städte Colchester, London und St. Albans und legte sie in Schutt und Asche. In einer zweiten Schlacht wurde Boudicca vom römischen Statthalter Suetonius Paulinus vernichtend geschlagen. Laut Tacitus beging sie daraufhin Selbstmord. Aber die Gerüchte um ihren Tod rissen niemals ab. Später wurde Boudicca als Kriegsgöttin verehrt. Die Vergewaltigung einer Frau war eine so große Schande, daß sie nicht ungesühnt bleiben durfte. Das zeigt auch das Beispiel der Galaterin Chiomara. Sie war die Frau von Ortagion, des Häuptlings der Tolisoboii. Chiomara wurde 189 v. Chr. während des Feldzugs des römischen Consuls Manlius Vulso gefangengenommen und von einem Centurio vergewaltigt. Anschließend versprach ihr der Centurio, sie gegen ein Lösegeld freizulassen. Bei der Übergabe des Lösegeldes befahl Chiomara ihren Landsleuten, den Mann zu enthaupten, der ihr diese Schmach zugefügt hatte. Den Kopf des Feindes im Gewande verborgen, trat sie vor ihren Gemahl. Als sie ihm das Haupt vor die Füße warf, rief dieser erschrocken: *»Es ist gut, Treu und Glauben zu bewahren!«* Sie antwortete ihm mit den Worten: »Besser ist, wenn nur ein Mann am Leben ist, der Verkehr mit mir hatte« (aus: Plybios, *Geschichte*. Eingeleitet und Übertragen von H. Drexler, 1961)

Marmorstatue von Boudicca und ihrer Töchter im Rathaus von Cardiff, Wales

Außer Boudicca gab es noch weitere historische Anführerinnen. Tacitus schrieb in seinen *Annales*: »Es ist dies nicht das erste Mal, daß Britannier von einer Frau in die Schlacht geführt werden.« Eine *Zeitgenossin Boudiccas* war *Cartimandua*, deren Name »Das geschmeidige Pferd« bedeutete. Sie herrschte von 43 bis 69 n. Chr. über die britannischen Briganten und galt als starke, entschlußkräftige Person. Ihr Mann Venutios wollte ihr die Krone streitig machen, daraufhin ließ sie sich von ihm scheiden und heiratete statt dessen seinen Wagenlenker Vellocatos. Cartimandua gelang es, ihren Machtanspruch zu behaupten, indem sie sich auf die Seite der Römer stellte. So lieferte sie den keltischen Widerstandskämpfer Caractacus, der bei ihr Zuflucht gesucht hatte, an die Römer aus.

Nicht nur bei den Inselkelten gab es Königinnen. So führte die keltische Stammensfürstin Onomaris den Galaterstamm Scordisi in die Schlacht gegen die Illyrer und schließlich bei ihren Wanderungen und Feldzügen nach Iberien. (aus: Peter Berresford Ellis. *Celtic women. Women in Celtic Society and Literature*. 1995)

Auch in der Bretagne durften Frauen die Königsherrschaft ausüben, sofern sie aus königlicher Familie stammten und für dieses Amt gewählt wurden.

Einen wichtigen Hinweis auf die gehobene soziale Stellung von Frauen lieferten auch die Funde von reich ausgestatteten Frauengräbern in der Pfalz, z. B. das Grab der Fürstin von Reinheim im Saarpfalzkreis und das Frauengrab von Worms-Herrnsheim. Das bekannteste Grab einer Frau ist das der »Prinzessin von Vix« bei Chatillon-sur-Seine. Die dort gefundenen Insignien ihrer gehobenen sozialen Stellung, besonders der kostbare Goldschmuck und das größte Weinmischgefäß der Antike, sind ein Hinweis auf ihren Status als Führerin. Die Grabbeigaben für Männer und Frauen der oberen Gesellschaftsschicht unterschieden sich kaum, was ein Hinweis auf die Gleichberechtigung der Geschlechter sein könnte.

Keltische Kriegerinnen in Mythos und Wirklichkeit

Ein irischer Rechtstext aus dem 7. Jh., das *Lex innocentium*, das »Gesetz der Unschuldigen«, das Adomnán 697 n. Chr. auf der Synode von Birr verabschieden ließ, schrieb die Gleichberechtigung von Mann und Frau fest. Neben vielen Bestimmungen, welche die Frauen und ihre Kinder schützen sollten, enthält dieses Gesetz auch das Verbot für Frauen, als Kriegerinnen zu kämpfen oder während einer Schlacht Führungspositionen einzunehmen. Angeblich diente auch dieser Passus ihrem Schutz. Der Auslöser dafür mag die folgende Geschichte gewesen sein, die aus einer zeitgenössischen Biographie Adomnáns stammt: Adomnán sei mit seiner Mutter Rónait über ein Schlachtfeld gegangen. Dort habe ihn der Anblick eines Kleinkindes entsetzt, das an der Brust seiner enthaupteten Mutter saugte: *»Über eine seiner Wangen strömte Milch, über die andere floß Blut.«* (aus: Peter Berresford Ellis, *Celtic women. Celtic Society and Literature*. 1995)

Natürlich läßt dieses Gesetz auch die andere Deutung zu, daß die männlichen Krieger keine andere Möglichkeit sahen, den Einfluß von Frauen in ihren Heeren zu vermindern, als ihn schlichtweg per Gesetz zu unterbinden.

In den Sagen der Inselkelten spielte aber eine Reihe von Kriegerinnen eine wichtige Rolle. Nachfolgend werden die wichtigsten vorgestellt.

Scáthach, die Schattenhafte

Die Amazone Scáthach wurde die »Dunkle« oder »die Schattenhafte« genannt. Die älteste Aufzeichnung dieser Legende, die *Verba Scáthaige*, »die Worte Scáthachs« findet sich in einer Handschrift aus dem 8. Jh. Der Erzählung nach wohnte Scáthach sehr weit von Irland entfernt, entweder in den Alpen oder in Alba (Schottland). Dort leitete sie eine Ausbildungsstätte für junge Krieger, die sie in der Waffenkunst unterrichtete. Ihr berühmtester Schüler war Cuchulain, der größte Held aus dem Ulster-Zyklus. Der Weg zu ihrer Ausbildungsstätte war beschwerlich und bedeutete für die jungen Krieger bereits eine erste Prüfung. Cuchulain mußte eine Brücke überqueren, die »dünn wie ein Haar, scharf wie ein Blattrand und glatt wie ein Aalschwanz« war. (Eine solche »Schwertbrücke« spielte auch später in den Artussagen eine wichtige Rolle.)

Betrat der Held die Brücke, so schnellte sie senkrecht in die Höhe. Cuchulain geriet darüber in seine gefürchtete »Heilige Raserei« und setzte mit seinem berühmten Hechtsprung über die Brücke hinweg. Auf der anderen Seite angelangt, begegnete Cuchulain Uathach, der Tochter Scáthachs. Sie wurde seine Geliebte und verriet Cuchulain, wie er ihre Mutter davon überzeugen konnte, ihn als Schüler anzunehmen. Cuchulain fand Scáthach beim Unterricht ihrer Söhne »in einer Eibe liegend« vor. Nachdem er ihr seinen Speer auf die blanke Brust gesetzt hatte, versprach sie, ihm drei Wünsche zu gewähren: erstens, ihn zu unterrichten, zweitens, ihm ihre Tochter Uathach ohne Brautpreis, also als Geliebte, zu überlassen – das war von besonderer Wichtigkeit, da Cuchulain die schöne und gewitzte Emer heiraten wollte; Emer würde ihn niemals heiraten, wenn sie nicht die erste Ehefrau wäre – und drittens, daß Scáthach ihm seine Zukunft weissagte.

Der letzte Wunsch zeigt, daß Scáthach auch über magische Fähigkeiten verfügte und wahrscheinlich eine Druidin war. Sie sagte Cuchulain die Geschehnisse des »Rinderraubs von Cuailnge« voraus.

Der Ausbildung bei der großen Waffenmeisterin Scáthach verdankte Cuchulain seine besonderen Fertigkeiten in der Kriegskunst, die ihn zum größten Helden Irlands machten. In manchen Sagen heißt es auch, daß Scáthach Cuchulain die Gunst ihrer Lenden schenkte. Auf jeden Fall gelang es ihm, ihre Widersacherin Aífe zu bezwingen, wie die folgende Geschichte erzählt.

Cuchulains Kampf gegen Aífe

Während Cuchulains Lehrzeit bei der Waffenmeisterin Scáthach wurde diese von der Fürstin eines anderen Volkes angegriffen: von Aífe, der großen Kriegerin. Scáthach schickte ihre beiden Söhne zum Kampf gegen Aífe, und Cuchulain ließ es sich nicht nehmen, die beiden zu begleiten. Sie führten schwere Kämpfe gegen Aífes Krieger, aber jeden Abend kehrte Cuchulain siegreich zurück und brachte Scáthach ihre Söhne unversehrt wieder. Schließlich rückte der Tag heran, an dem Cuchulain im Zweikampf gegen Aífe kämpfen sollte. Am Vorabend des Kampfes fragte er Scáthach: »Was ist es, was Aífe am allermeisten liebt?«

»Ihren Wagenlenker und ihre beiden herrlichen Pferde«, antwortete Scáthach.

Am nächsten Morgen machte sich Cuchulain auf den Weg zum Zweikampf. Er mußte einen Pfad im Gebirge passieren, auf dem nur ein einziger Mensch Platz hatte. Da kam ihm eine alte Frau entgegen und bat ihn, ihr Platz zu machen. Cuchulain ließ sich vom Weg herunter und hielt sich mit den Händen am Rand fest. Da trat ihm die Alte auf die Finger, um ihn zum Abstürzen zu bringen. Cuchulain wurde zornig, machte einen Hechtsprung und stand hinter der Frau.

Mit seinem Schwert hieb er ihr den Kopf ab. Ohne es zu wissen, hatte er die Mutter des Wagenlenkers getötet. Schließlich stand er Aífe auf dem schmalen Pfad gegenüber. Der Kampf der beiden währte nicht lange, da hatte Aífe Cuchulains Schwert zerschlagen. Nun war sein Leben ernsthaft in Gefahr. Da griff Cuchulain zu einer List. Er tat so, als würde er hinter ihr etwas Schreckliches erblicken und rief: »O seht, Euer Wagenlenker stürzt mit Euren Pferden in den Abgrund!« Aífe drehte sich nur einen winzigen Augenblick um, aber dieser Moment reichte, damit Cuchulain sich auf sie stürzen und sie sich über die Schulter werfen konnte. Mit schnellen Schritten trug er seine Beute in Scáthachs Lager. Dort warf er die Amazone zu Boden und setzte ihr einen Speer auf die Brust.

»Verschont mein Leben, und ich werde Eures verschonen«, bat Aífe.

»So soll es sein«, willigte Cuchulain ein, »aber Ihr müßt mir drei Wünsche gewähren«.

»Nennt Sie mir«, sagte Aífe.

»Folgende drei Wünsche habe ich«, begann Cuchulain, »erstens, daß Ihr Geiseln stellt und gelobt, Scáthach nie wieder anzugreifen, zweitens, daß Ihr heute Nacht mein Lager teilt, und drittens, daß Ihr mir einen Sohn gebärt.«

Aífe ging auf alle drei Wünsche ein und begab sich am Abend zu Cuchulains Lagerstatt. Als sie sich nach der Vereinigung voneinander trennten, sagte Aífe: »So ist es geschehen, Cuchulain, mein Besieger, ich habe von Euch empfangen und werde einen Knaben gebären. Wenn er alt genug ist, werde ich ihn zu Euch schicken, auf daß Ihr ihn als Vater anerkennen könnt.«

Cuchulain gab dem ungeborenen Kind im Mutterleib den Namen Conlai und reichte Aífe einen goldenen Ring mit den Worten: »An diesem Ring werde ich meinen Sohn erkennen, wenn er zu mir kommt.«

Daraufhin verabschiedeten sie sich voneinander. Zum Abschied überreichte Aífe Cuchulain noch ein Wurfeisen, das gae bulga. Sie schärfte ihm ein, diese gefährliche Waffe, die mit dem Fuß geschleudert wurde, nur im äußersten Notfall zu benutzen. Danach trennten sie sich.

Die Begegnung Cuchulains mit den beiden Kriegerinnen Scáthach und Aífe ist ein weiteres Beispiel für das langsame Schwinden des Matriarchats. Beide Amazonen verkörpern den Kriegsaspekt der Muttergöttin, während Cuchulain als Sohn des Sonnengottes Lug der »erste Vertreter eines neu geborenen männlichen Bewußtseins« war. (Vgl.: Ingeborg Clarus, *Keltische Mythen. Der Mensch und seine Anderswelt.* 1991) Er stammte aus der Provinz Ulster, der ersten Provinz Irlands, in der das Matriarchat an Einfluß verlor.

Zwar handelt es sich bei den Geschichten um den keltischen Sonnenheld Cuchulain eindeutig um Legenden, doch lassen sich einige der Gestalten zum Teil historisch erfassen. So wird angenommen, daß der bereits mehrfach erwähnte König Conchobar im 1. Jh. n. Chr. gelebt hat.

Der deutliche Übergang von einer mutterrechtlichen, also matriarchalen Gesellschaft zum Patriarchat während der Regierungszeit Conchobars zeigt sich in vielen Legenden auch an der Verwendung des Namenszusatzes. Während Conchobar den Namenszusatz seiner Mutter trägt, werden die jüngeren Helden, wie beispielsweise Cuchulain, nur noch nach der väterlichen Herkunft benannt. (Vgl. Ingeborg Clarus s. o.)

Cuchulain ist der Inbegriff einer neuen männlichen Ordnung. Seine Zeugung erinnert an den griechischen Göttervater Zeus: Der Sonnengott Lug schickte Dechtire, der Tochter des Druiden Cathbad, eine Fliege, die sie verschluckte. Anschließend erschien er ihr im Traum und teilte ihr mit, daß sie nun einen Sohn gebären würde. Dechtire verschwand daraufhin mit fünfzig Gefährtinnen spurlos im Wald. Neun Monate später wurde ein Säugling im Wald gefunden und auf den Namen Setanta getauft.

Die Parallelen dieser geistigen Befruchtung zur Zeugung Jesu sind nicht zu übersehen und wurden von den christlichen Mönchen durchaus aufgegriffen – um so mehr, da sich die Geschichte Cuchulains zeitgleich mit Geburt und Leben Jesu Christi abgespielt haben soll. Ebenso wie Jesus Christus ein »wahrer Mensch und wahrer Gott« war, galt Cuchulain als zugleich göttlicher und menschlicher Abkunft.

Seine ungewöhnliche Stärke bewies Cuchulain schon als Fünfjähriger, als er alle anderen Knaben im Kampf besiegte. Seinen Namen erhielt er, als er den ihn angreifenden Hund des Schmiedes Culann getötet hatte und sich selbst als Ersatz anbot. Cuchulain bedeutet »der Hund des Culann«.

Im Alter von sieben Jahren prophezeite ihm der Druide Cathbad, daß er ein gewaltiger Krieger werden würde, der zwar nicht lange leben, dessen Ruhm jedoch die Jahrhunderte überdauern würde. Kurz darauf tötete Cuchulain die drei Söhne der Nechta, einer Flußgöttin. Hier zeigte sich schon, daß Cuchulain als Verkörperung des männlichen Prinzips das weibliche Prinzip besiegen sollte, ein Motiv, das sich wie ein roter Faden durch die ganze Cuchulain-Sage zieht.

Die Legenden um Cuchulain markieren die Anfänge des Patriarchats bei den Inselkelten. Wirklich verschwunden ist die weibliche Macht mit der Christianisierung. Daß die Frauen ihre Autorität zu Cuchulains Zeit noch nicht gänzlich eingebüßt hatten, zeigt die Geschichte der ersten »Raserei des Kampfes«, in die Cuchulain verfiel, nachdem er die Söhne der Nechta erschlagen hatte. Erst der Anblick von fünfzig Frauen, die ihm entgegenkamen und dabei ihre Brüste entblößten, vermochte ihn aus seiner Raserei zu erwecken. Anschließend mußte der Knabe in drei Kübeln kalten Wassers baden. Der erste zersprang, als Cuchulain hineingesetzt wurde, im zweiten begann das Wasser zu kochen, und erst im dritten Kübel konnte sich der Siebenjährige abkühlen.

Schon Cuchulains Erscheinung war außergewöhnlich. Die Legenden berichten, daß er über sieben Pupillen und über je sieben Finger und Zehen verfügte, was symbolisch für seine physische und geistige Wendigkeit stand und auch als Schönheitssymbol galt.

Ein wichtiger Punkt in der Entwicklung des Helden war seine Begegnung mit den beiden Amazonen Scáthach und Aífe. Sie steht symbolisch für das Erstarken des männlichen Prinzips. Zunächst setzte er sich mit seinem Hechtsprung über die bestehende Ordnung hinweg. Um die Frauen aber wirklich bezwingen zu können, brauchte er eine (weibliche) Verbündete, die ihm die Schwachpunkte der jeweiligen Gegnerin verriet – nämlich das, was sie liebte. Er überrumpelte beide Kriegerinnen in einer Situation, in der sie von ihren Gefühlen geleitet wurden. Scáthach bezwang er, als sie bei ihren geliebten Söhnen lag; und Aífe wandte sich auf seinen Zuruf hin im Kampf um, als ihr Geliebter vermeintlich in den Abgrund stürzte. Cuchulain errang eine Art symbolischen Sieg des »männlichen Intellekts« über die »weiblichen Gefühle«. Beide Frauen bezwang Cuchulain, indem er ihnen die Spitze eines Speeres (!) auf die Brust setzte. Beide mußten sich seinen Wünschen fügen. Scáthach mußte ihm ihre Waffenkünste beibringen, woraufhin er durch die Kombination männlicher Kraft und weiblicher Kriegskunst zum »obersten Helden« Irlands wurde. Seine Vereinigung mit Aífe und eventuell mit Scáthach erinnert an den alten Brauch der »Heiligen Hochzeit«, in dem der König durch die Vereinigung mit der Seele des Landes, also der Göttin, welche die Oberhoheit besaß, zum rechtmäßigen Herrscher des Landes wurde. Cuchulain verlangt diese Vereinigung nun mit Gewalt, was eine Umkehrung der alten Ordnung darstellte. Die Tatsache, daß er damit Erfolg hatte, zeigt, daß das Matriarchat bereits stark an Einfluß verloren hatte. Aífe zwang er sogar, ihm einen Sohn zu gebären. Sowohl Scáthach als auch Aífe gaben ihre ursprüngliche weibliche Kraft gezwungenermaßen an Cuchulain weiter.

Den Verführungskünsten schöner Frauen blieb Cuchulain Zeit seines Lebens hilflos ausgeliefert. Einzig die Gunst der Kriegsgöttin Morrigan wies er zurück, was ebenfalls einen Verstoß gegen die weibliche Macht bedeutete.

Auch Cuchulain wurde zum Kampf in die Anderswelt gerufen. Dort erlag er den Reizen der schönen Fann und wäre beinahe in der Anderswelt geblieben. Die einzige Frau, die Cuchulain Respekt einflößte, war seine Frau Emer. Diese war sogar bereit, mit ihm zu kämpfen, falls er nicht von seiner Liebe zu Fann abließe.

Ein Hinweis darauf, daß die weibliche Ordnung noch nicht von der neuen männlichen Ordnung überwunden wurde, zeigt sich in der Art, wie Cuchulain starb. Er fand seinen einsamen Tod auf der Ebene von

Muirthernne, weil Machas Fluch die Männer von Ulster daran hinderte, ihm zur Hilfe zu kommen. So rächte sich Morrigan doch noch dafür, daß er sie abgewiesen hatte, denn Macha war neben Morrigan und Badh eine der drei Verkörperungen der Kriegsgöttin.

Emer

Selbst Cuchulain konnte nicht alle Frauen besiegen. Seine Meisterin fand er in Emer, die er nach seiner Ausbildung bei Scáthach heiratete. Er liebte seine Gattin aufrichtig, aber er liebte auch viele andere Frauen. Emer nahm die meisten seiner Affären gelassen hin, wußte sie doch, daß Cuchulain stets zu ihr zurückkehren würde. Das änderte sich erst, als Cuchulain sich in die schöne *Síde* Fann aus der Anderswelt verliebte. Fann zog ihn vollkommen in ihren Bann, und er lebte schon fast in der Anderswelt. Das konnte Emer nicht hinnehmen. Sie ließ fünfzig Dolche schleifen und zog mit ihren Frauen zu dem Platz, an dem sich Cuchulain zu einem Stelldichein mit Fann eingefunden hatte. Dort forderte sie erst Cuchulain zum Kampf heraus, um sich dann auf ihre Nebenbuhlerin zu stürzen. Cuchulain gelang es nicht, seine Geliebte vor seiner tobenden Gattin zu beschützen, und Fann zog sich in die Anderswelt zurück. Aber damit war das Problem noch nicht gelöst. Emer und Cuchulain verfielen beide in einen Liebeswahn – er aus Sehnsucht und sie aus Eifersucht. Erst als ihnen von den Druiden ein Trank des Vergessens gereicht wurde, gelang es beiden, die Frau aus der Anderswelt zu vergessen.

Aus einem anderen Kampf ging Emer jedoch als Siegerin hervor. Sie siegte im »Kampf der Worte«, wie er in der folgenden Geschichte beschrieben wird.

Das Fest des Bricriu

Bricriu war als Unruhestifter bekannt, weshalb er den Namen »Giftzunge« erhalten hatte. Eines Tages lud er zu einem großen Fest. Die

Vorbereitungen zu diesem Fest dauerten ein ganzes Jahr, der Festsaal wurde extra für diese Einladung errichtet. Aber die Männer von Ulster wollten nur ungern kommen. Erst als Bricriu ihnen drohte, nahmen sie die Einladung an. Kurz vor dem Fest nahm Bricriu die drei Helden Loegaire Buadach, Conall Cernach und Cuchulain einzeln beiseite und versprach jedem von ihnen den Ehrenplatz an der Tafel für den tapfersten Krieger. Als sich alle in den Festsaal begeben hatten, entbrannte zwischen den dreien ein heftiger Streit. Jeder von ihnen war der Ansicht, daß ihm allein der Ehrenplatz und das beste Stück Fleisch, die Heldenportion, gebührte. Die Helden wollten den Kampf um diesen Platz mit Waffengewalt austragen, aber der weise Sencha empfahl ihnen, die Heldenportion unter sich aufzuteilen und die Entscheidung, wer der größte Held sei, auf später zu vertagen. Sein Vorschlag wurde angenommen. Doch Bricriu, der erkannte, daß sein Versuch, Zwietracht zu säen, gescheitert war, besann sich nun auf einen neuen Plan. Er fing die Frauen der drei Helden einzeln vor der Tür ab und sagte jeder von ihnen, daß ihr allein der Vortritt vor allen Frauen Ulsters gebührte. Zuerst begaben sich die drei Frauen gemessenen Schrittes zur Tür des Festsaals. Als sie aber merkten, daß keine der anderen den Vortritt lassen wollte, rafften sie ihre Röcke und begannen zu rennen und sich gegenseitig anzurempeln. Ihre Männer versuchten, ihnen die Tür zu öffnen, aber Sencha, der befürchtete, daß unter den Männern ein neuer Kampf entbrennen könnte, ließ die Tür schließen. Die Damen Fedelm, Lennabair und Emer fochten daraufhin einen »Krieg der Worte« vor dem versammelten Publikum aus, in dem jede von ihnen die Errungenschaften und Fähigkeiten ihres Gatten rühmte. Emer schilderte Cuchulains Heldentaten in so schönen Worten, daß die Gäste im Saal verstummten, um keines ihrer Worte zu versäumen. Emer schloß ihre Rede mit den Worten, daß es keinen Mann in Erin gab, der sie nicht um ihre Hand gebeten hätte. Sie aber habe sich für Cuchulain entschieden, weil er der Beste unter ihnen war. So ging sie als Siegerin aus diesem Wettstreit der Frauen hervor.

Medb (Maeve), die Berauschende

Der Name Medb bedeutet »die Berauschte« oder »die Berauschende«. In den irischen Sagen kennt man zwei verschiedene Figuren namens Medb. Die erste, Medb von Leinster, war nacheinander mit neun Hochkönigen verheiratet. In dieser Gestalt gilt sie als eine Entsprechung der Muttergöttin, die sich mit dem jeweiligen Landesfürsten in der Heiligen Hochzeit verband.

Weitaus bekannter war Medb jedoch als die Tochter des Hochkönigs Eochaid von Connacht. Sie heiratete Ailill in dritter Ehe und brachte ihr eigenes Heer mit in diese Verbindung ein. Aus der Auseinandersetzung darüber, welcher der beiden Ehepartner über einen wertvolleren Besitz und somit größere Macht verfügte, entwickelte sich der »Rinderraub von Cuailnge«, aus dem Medb als Verliererin hervorging (siehe Seite 115).

Auf dem Rückzug nach der verlorenen Schlacht begann der Fliehenden »blutiges Naß« aus den Schenkeln zu tropfen. Als sie etwas abseits ging, sollen sich wahre Sturzbäche von Blut und Urin aus ihrem Inneren ergossen haben, die so heftig waren, daß sie drei tiefe Gräben in die Erde rissen.

In dieser Gestalt verkörpert Medb den Todesaspekt der Muttergöttin – ein Sinnbild für die zerstörerische weibliche Macht. Shakespeare ließ sie in seinen Dramen als Queen Mab weiterleben.

Macha

Macha begegnet uns in den irischen Mythen in vielerlei Gestalt. Als Gattin von Nemed, dem Anführer des zweiten Eroberungsvolkes Irlands, war sie eine Seherin und brachte die Spiritualität auf die Insel. Nach der Landung in Irland soll sie nach zwölf Tagen oder aber nach zwölf Jahren gestorben sein. Ihr Grab befindet sich auf der »Höhe von Macha«, dem heutigen Armagh.

In Verbindung mit Badh und Morrigan stellte sie einen Aspekt der dreifachen Kriegsgöttin dar. Bei der Eroberung Irlands durch die Tuatha de Danann ließen die drei Göttinnen einen düsteren Nebel aufkommen, der das Volk der Fir Bolg, das die Insel bewohnte, völlig verwirrte. Machas Funktion als Kriegsgöttin veranschaulichen, wie bereits erwähnt, die nach ihr *mesrad machae* benannten Pfähle, auf denen die Krieger nach vollendeter Schlacht die abgeschlagenen Köpfe ihrer Feinde aufspießten.

Als Macha Mong Ruadh, »Macha mit den roten Haaren«, soll sie sogar eine historische Herrscherin über Irland gewesen sein. Den Quellen zufolge war sie die sechsundsiebzigste Königin Irlands. Ihre Regierungszeit dauerte angeblich von 377 - 331 v. Chr. In dieser Zeit soll sie das erste Krankenhaus Irlands errichtet haben sowie die heutige Stadt Armagh. Es ist sicher kein Zufall, daß sich Patrick bei seiner Bekehrung der Iren ausgerechnet diese Stadt, mit der man eindeutig weibliche Göttinnen verbindet, zum Bischofssitz ausgesucht hat. (Vgl. Peter Berresford Ellis, *Die Druiden. Von der Weisheit der Kelten.* 1996) Von dieser Macha handelt die folgende Episode:

Macha mit den roten haaren

Als Hugh der Rote, der Hochkönig Irlands, starb, hinterließ er seinen beiden Brüdern Dithorba und Cimbaoth das Land. Hughs Tochter Macha, welche die Regierungsgeschäfte viele Jahre lang mit ihrem Vater geteilt hatte, war damit keineswegs einverstanden. Sie tötete Dithorba und all seine Männer. Anschließend zwang Macha Cirnbaoth mit dem Schwert an seiner Kehle, sie zu heiraten. Viele Jahre regierte sie daraufhin Irland als starke Königin. Eines Tages erreichte sie die Kunde, daß die fünf inzwischen erwachsenen Söhne Dithorbas ausgezogen waren, um sich an ihr zu rächen. Sie machte sich in der Nacht allein auf den Weg und näherte sich dem Lager der jungen Männer, die um ein Feuer saßen. Die Männer erblickten sie als schattenhaft schöne Gestalt am Waldesrand, die sehr verlockend wirkte. Einer nach dem anderen entfernten sich die Jünglinge vom Lagerfeuer und folgten der schönen Frau in den Wald. Sie legten sich zu ihr und genossen ihre Gunst. Kaum waren sie ermattet zur Seite gesunken, wurden sie von ihr gefesselt. Es dauerte nicht lange, und Macha hatte ihre fünf Widersacher durch weibliche List bezwungen. Mit einem höhnischen Lachen setzte sie ihre Gefangenen auf ein Pferd und brachte sie zu ihrer Burg. Dort mußten sie ihr als Sklaven dienen und einen Wall um ihre Festung errichten.

In einer weiteren Verkörperung trat Macha als die Gemahlin Crunnchus hochschwanger zu einem Wettrennen gegen die Pferde des Königs an. (Diese Geschichte wird ab Seite 47 erzählt.)

Von der Kunst, den Richtigen zu wählen

Das altirische Eherecht räumte den Frauen ein, sich ihre Ehemänner selbst auszusuchen. Viele Legenden der Inselkelten handeln davon, wie Frauen dieses Recht gegen den Willen ihrer Väter und möglicher anderer Bewerber durchsetzten. Die Geschichte von Rhiannon (s. S. 55) erzählt nicht nur davon, wie diese sich den Sterblichen Pwyll aussuchte, sondern auch, wie sie dank ihrer List und Klugheit ihren Willen bekam. Rhiannon ist ein gutes Beispiel für die Kombination von Schönheit und Scharfsinn, die den keltischen Frauen in den Legenden so häufig zugeschrieben wird, wie auch in der Legende von Grainne.

Grainne

Grainne war die Tochter Cormacs, des Hochkönigs von Tara. Ihre Geschichte beginnt mit Finn, dem Anführer der tapferen Kriegerschar, der Fianna. Finn litt seit dem Tod seiner geliebten Frau an so großer Einsamkeit, daß er nachts nicht mehr schlafen konnte. Sein Sohn, der tapfere Oisin, und sein Enkel Oskar redeten Finn deshalb zu, sich eine neue Frau zu suchen. Sie hatten von der Schönheit und der Intelligenz Grainnes gehört und schlugen sie ihrem Anführer vor. Finn war damit einverstanden, daß Oisin in seinem Namen um Grainne werben sollte, wie die folgende Geschichte erzählt.

Grainne und Diarmaid

Oisin begab sich an den Hof des Hochkönigs Cormac nach Tara, um dort für Finn um Grainnes Hand anzuhalten. Cormac war von der Aussicht auf eine Ehe seiner Tochter mit dem berühmten Anführer der Fianna sehr angetan, wollte die Entscheidung aber Grainne selbst überlassen. Grainne besaß einen starken Willen und hatte bisher jeden Bewerber abgewiesen. Sie hatte jedoch schon viel von den Heldentaten Finns gehört und willigte zur Überraschung ihres Vaters in die Ehe ein.

So wurde ein großes Fest ausgerichtet. Als sie nun alle um die Festtafel versammelt waren, erschrak Grainne sehr, als sie Finn erblickte. Dieser Mann war ja älter als ihr Vater! So hatte sie sich ihren Helden wahrlich nicht vorgestellt. Sie ließ ihren Blick über die versammelten Krieger schweifen und konnte sich von dem Anblick zweier Männer nicht mehr lösen. »Wer sind diese Männer?« fragte sie den neben ihr sitzenden Druiden. »Der linke ist Oisin, der Sohn Finns, und der rechte ist Diarmaid, der Hauptmann der Fianna. Er soll ein guter Liebhaber sein«, antwortete ihr der Druide. »Fürwahr«, dachte Grainne, »Finn hätte mich besser als Braut für seinen Sohn geworben. Einen so alten Mann wie ihn werde ich bestimmt nicht heiraten.« Unterdessen war Finn von der Schönheit seiner Braut sehr angetan. Da beschloß er, auch ihren Scharfsinn zu testen und stellte ihr einige Rätsel:

»Was ist weißer als Schnee?« fragte er sie.

»Die Wahrheit«, antwortete sie blitzschnell.

»Was ist schärfer als ein Schwert?«

»Eine schlagfertige Frau zwischen zwei Männern«, sagte Grainne.

»Und was ist schneller als der Wind?«

»Der Verstand einer Frau«, erwiderte sie.

Grainne ließ ihre Magd bald darauf einen großen Weinkelch bringen, der so groß war, daß alle Festteilnehmer daraus trinken konnten. Ohne daß es jemand bemerkte, füllte sie ein Schlafmittel hinein. Dann erhob sie sich mit dem Weinkelch, ging durch den Festsaal und bot jedem einen Schluck daraus an – bis auf Oisin, dessen Sohn Oskar,

Diarmaid und dem Druiden. Kurz darauf waren alle übrigen Gäste eingeschlafen.

Grainne wandte sich nun an Oisin und sprach: »Ich werde Euren Vater niemals heiraten, und so frage ich Euch, ob Ihr mich von hier entführen wollt?« Oisin wich erschrocken zurück und antwortete: »Niemals werde ich meinem Vater einen solchen Treuebruch antun.« Da wandte sich Grainne an Diarmaid: »So frage ich Euch, Diarmaid, ob Ihr mich entführen wollt?« Aber auch Diarmaid antwortete, daß er seinem Anführer durch einen Treueschwur verpflichtet sei. Da wurde Grainne zornig. Sie packte ihn mit beiden Händen an den Schultern und funkelte ihn an: »So banne ich dich mit einem Druidenzauber, daß du mich heute Nacht entführst. Hältst du dich nicht daran, so werden dich Spott und Schande verfolgen!«

Diarmaid war zutiefst erschrocken. Ein solcher Zauber war sehr mächtig. Seine Gefährten bestätigten ihm, daß dieser Zauber stärker war als seine Gefolgstreue gegenüber Finn. So fragte Diarmaid Grainne, warum sie ausgerechnet ihn dazu auserwählt habe. Sie antwortete ihm: »Weil ich dich von dem Moment an liebte, als ich dich zum ersten Mal erblickte.«

Und so flohen die beiden aus Tara. Als Finn und seine Gefährten erwachten und die Flucht bemerkten, tobte Finn vor Wut. Er nahm sofort die Verfolgung auf. Ihre Flucht sollte sechzehn Jahre dauern. In dieser Zeit mußte Diarmaid zahlreiche Abenteuer bestehen, in denen er sich als würdiger Hauptmann der Fianna erwies. Sein Überleben verdankte er neben seiner eigenen Kampfkraft der Treue seiner ehemaligen Gefährten und dem Eingreifen des Gottes Oengus, der sein Ziehvater gewesen war.

Nach sechzehn Jahren stiftete der Gott Oengus endlich Frieden zwischen den beiden verfeindeten Parteien. Cormac gab dem alten Finn zum Trost seine jüngste Tochter zur Frau. Diarmaid erhielt sein Land zurück, auf dem er sich mit Grainne niederließ, die ihm vier Söhne gebar.

Eines Nachts hörte Diarmaid in seinem Wald eine fremde Meute Hunde jagen. Als er hinausging, um nachzusehen, wer der Eindringling war, traf er dort auf Finn. Finn hatte seine Rachegedanken noch lange nicht aufgegeben und stachelte Diarmaid zum Kampf mit einem riesigen Eber an. Dieser Kampf kostete Diarmaid das Leben. Grainne war völlig verzweifelt und befahl ihren Söhnen, an Finn Blutrache zu nehmen, sobald sie erwachsen wären. Wie verwundert aber waren die Söhne, als sie nach vielen Jahren, die sie fort gewesen waren, zurückkehrten und feststellten, daß ihre Mutter inzwischen die Geliebte des alten Finns geworden war! Es gelang Grainne nur durch gutes Zureden, ihre Söhne von der Idee der Blutrache wieder abzubringen.

Grainne und Diarmuid (anonyme Illustration)

Obwohl sich der alte Finn, der vom Alter her Grainnes Großvater hätte sein können, in der Geschichte vollkommen lächerlich macht, behält er am Ende die Oberhand über den schneidigen, jüngeren Diarmaid. Die Legende erzählt nicht, was Grainne dazu bewogen hat, dem Werben des alten Mannes doch noch nachzugeben. Mag es Einsamkeit, Bewunderung für seine Beharrlichkeit oder einfach nur – wie später gern behauptet wurde – ihre Wankelmütigkeit als Frau gewesen sein. Möglicherweise handelt es sich aber auch um einen später angefügten Zusatz christlicher Schreiber. Grainne war jedenfalls der Prototyp der keltischen Frau, die leidenschaftlich und intelligent für ihre Liebe und gegen die Ehe mit einem viel zu alten Mann kämpfte. Und sie war, wenigstens für einige Jahre, erfolgreich damit.

Blodeuwedd

Im Gegensatz zu Grainne handelt es sich bei Blodeuwedd um einen Typ Frau, der in keiner Weise vernunftbegabt war. Blodeuwedd war ein echtes Wesen der Natur und gehorchte nur den eigenen Trieben. Sie war weder eine Frau aus Fleisch und Blut noch ein Wesen aus der Anderswelt. Die beiden Druiden Math und Gwydion hatten Blodeuwedd aus Blüten geschaffen, damit ihr Neffe Llew eine Frau bekam (siehe auch »Llew, der Sonnengott mit der geschickten Hand«, S. 65). Leider hatten sie nicht bedacht, daß ihre Schöpfung ein Eigenleben entwickeln könnte. Als die zauberhafte Blodeuwedd in heftiger Leidenschaft zu Gorowny entbrannte, zeigte sich, daß sie weder ein Gewissen noch Skrupel besaß, denjenigen aus dem Weg zu räumen, der ihrer Sehnsucht im Weg stand.

Die Geschichte von Blodeuwedd enthält eine zweifache Moral. Zum einen, daß es sich für Menschen nicht geziemt, der Mutter Natur ins Handwerk zu pfuschen, und zum anderen, daß es keinen Sinn hat, sich Frauen als Spielzeug und Lustobjekt zu erschaffen. Zwar erhält Blodeuwedd am Ende der Geschichte eine Strafe, aber die eigentliche Strafe trifft Math und Gwydion, die ihren geliebten Neffen verlieren.

Blodeuwedd – die Blumengleiche

Llew war von seiner Mutter Arianrhod verflucht worden, daß keine Frau, die von einer Frau geboren worden war, je bei ihm liegen sollte. Um ihn zu trösten, schufen seine Onkel, die großen Druiden Math und Gwydion, für ihren Neffen eine Frau aus Blüten, die sie Blodeuwedd, die »Blumengleiche« nannten. Blodeuwedd war wunderschön, und Llew verliebte sich sofort in sie. Bald wurde Hochzeit gefeiert, und das junge Paar erhielt von Math ein eigenes Reich. Llew regierte dort weise und gerecht. Eines Tages wollte er seine Onkel besuchen und ritt zum Hofe Maths. Blodeuwedd ließ er in der Obhut ihrer Hofdamen zurück. Aber Blodeuwedd grämte sich in seiner Abwesenheit. Sie war nicht gern allein. Da erklangen plötzlich Jagdhörner, und als sie zum

Fenster eilte, erblickte sie eine fremde Meute, die, von einem stattlichen Jäger gefolgt, einen Hirsch zu Tode hetzte. Blodeuwedds Herz begann heftig zu schlagen. In ihr regten sich Gefühle, die ihre junge Seele noch nicht kannte. Als es Abend wurde, kehrte der Jäger mit seinen Gefolgsleuten zurück. Blodeuwedd sagte ihren Frauen, daß es unhöflich wäre, ihnen kein Quartier für die Nacht anzubieten. So wurden die Jäger eingelassen. Alle speisten und tranken fröhlich, aber Blodeuwedd brachte keinen Bissen herunter, sie hatte nur Augen für den großen, dunklen Jäger Gorowny, der so ganz anders war als der helle, knabenhafte Llew. Auch Gorowny konnte seine Augen nicht von ihr wenden. In der Nacht schlich er sich in ihre Kammer, und sie liebten sich leidenschaftlich. Gorowny blieb noch eine zweite Nacht und auch noch eine dritte. Dann aber trennten sich die Liebenden, um keinen Verdacht auf sich zu lenken. Zuvor heckten sie gemeinsam einen Plan aus, wie sie Llew aus dem Weg räumen könnten, um für immer zusammenzusein. Bei Llews Rückkehr heuchelte Blodeuwedd Besorgnis um sein Wohlergehen und entlockte ihm so das Geheimnis, wie er getötet werden konnte. Gorowny arbeitete ein Jahr lang an dem Speer, der Llew töten sollte, und schließlich war es soweit. Blodeuwedd täuschte erneut vor, sie sorge sich um ihn, und um sie zu beruhigen, nahm Llew jene Position ein, in der allein er getötet werden konnte. Sie stellten einen Badetrog mit Strohdach an den Fluß. Llew stieg in den Trog, wobei er einen Fuß auf dessen Rand, den anderen auf den Rücken einer Ziege stellte, die dort angebunden war. In diesem Moment warf Gorowny den Speer und tötete Llew. Llew verwandelte sich in einen Adler und flog davon.

Blodeuwedd, die zur Freude Llews erschaffen worden war und nicht zu ihrer eigenen, hatte sich den Weg zu ihrer eigenen Lusterfüllung gebahnt und lebte ein Jahr lang glücklich an der Seite Gorownys. Dieses Jahr benötigte Gwydion, um die Seele Llews zu finden und ihn gesundzupflegen. Dann aber verfolgte er Blodeuwedd, und ihr einstiger Schöpfer verwandelte sie in eine Eule, die ihr Gesicht vor dem Tageslicht verbergen und von allen Tieren gejagt werden sollte. Noch viele Jahrhunderte später wurden Eulen im Walisischen »Blodeuwedd« genannt.

Von Etain bis Cuchulain – die verschiedenen Gesichter des keltischen Matriarchats

Die Frage, ob die keltische eine mutterrechtliche Gesellschaft (einige Merkmale, die für eine mutterrechtliche Gesellschaft sprechen, sind die Verehrung der Muttergöttin, die Feier der »Heiligen Hochzeit«, in der sich eine unsterbliche Frau mit einem sterblichen Mann verbindet, die Weitergabe des mütterlichen und nicht des väterlichen Namens sowie die engen Verwandtschaftsbeziehungen zu den Geschwistern der Mutter), also matriarchalisch war, wird bis heute widersprüchlich beurteilt: Vieles deutet darauf hin, daß die vorkeltische Bevölkerung, welche die Kelten bei ihren Eroberungen auf den britischen Inseln vorfanden, eine Gesellschaft des Mutterrechts war. Bei den Kelten scheint es sich um eine eher gemischte Gesellschaftsform gehandelt zu haben. Die Verehrung der Muttergöttin und die, im Vergleich zum übrigen Europa, sehr viel gleichberechtigtere Stellung der Frau deuten zwar auf eine matriarchalische Gesellschaftsform hin. Auf der anderen Seite gab es aber auch schon vor der Christianisierung Tendenzen zur Beschränkung der Rechte der Frauen.

Das Zeitalter der Kelten war offensichtlich eine Art Zwischenstufe zwischen Matriarchat und Patriarchat. Der Konflikt dieser beiden Gesellschaftsformen spiegelt sich in vielen Sagen der Inselkelten wider.

In der Etain-Sage wird deutlich, wie sich jede Generation aufs neue mit der weiblichen Macht der Oberhoheit des Landes auseinandersetzen mußte. Etain steht in der Sage symbolisch für die Muttergöttin, die sich mit dem jeweiligen König des Landes vermählt, um ihn als rechtmäßigen Herrscher über das Land einzusetzen. Die Sage umfaßt einen Zeitraum von mehreren tausend Jahren und zeugt von dem keltischen Glauben an die Unsterblichkeit der Seele. In der Legende zeigt sich der allmählich schwindende Einfluß des Mutterrechts unter anderem in der Namensgebung. Bei Etains erster Inkarnation wird der Name ihrer Mutter noch erwähnt, in ihrer zweiten Inkarnation dagegen nur noch der Name des Vaters.

Das Werben um Etain

Die schriftlichen Fassungen im *Gelben Buch von Lecan* und *Lebor na Huidre* (»Das Buch der dunklen Kuh«) sollen laut Thurneysen aus der zweiten Hälfte des 11. Jh. stammen, während die Urfassung bis ins 9. Jh. zurückzuverfolgen ist.

Etain war die Tochter der Flußgöttin Boane, der göttlichen Verkörperung des Flusses Boyne, und des Dagda sowie die Schwester des jugendlichen Gottes Oengus. Boane war eigentlich mit Elcmar verheiratet, weshalb die Zeugung und Geburt ihrer beiden Kinder in großer Heimlichkeit geschehen mußte. Um Boane vor dem Zorn ihres Mannes in Sicherheit zu bringen, hatte Dagda Midir, einen Fürsten der Anderswelt, beauftragt, die Schwangere in sein Reich zu bringen. Aber genau auf der Grenze zwischen den Reichen Elcmars und Midirs setzten bei Boane die Wehen ein, und Etain wurde geboren. Das Neugeborene schrie so laut, daß Elcmar sie entdeckte. Elcmar ließ Midir, Boane und Etain gehen und verlangte als Gegenleistung den Knaben Oengus als Sklaven. Etain prophezeite er, daß sie zur schönsten Frau Irlands heranwachsen werde, diese Schönheit aber dazu führen würde, daß alle Männer sich ihretwegen bekriegten.

Midir brachte Etain in sein Land Bri Leith in der Anderswelt. Als Etain heranwuchs, verliebte sich Midir in sie, was seine Frau Fuamnach schrecklich erboste. Auch Oengus verliebte sich in Etain und geriet mit Midir in einen Streit um die schöne junge Frau. Midir gewann und nahm Etain zur Gemahlin. Als Midir Etain in sein Land führte, nahm jedoch die erste Frau Midirs die Gelegenheit wahr, sich an Etain zu rächen. Sie berührte Etain mit einem Zauberstab und verwandelte sie erst in eine Wasserlache und dann in einen Wurm. Dieser wiederum verwandelte sich in ein wunderschönes Insekt. Doch damit nicht genug, Fuamnach pustete sie nun unbarmherzig durch die Luft.

Als Insekt wurde Etain sieben Jahre lang durch die Lüfte geweht. Oengus fand sie schließlich und baute ihr ein gläsernes Gefäß, in dem er sie mit sich herumtrug. Er wollte sie so lange pflegen, bis sie wieder menschliche Gestalt annahm. Fuamnach erfuhr davon und pustete Etain erneut in die Luft. Wieder flog sie für lange Zeit durch Irland, bis sie erschöpft auf dem Dach eines Hauses landete, in dem ein Ulster-Krieger wohnte. Von dort fiel sie in den goldenen Trinkbecher der Dame des Hauses und wurde von ihr verschluckt. Neun Monate später wurde sie als Mädchen wiedergeboren.

Als sie zur Frau herangewachsen war, heiratete sie den Hochkönig Eochaid Airern. Dessen Bruder Ailill verliebte sich unsterblich in seine Schwägerin und erkrankte daran. Als er schon fast im Sterben lag, begab sich Eochaid auf eine Reise durch sein Land und vertraute Etain die Pflege seines Bruders Ailill an. Ailill ging es unter der Fürsorge Etains täglich besser, und schließlich wagte er es, ihr die Ursache seines Leidens anzuvertrauen. Um ihn zu heilen, erklärte sich Etain bereit, eine Nacht mit ihm zu verbringen, und sie verabredeten sich für die nächste Nacht auf einem Hügel in der Nähe der Burg. Ailill versank jedoch in tiefen Schlaf und versäumte das Stelldichein mit seiner Angebeteten. Auch in der nächsten Nacht verschlief Ailill sein Schäferstündchen. An seiner statt erwartete Midir die junge Etain auf dem Hügel. Er erzählte ihr von ihrer einstigen Liebe und Ehe und schilderte ihr sein Land in den blühendsten Farben. Er bat sie, mit ihm dorthin zu gehen. Etain wollte ihm jedoch nur folgen, wenn ihr irdischer Gatte Eochaid bereit wäre, sie Midir zu überlassen.

Kurz darauf erschien Midir am Hofe des jungen Königs und forderte ihn zu einem Brettspiel heraus. Eochaid wollte gern mit diesem jungen Krieger spielen, aber er verlangte einen sehr hohen Einsatz. Die beiden ersten Spiele gewann Eochaid und erhielt den jeweils versprochenen Einsatz. Beim dritten Spiel schlug Midir vor, daß der Gewinner den Preis festsetzen solle. Eochaid war einverstanden, und dieses Spiel gewann Midir.

»Ich möchte deine Frau umarmen und küssen«, verlangte er als Preis. Eochaid zögerte. Schließlich bat er um einen Monat Aufschub, den Midir ihm gewährte. In dieser Zeit ließ Eochaid seine Burg für eine Belagerung herrichten und von Wachen umstellen. Doch als der Monat abgelaufen war, stand Midir im Wohngemach der Königin.

»Ich bin gekommen, um Euch zu holen, Etain«, sagte Midir sanft.

»Wie kommt Ihr darauf? Ich habe Euch nur einen Kuß meiner Frau versprochen, mehr nicht«, rief Eochaid aufgebracht.

Midir stellte sich hinter Etain und sang ihr ein Lied ins Ohr. Etain hielt die Augen geschlossen, und Midir legte seinen Arm um sie. Voller Entsetzen sah Eochaid mit an, wie sich die beiden in einer Wolke aus Licht auflösten und verschwanden.

Als Etain Midir in die Anderswelt folgte, trug sie bereits ein Kind von Eochaid unter dem Herzen. Das Mädchen wurde geboren und wuchs zu einer ebenso großen Schönheit heran wie seine Mutter. Auf Wunsch Midirs nannten sie es ebenfalls Etain.

Unterdessen hatte sich Eochaid keineswegs mit dem Verlust seiner Frau abgefunden. Voller Wut ließ er sämtliche Erdhügel in der Umgebung seines Reiches umgraben. Die Erdhügel galten seit jeher als Wohnsitz der Side, und er hoffte, durch sie einen Zugang zur Anderswelt zu finden. Eines Nachts erschien ihm Midir und sprach: »Warum laßt Ihr mein Volk nicht in Ruhe? Ich habe Etain redlich gewonnen.«

»Dieser Meinung bin ich nicht«, widersprach ihm Eochaid, »und ich werde keinen dieser Hügel verschonen, wenn ich sie nicht zurückbekomme.«

»So sei es denn«, sagte Midir. »Geht jetzt nach Hause und kommt morgen nacht wieder, dann sollt Ihr Etain zurückerhalten. Aber vorher schwört mir, daß Ihr mich und mein Volk in Frieden lassen werdet.«

»Ich schwöre es«, antwortete ihm Eochaid aus ganzem Herzen.

In der nächsten Nacht kehrte Eochaid zur vereinbarten Stelle zurück. Aber wie sehr verwunderte ihn der Anblick, der sich ihm dort bot. Statt der erwarteten Etain standen vor ihm dreimal zwanzig Frauen, die alle wie Etain aussahen. Midir stand lächelnd daneben und sagte: »Hier habt Ihr Eure Frau. Wählt mit Bedacht.«

Vom Ende der Geschichte gibt es zwei verschiedene Versionen. In der ersten Fassung entschied sich Eochaid für eine Frau, die er für Etain hielt, die ihn aber nicht erkannte. Nach einem Jahr offenbarte ihm Midir, daß er seine eigene Tochter geheiratet hatte. Eochaid war entsetzt und verstieß seine Tochter, die hochschwanger war. Das neugeborene Kind sollte auf seinen Befehl getötet werden. Das kleine Mädchen, das ebenfalls Etain hieß, wurde aber nur im Wald ausgesetzt und dort von freundlichen Menschen gefunden und aufgezogen. Es heiratete später einen König. Ihre Mutter, die zweite Etain, und ihr Vater und Großvater Eochaid siechten dahin.

In der zweiten – vermutlich christlichen – Fassung gab sich die erste Etain ihrem irdischen Gemahl Eochaid zu erkennen, als er sich für ihre Tochter entscheiden wollte. So triumphierten Moral und Anstand über die Mächte der Anderswelt.

Deirdre (Deirdriu)

Eine der traurigsten Legenden aus dem Ulster-Zyklus handelt von der schönen Deirdre. Auch diese Geschichte ist ein Beispiel für das allmähliche Schwinden der weiblichen Macht zugunsten der neuen, männlichen Gesellschaftsordnung. Die Erzählung beginnt bereits vor Deirdres Geburt: Während eines Festes stieß das ungeborene Kind im Leib seiner Mutter entsetzliche Schreie aus. Die erschrockenen Gäste riefen den Druiden Cathbad herbei. Cathbad gab dem Ungeborenen den Namen Deirdriu – »die Tobende« –und sagte ihr und der Provinz Ulster ein schreckliches Schicksal voraus: Durch ihre außergewöhnliche Schönheit werde Deirdre unter den Männern Ulsters Streit und Eifersucht entfachen, und viele Krieger würden im Kampf um sie ihr Leben lassen. Die Krieger beschlossen daraufhin, das Kind im Schoß der Mutter zu töten, damit es das geweissagte Unheil nicht über sie bringen könne. Da stellte sich König Conchobar mit seinem Schwert schützend vor die hochschwangere Frau. Er verlangte, daß das Kind, sobald es geboren sei, in seine Obhut gebracht werde. Wenn das Mädchen zur Frau herangewachsen sei, wolle er es zur Frau nehmen. Auf diese Weise

»Deirdre« von John Duncan, um 1900

würde er seine Männer vor dem Unglück bewahren. Mit diesem Ansinnen verstieß Conchobar gegen die alte Ordnung, die ja besagte, daß eine Frau sich ihren Mann selbst aussuchen bzw. nicht gegen ihren Willen verheiratet werden durfte. König Conchobar war zwar noch mit dem Mutterrecht aufgewachsen, wie sein Name Mac Nessa, »Sohn der Nessa« belegt, aber er regierte die Provinz Ulster schon nach den neuen Prinzipien; und die Männer von Ulster waren in Irland die Vorreiter der neuen männlichen Lebensordnung.

Deirdre wuchs abgeschieden von der Welt in der Obhut der Amme Leborcham auf. Leborcham war eine ganz besondere Frau, eine Vertreterin des Mutterrechts, die Deirdre in den alten Künsten unterwies. Leborcham beherrschte die Kunst der Weissagung und bestimmte den Verlauf des Schicksals mit. Sie taucht auch in anderen Sagen auf und scheint ein übernatürliches Wesen gehabt zu haben; sie sorgte dafür, daß alles Leben in ständiger Bewegung und Veränderung blieb.

Deirdre wird in der Erzählung zur tragischen Figur des sich gegen die neue Ordnung aufbäumenden Matriarchats. Keine der beiden Seiten trägt in der Geschichte den Sieg davon, aber die Verletzung der alten Ordnung durch König Conchobar hatte Spuren hinterlassen, die nicht rückgängig zu machen waren. Bezeichnenderweise trägt die Legende von Deirdre nicht ihren Namen, sondern heißt:

Die Söhne von Uisnech

(Die Deirdre-Sage stammt wahrscheinlich aus dem 8.-9. Jh. n. Chr., wurde aber erst im 11. Jh. aufgeschrieben. Vgl. dazu: Thurneysen, Sagen)

Eines Tages, als Deirdre bereits zu einer jungen Frau herangewachsen war, sah sie im Winter beim Schlachten eines Kalbes zu. Als ein Rabe sich niederließ, um von den Innereien des Tieres zu fressen, war Deirdre von dem Farbenspiel, das sich ihr dort im Schnee bot, entzückt. Sie lief zu ihrer Amme und sprach: »Nun weiß ich, wie der Mann aussieht, den ich lieben werde. Sein Haar wird so schwarz sein wie das Gefieder des Raben, sein Leib so weiß wie Schnee und seine Wangen so rot wie Blut.«

Die Amme blickte das Mädchen prüfend an und bat es, sich zu ihr zu setzen. Dann erzählte sie ihm die Geschichte von der Weissagung des Druiden Cathbad und der Entscheidung des Königs, Deirdre zu seiner Frau heranziehen zu lassen. Sie endete mit den Worten: »So ist es dein Schicksal, Königin von Ulster zu werden, freust du dich nicht?«

»Nein«, erwiderte Deirdre zornig, »ich habe das Zeichen gesehen und es richtig gedeutet. Ihr selbst habt mich gelehrt, die Zeichen zu lesen, und bisher habt Ihr mich noch nie enttäuscht. Ich werde einen Mann lieben, der jung, stark und schön ist. Ich werde niemals die Frau des alten Königs Conchobar werden.«

Als Leborcham merkte, daß es Deirdre ernst damit war, beschloß sie, ihr zu helfen und sprach: »Ich kenne einen Mann, der so aussieht, wie du ihn beschreibst. Er heißt Naoise und lebt mit seinen beiden Brüdern nicht weit von hier. Er ist ein Enkel des Druiden Cathbad und ein Sohn des Uisnech.«

Bald darauf wurde es Frühling, und als Naoise mit seinen Kühen zur Weide zog, sprach Leborcham ihn an. Sie bat ihn, am Abend zur Hecke des Gehöfts zu kommen, in dem Deirdre, von der Welt abgeschieden, aufgewachsen war.

Als Naoise zum Stelldichein erschien, war er sogleich von Deirdres Schönheit und Liebreiz bezaubert. Aber er wußte, daß sie dem König Conchobar versprochen war, und zögerte, sich ihr noch einmal zu nähern. So schlich sich Deirdre eines Tages davon und folgte Naoise und seinen Kühen. Als sie an ihm vorbeilief, erkannte er sie nicht gleich und zog sie neckend auf: »Was für ein hübsches Kälbchen hüpft da vorbei!«

»Was nützt dem Kälbchen seine Schönheit, wenn der Stier es nur dümmlich anstarrt?« gab sie zurück.

Da erkannte er Deirdre an ihrer melodischen Stimme und erwiderte: »Nun, Ihr bekommt ja auch den Leitbullen der ganzen Herde!«

Deirdre betrachtete ihn ernst und sagte: »Wenn ich die Wahl zwischen ihm und Euch habe, so entscheide ich mich für das junge Stierkalb.«

Naoise wurde es bang zumute. »So denkt doch an die Weissagung des Druiden Cathbad.«

Da stürzte Deirdre auf ihn zu, hielt ihn an den Ohren fest und rief: »Spott und Gelächter sollen diese Ohren treffen, wenn Ihr Euch nicht meinem Willen fügt!«

Da bekam es Naoise wirklich mit der Angst zu tun, denn der Zauber des Spottes war damals ebenso gefürchtet wie der Fluch eines Druiden. »Gebt mich frei!« rief er. »Und ich werde tun, was Ihr verlangt.«

So kehrte Deirdre fröhlich zum Gehöft zurück, und Naoise ging nach Hause, um sich mit seinen Brüdern Ardan und Annli zu beraten. Beide stimmten ihm zu, daß es schlimmer sei, ein Opfer des Spottes zu werden, als den Zorn König Conchobars auf sich zu ziehen. Da die Brüder unzertrennlich waren, boten die beiden Naoise an, ihn zu begleiten. Sie entführten Deirdre von ihrem Hof und zogen zu viert durch Irland. Die Brüder verdingten sich bei den Fürsten als Krieger und waren überall wohlgelitten. Aber stets folgte ihnen der Zorn und die Wut Conchobars, der ihnen seine Boten überall hin nachsandte.

Die Fürsten, die den Zorn des Hochkönigs fürchteten, entließen daraufhin die drei Krieger immer wieder aus ihren Diensten.

Schließlich blieb ihnen nichts anderes übrig, als mit dem Schiff nach Alba (Schottland) überzusetzen. Bevor Naoise den Fuß auf das Schiff setzte, tat er den Schwur, niemals wieder Erins Boden zu betreten, es sei denn, einer der drei großen Helden – Cuchulain, Conall oder Fergus – kämen, um ihn zu holen. In Schottland fanden die Brüder Anstellung am Hofe des schottischen Königs. Sobald dieser aber Deirdre zu Gesicht bekommen hatte, begehrte er sie heftig zur Frau. Abermals mußten die vier Gefährten fliehen und zogen sich diesmal auf eine Insel zwischen Irland und Schottland zurück, auf der sie viele Jahre in Frieden lebten.

Conchobar hatte seine Rachepläne indes nicht vergessen. Er besann sich nun auf eine neue Strategie. Gegenüber den Helden von Ulster gab er vor, daß er den Verlust der Söhne des Uisnech bedaure und sich gern mit ihnen versöhnen würde. Einen nach dem anderen befragte er die drei großen Helden Irlands, ob sie bereit wären, Naoise und seine Brüder zurückzuholen. Diesen Vorschlag nahmen alle drei gern an. Auf die zweite Frage, wie sie sich denn verhalten würden, wenn ihren Schützlingen bei der Rückkehr etwas zustoßen sollte, entgegneten sie, daß sie die Schuldigen dafür töten würden. Nur Fergus antwortete, daß er in einem solchen Fall den König verschonen würde. Also wurde Fergus entsandt, um Naoise und seine Brüder nach Irland zurückzuholen.

Deirdre warnte die jungen Männer, Conchobar nicht zu vertrauen. Sie war mit der Kunst der Weissagung vertraut und teilte ihnen die schrecklichen Vorzeichen mit, die sie gesehen hatte. Aber die Männer wollten nicht auf sie hören. Schon viel zu lange hatten sie sich nach dem Anblick Erins (Irlands) gesehnt. Und Fergus überzeugte sie mit vielen Worten von Conchobars guter Absicht.

So stachen sie in See. Deirdre versuchte immer wieder, sie von diesem Vorhaben abzubringen, doch ohne Erfolg. Als sie irischen Boden erreichten, trat ihnen der Barde Borrach entgegen. Auf Conchobars

Geheiß lud er Fergus zu einem Festmahl ein. Fergus hatte einmal geschworen, niemals eine Einladung zu einem Festmahl auszuschlagen, und die Macht eines solchen Geis (Ein absolutes Verbot oder Tabu, dessen Übertreten zum Tod des Helden führen kann.) war groß. Fergus blieb folglich beim Barden Borrach zurück, während Naoise mit Deirdre, seinen Brüdern und den Söhnen des Fergus weiterzog. Alles Bitten und Flehen Deirdres, zu warten, bis Fergus wieder frei wäre, oder sich unter den Schutz Cuchulains zu stellen, verhallte ungehört. Eine letzte Warnung sprach sie aus: »Wenn König Conchobar uns über seine Schwelle treten läßt, so können wir ihm vertrauen, falls nicht, so seid auf das Schlimmste vorbereitet!« Die drei Krieger versprachen ihr, daran zu denken. Und richtig: Bei ihrer Ankunft ließ der König sie nicht eintreten, sondern schickte sie in ein Gästehaus. Nachdem die Gäste dort fürstlich bewirtet worden waren, schickte er die alte Amme Leborcham zu ihnen. Sie sollte herausfinden, ob Deirdre immer noch so schön und begehrenswert war wie ehedem. Leborcham warnte die Krieger, und endlich erkannten sie den Ernst ihrer Lage. Sie verschanzten sich in dem Gästehaus, und schon bald rückte Conchobar mit seinen Kriegern an. Zuerst trat Buinne, ein Sohn des Fergus, den Kriegern Conchobars entgegen. Tapfer verteidigte er die Männer, für die sein Vater sein Wort gegeben hatte. Aber Conchobar gelang es, ihn zu bestechen, und er wechselte auf dessen Seite über. Als nächster stürmte Dan, der zweite Sohn des Fergus, aus dem Gästehaus. Er richtete unter Conchobars Kriegern ein großes Blutbad an, und schließlich befand er sich im Zweikampf mit dem Sohn des Königs.

Da nahte der Held Conall. Er hatte von weitem den Feuerschein gesehen und wähnte seinen König in Bedrängnis. Als er den Sohn des Königs im Zweikampf erblickte, erstach er dessen Gegner von hinten mit der Lanze. Der sterbende Ilan wandte sich um, um seinem Angreifer ins Angesicht blicken zu können. Als Conall erkannte, welches Unheil er angerichtet hatte, schlug er Conchobars Sohn das Haupt von den Schultern und verließ die Kampfstätte in tiefer Betrübnis.

Nun kämpften die Söhne des Uisnech Stunde um Stunde ganz allein gegen das Heer Conchobars. Sie wechselten sich ab und töteten viele Krieger. Doch endlich gelang es Conchobars Männern, das Gästehaus in Brand zu stecken. Die drei Brüder nahmen Deirdre in ihre Mitte und stellten sich Rücken an Rücken. So kämpften sie weiter. Conchobar sah, daß seine Männer gegen Naoise und seine Brüder nichts ausrichten konnten, und so bat er den Druiden Cathbad um Hilfe. Er versprach ihm, die Söhne Uisnechs zu verschonen, und Cathbad, der das Sterben der Männer nicht länger mit ansehen mochte, schickte eine Flutwelle, die nur die drei Männer und Deirdre umspülte. Conchobars Männer standen auf sicherem Boden. So mußten die Söhne Uisnechs sich der Magie des Druiden beugen und gaben auf.

Doch Conchobar dachte gar nicht daran, sein Wort zu halten, und ließ Naoise und seine Brüder fesseln und zu einem Richtplatz führen. Dort suchte er einen Mann, der bereit war, sie zu enthaupten. Einzig Eogan erklärte sich zu dieser Tat bereit und köpfte die drei Brüder vor Deirdres Augen.

Deirdre wurde in das Frauengemach Conchobars geführt. Ein Jahr lang saß sie dort und trauerte und konnte kaum etwas essen. Da kam der König, um seine männlichen Rechte einzufordern.

»Niemals werde ich Euer Lager teilen«, zischte Deirdre.

»So bin ich Euch also verhaßt?« fragte der König.

»Auf der ganzen Welt gibt es nur zwei Männer, die ich hasse. Der eine seid Ihr, und der andere ist Eogan«, fuhr Deirdre ihn an.

»Nun denn«, sagte König Conchobar höhnisch, »dann sollt Ihr von morgen an ein Jahr lang die Frau Eogans sein. Vielleicht gelingt es ihm ja, Euch milder zu stimmen.«

Deirdre war zutiefst getroffen. Als sie am nächsten Morgen den Wagen bestieg, der sie fortbringen sollte, und verzweifelt zwischen Eogan und Conchobar hin und herblickte, spottete Conchobar: »Jetzt seht Ihr aus wie ein Schaf zwischen zwei Widdern!«

Da stürzte sich Deirdre vom Wagen mit dem Kopf gegen einen Stein und blieb mit zerschmettertem Schädel liegen. Fergus, Conall *und Cuchulain aber hatten sich zusammengetan, um Conchobars Wortbruch zu rächen. Sie fielen über seine Festung her und legten sie in Schutt und Asche. Viele Jahre überfielen sie Conchobars Provinz, bis diese sich in Ödnis verwandelt hatte.*

Eine ähnliche, sogar historisch belegte Legende, bei der sich eine Keltin lieber tötete, als den Bezwinger ihres Mannes zu heiraten, ist bei Plutarch überliefert. Er berichtet von einer Frau aus Galatien namens Camma, die vermutlich eine Druidin war. Sie war mit dem Häuptling Sinatos verheiratet. Sinatos wurde von Sinorix umgebracht, welcher Camma daraufhin zwang, ihn zu heiraten. Bei der Trauungszeremonie, bei der das Brautpaar der Tradition zufolge gemeinsam aus einem Kelch trinken mußte, gab Camma Gift in den Becher. Um Sinorix' Mißtrauen nicht zu erregen, trank Camma den ersten Schluck und wählte damit bewußt den Tod.

Religiöse Macht in Frauenhand: Die Druidinnen

So wenig wir über die Druiden wissen, noch viel weniger ist über die Druidinnen bekannt. In den Berichten der irischen Inselkelten werden sie ausdrücklich erwähnt. Sie heißen dort *ban-drui (bandruaid)* und häufiger noch *ban-file (banfhlaith oder banfhilid)*. Ob sie genau dieselben Aufgaben ausübten wie männliche Druiden, ist aus den Quellen nicht eindeutig zu erschließen. Bekannt ist jedoch, daß Druidinnen als Orakel und Dichterinnen wirkten. Als Priesterinnen oblag ihnen auch das Hüten heiliger Feuerstätten, eine Aufgabe, die später von den christlichen Nonnen, beispielsweise um die heilige Brigit von Kildare, übernommen wurde.

In historischen Berichten wie auch in den Legenden werden immer wieder Druidinnen erwähnt, welche die Zukunft weissagten. So soll eine gallische Wirtin dem Soldaten Gaius Aurelius Diokletian (284 - 305 n. Chr.) seine spätere Kaiserwürde vorhergesagt haben. In den

Legenden sagten vor jeder großen Schlacht Druidinnen und Druiden deren Ausgang voraus und versuchten sogar, durch Zauberei in das Kampfgeschehen einzugreifen.

Fidelma, eine Frau der *Síde* aus dem Hügel von Cruachan, weissagte der Königin Medb, daß sie in der Schlacht von Cuchulain geschlagen würde.

Ein Jüngling erscheint mir mit schrecklichem Antlitz,
Mit roten Wunden in der weißen Haut.
Mit schwellendem Buckel seiner brennenden Stirn
Künden vom Sieg im Kampf für die Ulster:
Nicht seh' ich ihn liegen auf dem Lager der Schwäche,
Sualtachs Sohn hat nicht Teil an dem Fluche.
Aller Waffen Künste lehrten ihn kundige Frauen,
Die Scáthach, die Uathach, die Aífe, die drei.
Unfehlbar ist seine Schleuder; sein Schwerthieb gewaltig.
Ein blutiger Blitz sein rascher Speer;
Doch wirft er ins Ziel das gezackte Eisen,
Bringt sichern Tod er dem tapfersten Kämpen.
Allein kämpft er anfangs, der bartlose Jüngling,
Doch wuchtigen Schlages zerschmettert er viele,
Gar viele vernichtet die Faust des Verzerrten,
Und es lichtet dein Heer der Hund des Schmiedes,
Daß die Fahrt dich gereut und der Raub des Stieres.
Nichts verschweigt dir von Not und Unheil
Die sehende Síde. Blut wird tropfen
Von den Leibern der Kämpen, und den Kopf läßt mancher:
Weinen werden die Weiber um die lieben Toten,
Die der eine erschlug im schrecklichen Kampfe.
Ich sehe Cuchulain! Ich sehe Rot!

(zitiert nach Martin Löpelmann:
Erinn. Keltische Sagen aus Irland. 1977)

Die Druidinnen konnten aber nicht nur weissagen, sondern sie verfügten über weitere magische Kräfte. Aoife, der Stiefmutter der Kinder Lirs, gelang es, die Kinder mittels ihrer Zauberkraft in Schwäne zu verwandeln. Midirs Gattin Fuamnach verwandelte – wie wir schon gehört haben – ihre lästige Nebenbuhlerin Etain in ein Insekt. Über die Fähigkeit von Druidinnen, Menschen in Tiere zu verwandeln, berichtet auch Pomponius Mela (1. Jh. n. Chr.) in seiner Geographie *De Chorographika*. Darin beschreibt er die Priesterinnen auf der Insel Sena vor der Westküste der Bretagne. Auf dieser Insel befanden sich neun Frauen, die ewige Jungfräulichkeit gelobt hatten und ein Heiligtum hüteten. Sie wurden *Gallicenae* genannt, und man schrieb ihnen außergewöhnliche Gaben zu. Es hieß, daß sie mit ihrem Gesang das Meer und die Wellen beschwören, sich in Tiere verwandeln, unheilbare Leiden kurieren und die Zukunft vorhersagen konnten.

Tacitus berichtet vom Kampf um die Insel Mona in Anglesey, wo Frauen in langen Gewändern und mit offenem Haar mit Fackeln in der Hand zwischen den keltischen Kriegern umherliefen. Vermutlich handelte es sich bei diesen Frauen ebenfalls um Druidinnen.

Ein ähnlicher Bericht findet sich bei Strabon (ca. 64 v. Chr. - 23 n. Chr.). Er bezieht sich auf das verschollene Werk Poseidonios' und schreibt von den Bacchuspriesterinnen, die auf einer kleinen Insel in der Loire-Mündung lebten. Es sei bei ihnen üblich gewesen, einmal im Jahr das Dach des Tempels ihres Gottes abzunehmen und es noch am selben Tag zu erneuern. Wenn eine der Frauen dabei ihre Last fallen ließ, wurde sie von ihren Gefährtinnen laut Strabon sofort in Stücke gerissen.

Die Beschreibung einer Insel, auf der weibliche Priesterinnen lebten, zieht sich durch viele Berichte antiker Autoren. So gibt es in der walisischen *Peredur-Erzählung* ebenfalls neun Zauberinnen, welche die heiligen Quellen von Gloucester hüteten. Bei Geoffrey von Monmouth heißt eine vergleichbare Insel Avalon.

Interessant ist in diesem Zusammenhang eine Inschrift, die in Larzac in einem der Gräber gefunden wurde. Diese Inschrift, die auf die Jahre

90 bis 110 n. Chr. datiert wird, enthält die Namen von neun »Hexen«. (Gefunden wurde die Bleitafel mit der Inschrift im Grab Nr. 71. Vgl. Peter Berresford Ellis, *Die Druiden*, 1996)

Weise Frauen wurden häufig als Hexen oder Zauberinnen verteufelt. Wie wirksam diese Denunzierungen waren, zeigt nicht zuletzt die Inquisition, der Tausende von weisen Frauen zum Opfer fielen.

Daß aber die Zauberinnen keineswegs alt und häßlich waren, wie uns Kindermärchen gern glauben machen, beweist die folgende Beschreibung der jungen Frau Fidelma, die Medb die Niederlage in der Schlacht vorhersagte:

> *Sie hatte gelbes Haar. Sie trug einen gesprenkelten Umhang, der mit einer goldenen Fibel zusammengehalten wurde, eine rotbestickte Tunika mit Kapuze und Sandalen mit goldenen Spangen. Ihre Stirn war breit, ihr Kinn schmal, ihre Augenbrauen kohlrabenschwarz mit zarten dunklen Wimpern, die lange Schatten auf ihre Wangen warfen. Man konnte meinen, ihre Lippen seien mit Scharlach der Parther eingelegt. Ihre Zähne glichen einer Juwelenkette zwischen ihren Lippen. Ihr Haar war zu drei Zöpfen geflochten; zwei wanden sich nach oben um ihren Kopf, der dritte hing ihr über den Rücken und streifte ihre Waden. In der Hand hielt sie einen leichten goldenen Webstab, der mit Gold eingelegt war. Ihre Augen hatten eine dreifache Iris. Ihr Wagen wurde von zwei schwarzen Pferden gezogen, und sie war bewaffnet.*
> (aus der Übersetzung des Táin Bó Culainge von Thomas Kinsella. Zitiert nach Peter Berresford Ellis, *Die Druiden*. 1996)

Druidinnen waren jedoch nicht nur Orakel und Hüterinnen heiliger Feuer, sondern auch die Erzieherinnen der männlichen Jugend. Cuchulain wurde, wie bereits berichtet, von der Druidin und Kriegerin Scáthach in der Waffenkunst unterwiesen. Aber auch Finn, die zentrale Figur eines weiteren Sagenzyklus, wurde von einer Druidin namens Bodhmhall aufgezogen. Diese und eine weitere Druidin bildeten ihn in der Kriegskunst aus.

Wenn auch heute nur wenig über Druidinnen bekannt ist, kann man doch zweifelsfrei davon ausgehen, daß es bei den Kelten Frauen

Druidin auf dem Titelblatt der Weihnachtsausgabe von »Le Monde Illustrè« von 1899

gegeben hat, die ähnliche Positionen innehatten wie die männlichen Druiden. Viele Gemeinschaften von Druidinnen wurden im Verlauf der Christianisierung in Nonnenklöster umgewandelt. Die Stellung von Männern und Frauen in der keltischen Kirche war anfangs gleichberechtigt; Frauen, Männer und Kinder lebten im Namen Gottes unter einem Dach. Diese Gemeinschaft wurde *conhospitae* genannt. Die Frauen durften ebenso wie die Männer das »heilige Meßopfer« zelebrieren – ein Umstand, der in der römischen Kirche große Empörung hervorrief. Beispielhaft ist hier der Brief dreier römischer Bischöfe an zwei Mitglieder der bretonischen Geistlichkeit: *»Ihr zelebriert das heilige Meßopfer mit der Hilfe von Frauen, denen ihr den Namen conhospitae gebt (...) Wir sind zutiefst bekümmert über diese verabscheuenswerte Häresie (...) Schafft diesen Mißbrauch ab.«* (zitiert nach Peter Berresford Ellis, *Die Druiden*. 1996)

Wie wir wissen, wurde diese »Häresie« nur allzubald abgeschafft. Heute kämpfen Frauen darum, in der katholischen Kirche auch wieder höhere Kirchenämter einnehmen zu können. Interessanterweise ist es den Frauen in England als ersten gelungen, bei ihrem Kampf um die Bischofsweihe einen Sieg zu erringen, auch wenn diese Entscheidung der anglikanischen Kirche zahlreiche Kirchenaustritte konservativer Geistlicher eingebracht hat. Vielleicht sind sich die Engländerinnen ihrer spirituell-religiösen Wurzeln noch deutlicher bewußt als andere Europäerinnen und waren deshalb bei ihrem Kampf erfolgrcicher. Inzwischen gehören Bischöfinnen auch im deutschen Protestantismus zum Alltag. Doch zweifellos kann ein solcher erster Sieg alle Frauen Europas nur darin bestärken, sich darauf zu besinnen, daß die religiöse und weltliche Macht nicht immer nur in den Händen der Männer lag. Das Vorbild der Keltinnen kann den heutigen Frauen dabei helfen, ein Stück dieser Macht zurückzuerobern, um im nun beginnenden Zeitalter zu einer neuen Machtverteilung zu finden. Das anbrechende Zeitalter steht, wie wir wissen, im Zeichen des Wassermanns und verheißt weder Matriarchat noch Patriarchat, sondern die Gleichberechtigung der Geschlechter.

Die keltische Glaubenswelt

Die antiken Berichterstatter rühmten immer wieder die außerordentliche Tapferkeit der Kelten, die keine Armee besaßen, sondern als bunter und fröhlicher Haufen ins Feld zogen. Die Ursache für diese Tapferkeit sahen sie im keltischen Glauben an ein Leben nach dem Tod oder an die Seelenwanderung.

Für die Kelten war der Tod nichts anderes als das Tor zu einer anderen Welt – und damit zu einem neuen Leben. Diodoros Siculus zitiert ein leider verschollenes Werk Poseidonios', in dem es heißt, die Kelten glaubten, daß *»die Seele unsterblich sei und nach einer bestimmten Anzahl von Jahren ein weiteres Leben führen könne, wenn sie in einen anderen Körper übergehe«*.

Auch Cäsar schreibt im *Gallischen Krieg:*

> *Der Kernpunkt der Druidenlehre ist der, daß Seelen nicht sterben, sondern nach dem Tod von einem Körper in einen anderen schlüpfen; sie glauben, daß diese Vorstellung der stärkste Anreiz für Mut ist, da die Männer so den Tod nicht mehr fürchten.*

Pomponius Mela schließt sich Cäsars Auffassung an, daß der keltische Glaube an die Unsterblichkeit der Seele die Ursache für die besondere Tapferkeit der keltischen Krieger gewesen sei: *»Eine ihrer Lehren ist weit verbreitet unter dem Volk, nämlich, daß die Seelen unsterblich sind und es ein anderes Leben für die Toten gibt, was sie mutiger in der Schlacht macht.«* (Pomponius Mela: *De Chorographia*)

Die Druiden, Hüter und auch Priester der keltischen Religion, waren von ihrer gesellschaftlichen Position her den Rittern und dem Adel gleichgestellt. Wie bereits erwähnt, gaben sie ihre Lehren und ihr Wissen nur mündlich weiter, weshalb über ihre Glaubensvorstellungen und ihre Lehre wenig bekannt ist. Daher sind wir in diesem Punkt abermals auf die Berichte der zeitgenössischen römischen und griechischen Autoren sowie auf die Aufzeichnungen der christlichen Mönche in Irland und Wales angewiesen. Im 16. Jahrhundert bemühte sich Llywelin Sion aus Glasmorgan anhand der überlieferten Fragmente um einen Deutungsversuch der Druidenlehre. Llewllyn zufolge glaubten die Kelten an ein Reich namens *Annwn*, was soviel bedeutet wie »grundloser Ort«. Es handelt sich dabei um die Unterwelt bzw. die Anderswelt, die auch in den keltischen Sagen erscheint. In *Annwn* soll sich der Ursprung aller Dinge befunden haben, und zwar sowohl das Chaos, das *Cythraw* hieß, als auch der Keim zu einer geordneten Schöpfung, des Kosmos. Laut Llewllyns Aufzeichnungen spielten sich die Kämpfe zwischen dem Kosmos und dem Chaos auf *Abred*, der Erde ab. In *Abred* trafen die Welt der Menschen und die Anderswelt der Geister zusammen.

Darüber, wie das Leben nach dem Tod genau aussieht, scheint es zwei verschiedene Auffassungen gegeben zu haben. Bei der einen Version, die von Cäsar und Diodoros Siculus beschrieben wird, handelt es sich um die Idee der Seelenwanderung. Man glaubte an eine neue Geburt, eine Reinkarnation in unsere menschliche Welt, was dem hinduistischen Glauben an den Wesenskreislauf entspricht. Strabon schreibt, daß *»die Druiden – und andere mit ihnen – erklären, daß die Seelen und das Universum unzerstörbar sind, doch daß eines Tages Feuer und Wasser die Oberhand gegen sie gewinnen werden.«* (Strabon: *Geographika*) Die andere Version beschreibt den Übergang in eine andere Welt, die Anderswelt, in der die Toten ein neues Leben beginnen. Diese Version wird in den keltischen Sagen am häufigsten beschrieben. Dazu Pomponius Mela:

> *Aus diesem Grund verbrennen oder vergraben sie auch mit ihren Toten alles, was zum Leben notwendig ist; früher überließen sie der anderen Welt die Regelung ihrer Angelegenheiten und die Zahlung von Schulden. Es gab sogar einige unter ihnen, die sich auf die Scheiterhaufen*

ihrer nahen Verwandten warfen, so als wollten sie mit ihnen weiterleben. (Pomponius Mela: *De Chorographika*)

Die Anderswelt: Wie sich die Kelten das Jenseits vorstellten

Der Begriff »Anderswelt« ist eine Übersetzung des englischen Begriffs *otherworld* und bezeichnet die Welt der Feen und Elfen. Das Jenseits war für die Kelten die »andere Welt« im Gegensatz zu der Welt, in der wir leben. Über die Vorstellungen von der Anderswelt der Festlandkelten ist leider sehr wenig bekannt, deshalb müssen auch hier die Inselkelten, dank der erhaltenen Mythen, stellvertretend für alle Kelten stehen.

Für die Inselkelten war die Anderswelt ein Ort, der nicht wirklich von der Welt der Menschen abgegrenzt war, sondern parallel dazu existierte. Sie befand sich, dem Glauben nach, irgendwo im Westen, auf einer Insel, unter dem Meer oder in den Erdhügeln der *Síde* (Feen). Es war der Ort der Toten, der aber keineswegs mit der düsteren Unterwelt der griechisch-römischen Mythologie vergleichbar ist. Die Grenzen zwischen der »anderen« und der Menschenwelt verliefen fließend. Einmal im Jahr zu *Samhain* (Der Beginn des keltischen Jahres, der in der Nacht vom 31. Oktober zum 1. November gefeiert wurde.) – so meinten die Kelten – waren die Grenzen geöffnet, und Menschen wie Geister konnten sich ungehindert in beiden Welten bewegen. Für die Anderswelt gibt es viele Namen wie zum Beispiel *Tir Nan Og,* »das Land der Jugend« oder die »Insel der Seligen«. Die Anderswelt der walisischen Kelten hieß Annwn. Dieser Begriff hat mehrere mögliche Bedeutungen, er könnte sowohl »große Tiefe« als auch »Nichtwelt« bzw. »Unter- oder Innenwelt« bedeuten. *Annwn* war das Land, in dem Arawn mit seinen Hunden herrschte. Diese Welt galt als wunderbarer Ort, an dem die Verstorbenen genauso lebten wie auf der Erde, nur eben besser. Das Essen war schmackhafter und reichhaltiger. Es gab keine Krankheiten, kein Alter und keinen Tod. Auf diesen Inseln der Seligen vereinten sich die tapferen Krieger mit ihren ehrlichen Gegnern zu einem endlosen Fest und lebten in friedlicher Harmonie in freier Natur. Auch gab es dort wunderbare Bäume: Einige hatten silberne Zweige, an denen goldene Äpfel hingen.

Doch selbst in dieser paradiesisch anmutenden Welt gab es Ungeheuer, Schlachten und Kriege, und die Fürsten der Anderswelt zögerten nicht, bei diesen Kämpfen Menschen um Hilfe zu bitten. Es gab auch Liebesgeschichten, bei denen sich die Wesen aus der Anderswelt mit Menschen verbanden, wie in der Geschichte von Rhiannon, die ihre Unsterblichkeit für den Menschen Pwyll aufgab. (s. S. 55)

Mögliche Eingänge zu dieser Welt waren Höhlen und Quellen. Manchmal reichte schon ein dichter Nebel, um die Grenze zur Anderswelt zu überschreiten.

Ob diese Jenseitsvorstellung für die gesamte keltische Bevölkerung galt oder nur für die Druiden, Ritter und Adligen, die höheren Klassen, ist heute kaum zu beurteilen. Bei archäologischen Ausgrabungen wurden in erster Linie Gräber von Fürsten entdeckt, die inmitten ihrer irdischen Güter bestattet wurden. Über das Leben der einfachen Leute ist hingegen so gut wie nichts bekannt.

Die folgende Legende erzählt von dem Menschen Oisin, der sich für ein Leben in der Anderswelt mit seiner geliebten Niamh Goldhaar entschied.

Oisín und Níamh

Oisin war der Sohn des Finn und ein Krieger der tapferen Fianna, mit denen er viele Abenteuer bestand. Als sie sich eines Morgens alle an einem See versammelt hatten, kam von Westen her eine wunderschöne Frau auf einem weißen Pferd dahergeritten. Sie war wie eine Königin gekleidet, und ihr Haar leuchtete in der Sonne wie reinstes Gold. Sie ritt auf Finn zu und grüßte ihn freundlich:

»Ich grüße Euch Finn, Anführer der Fianna.«

»Wer seid Ihr und woher seid Ihr gekommen?« fragte Finn. »Mein Name ist Niamh Goldhaar, und ich bin die Tochter des Königs von Tir Nan Og, dem Land der Jugend«, antwortete ihm die schöne Frau.

»Was führt Euch zu uns, edle Dame aus dem Land der Jugend?« fragte Finn.

»Ich habe mich in Euren Sohn Oisin mit den starken Händen verliebt und möchte ihn als meinen Mann in mein Königreich führen«, entgegnete Niamh.

»Wie kommt es, daß Ihr nicht einen Mann aus Eurem eigenen Reich einem Menschen vorzieht?« fragte Finn verwundert.

»Die Kunde von Oisins Freundlichkeit und sein guter Name drangen bis in unser Land. Und ich habe mich entschieden, keinen anderen als ihn zu meinem Gatten zu wählen«, antwortete ihm Niamh.

Als Oisin das hörte, entbrannte er in großer Liebe zu der schönen Königstochter aus der Anderswelt. Und er sehnte sich mit jeder Faser seines Herzens nach ihr.

»Gern will ich dir folgen, schöne Prinzessin mit dem Goldhaar«, rief er freudig aus. »Nie zuvor habe ich ein so schönes Weib erblickt, und ich will dich bis an das Ende aller Tage lieben.«

»Dann folge mir als mein Gemahl in das Land der Jugend, wo du niemals Hunger oder Krankheit erleiden mußt und ein jeder Tag in Freude und Schönheit vergeht«, sagte Niamh.

Oisin verabschiedete sich von seinem Vater und seinen Gefährten und schwang sich hinter Niamh auf ihr Pferd. Das Pferd galoppierte zum Strand und weiter in den See hinein und schließlich durch ihn hindurch in die Anderswelt.

Die Männer der Fianna stießen Klagerufe aus, wußten sie doch, daß sie den tapferen Oisin niemals wiedersehen würden.

Der keltische Glaube in den Mythen

Obwohl die christlichen Mönche die Sagen und Mythen aus vorchristlicher Zeit in erster Linie deshalb aufzeichneten, um die Überlegenheit des Christentums zu demonstrieren, ist es allein ihnen zu verdanken, daß so viele Mythen und Legenden der Kelten erhalten geblieben sind. (Vgl. Helmut Birkhan, *Die Kelten*. 1997) Durch die Christianisierung wurde das bis dahin gültige religiöse Verbot, Wissen aufzuschreiben, aufgehoben. Die Iren übernahmen das lateinische Alphabet, um die alten Sagen in ihrer eigenen Sprache aufzuzeichnen. Irisch entwickelte sich im 9. Jh. neben Griechisch und Lateinisch zur dritten Schriftsprache Europas. Die irischen Kelten gehörten auch zu den ersten, die kirchliche Texte in der Landessprache verfaßten.

In den Sagen finden sich viele Beispiele, welche die Beschreibungen der antiken Autoren von der Seelenwanderung bestätigen. Tod und Wiedergeburt sind ein ständig wiederkehrendes Motiv. Allerdings gibt es noch die Unterscheidung zwischen Menschen, die lediglich ihre Gestalt verändern oder die Gestalt von Tieren annehmen können, und Menschen, die nach dem Tod in anderer Gestalt wiedergeboren werden wie beispielsweise Etain (siehe Seite 139) oder Taliesin (siehe Seite 90).

Ein gutes Beispiel für die Mischung aus Metamorphosen und Wiedergeburt ist die Sage von Tuan aus dem *Lebor Gabála Erenn*, dem »Buch der Einwanderungen«, von dem niemand genau weiß, ob es sich bei den darin beschriebenen Eroberern um Menschen oder Götter handelt. Darin wird berichtet, daß Tuan als einziger die Invasion von Partholon überlebt und über Jahrhunderte hinweg in vielen Gestalten die Geschichte Irlands verfolgt hatte, bis er schließlich als Mensch wiedergeboren und von St. Patrick getauft wurde.

Die Geschichte von Tuan mac Cairill

Um 500 n. Chr. begegnete der Abt Finnian einem weisen alten Mann, der ihm seine Lebensgeschichte erzählte. Er sei mit Partholon, dem Eroberer, nach Irland gekommen. Partholon hatte die Insel mit vierundzwanzig Männern und vierundzwanzig Frauen kurz nach der Sintflut erreicht. Die Insel war fruchtbar, und es gab viele Tiere. Schon bald hatte sich die Gruppe der Einwanderer auf fünftausend Menschen vermehrt.

Da kam eine Seuche über Partholons Volk, die nur ein einziger überlebte: Tuan. Er lebte allein unter den Tieren, bis er nach vielen, vielen Jahren die Flotte von Nemed erblickte, die an der Küste Irlands landete. Er freute sich über den Anblick von Menschen und wurde Zeuge, wie sie bei der Landung gegen einen heftigen Sturm ankämpfen mußten. Diesen Sturm verursachte das Urvolk der Insel, die Fomorier, ein Volk von Riesen.

Tuan war inzwischen hundert Jahre alt geworden und fiel in einen tiefen Schlaf. Als er erwachte, besaß er die Gestalt eines Hirsches und fühlte sich jung und stark. Er wurde zum König der Hirsche von Irland. Von Nemeds Leuten blieben indes nur vier Paare übrig, die bald auf ein Volk von viertausend Menschen anwuchsen. Sie waren stark und schön. Eines Tages verschwanden sie plötzlich, und Tuan fand nur noch ihre Gebeine. Doch Tuan wurde als Hirsch dreihundert Jahre alt.

Eines Tages fiel er wieder in einen tiefen Schlaf. Als er erwachte, hatte er sich in einen jungen, starken Eber verwandelt. Er herrschte als König über das Schwarzwild von Irland, und während der zweihundert Jahre im Körper des Ebers erlebte er die Ankunft des Stammes der Fir Bolg.

Tuan fiel wieder in einen tiefen Schlaf. Diesmal erwachte er als Adler. Dreihundert Jahre lang lebte er als Adler. In dieser Zeit erlebte er die Ankunft der Tuatha de Danann, die nach der Landung ihre Schiffe verbrannten, als Zeichen dafür, daß sie für immer auf der Insel bleiben wollten. Tuan wurde Zeuge des Kampfes zwischen den Tuatha de Danann und dem Stamm der Fir Bolg, den die Tuatha de Danann gewannen.

Als die Söhne von Mile auf der Insel landeten und die Tuatha de Danann besiegten, verwandelte sich Tuan in einen Lachs. Als solcher sollte er hundert Jahre leben. Eines Tages wurde er von einem Fischer gefangen. Dieser brachte den Lachs zur Frau von Cairill, dem König von Ulster, die ihn verspeiste. In ihrem Leib verwandelte sich Tuan in einen Menschen zurück und wurde als ihr Sohn geboren. Seine siebte Wiedergeburt erlebte er als Christ, nachdem ihn St. Patrick getauft hatte.

In dieser Legende klingt bereits an, daß die Druiden den christlichen Glauben keineswegs als Widerspruch zu den eigenen Glaubensvorstellungen empfanden, sondern viele Parallelen darin entdeckten. Eine wichtige Verbindung zwischen dem Christentum und dem Druidentum war der gemeinsame Glaube an ein Leben nach dem Tod, wenngleich die Vorstellungen über dieses Leben nicht gerade identisch waren. Die Kelten scheinen auch an einen höchsten Geist, der über allen anderen Göttern stand, geglaubt zu haben. Viele Forscher meinen, daß mit Hesus bzw. Esus, was »Atem« oder »Geist« bedeutet, dieses höhere Wesen gemeint war. Hier lassen sich durchaus Parallelen zu Jesus ziehen. Ebenso glaubten ja auch die Christen an die Unsterblichkeit der Seele. So ähnelte Jesus als Gottes Sohn in vielen Zügen den keltischen Sonnengöttern Lug und Cuchulain. Und nicht zuletzt fanden sie in der Verehrung der Mutter Gottes, Maria, eine Entsprechung der Muttergöttin. All dies könnten Gründe für den sanften Übergang vom keltischen Glauben zum Christentum in Irland gewesen sein wie auch eine Erklärung für den keltischen Sonderweg in der christlichen Kirche (siehe auch Seite 170).

Die christlichen Mönche verknüpften ihre Heiligenlegenden geschickt mit Motiven aus der keltischen Mythologie. So begegnete Patrick dem keltischen Helden Oisin, aber auch der keltische Sonnenheld Cuchulain kam in einer Legende extra aus dem Himmel herabgefahren, um die Kelten von der Richtigkeit der christlichen Religion zu überzeugen. Jesus wurde sogar in manchen Legenden als Nachfolger Cuchulains und keltischer Sonnengott dargestellt. So liegt die Vermutung nahe, daß die Druiden im Christentum die logische Vollendung des Druidentums sahen.

Die Christianisierung der Kelten

Lange vor der Christianisierung der Inselkelten in Irland und Britannien vollzog sich die Christianisierung der Festlandkelten im römisch besetzten Gallien.

Durch das Verbot der Druidenschulen im Jahre 54 n. Chr. war den Druiden die Möglichkeit der Wissensvermittlung genommen worden. Schon zuvor hatte Kaiser Augustus den Druiden ihre römischen Staatsrechte aberkannt, und Tiberius ließ sie ächten und verfolgen. Da die Druiden ihr Wissen nur mündlich weitergaben, bedeutete das Verbot der Druidenschulen schon bald das Aus für die keltische Religion auf dem Festland. Wenig später verehrte die Bevölkerung Galliens bereits die römischen Götter, hinter denen sich manchmal noch eine keltische Gottheit verbarg. Ob die Druiden sich den neuen Gegebenheiten anpaßten oder vertrieben und umgebracht wurden, ist ein Rätsel, das bis heute nicht gelöst wurde.

Die ältesten Berichte über christliche Gemeinden in Gallien stammen aus dem 2. Jh. n. Chr. Als das Christentum im 3. Jh. von den Römern zur Staatsreligion erhoben wurde, wurden die eroberten Gebiete zwangsläufig ebenfalls christianisiert. Daher breitete sich die neue Religion bereits im 4. Jh. über ganz Gallien aus.

Bis heute konnte nicht festgestellt werden, wann die Christianisierung Britanniens und Irlands begann. Die Briten selbst beziehen sich gern auf die Legende von Joseph von Arimathaia, der mit dem heiligen Gral, einer Schale, in der er bei der Kreuzigung Christi dessen Blut aufgefangen haben soll, nach Glastonbury kam, um dort die erste christliche Kirche erbauen zu lassen. Demnach wäre das Christentum in Britannien ebenso alt wie das Christentum in Jerusalem. Dafür spricht auch, daß das Christentum im Jahre 156 auf dem Konzil in Winchester zur offiziellen Nachfolgerin der druidischen Lehre bestimmt wurde. (Isabell Hill Elder, *Celt, Druid and Culdee.* 1973) Die ersten christlichen Gemeinden entstanden dann auch in Britannien schon um das Jahr 200 n. Chr.

Für die Kelten war die gesamte Natur von Geistern beseelt. Die Verehrung dieser Geister war für sie ein wichtiger Bestandteil ihrer Religion. Dazu gehörten heilige Bäume, Quellen und Hügel. Viele davon erhielten nun neue christliche Namen. In Irland wurden an vielen vormals keltischen Quellen und Brunnen katholische Heilige verehrt. Auch in Cornwall gibt es beispielsweise den Brunnen des Sankt Melor und in Wales den Brunnen Sankt Winifrides in Holywll in Clwyd. (Vgl. Miranda Jane Green, *Keltische Mythen.* 1994) Einige Bereiche dieser Naturverehrung, besonders die Anbetung von Quellen, werden bis in unsere heutige Zeit fortgeführt. Ein Beispiel dafür ist der Brauch des »Well Dressing« in Derbyshire.

Irland wurde als einziges europäisches Land nie von den Römern erobert. Gerade hier hat sich jedoch ein besonders tiefer Glaube entwickelt. Während die Gallier und Britannier die neue Religion des Christentums eher unter römischem Zwang annahmen, wandten sich die irischen Kelten freiwillig dem Christentum zu. Die irische Hagiographie nennt keine Geschichten über christliche Märtyrer, was den Schluß nahelegt, daß die Druiden sich der neuen Religion gegenüber aufgeschlossen verhielten. Vielmehr kam es zu einer Veränderung des Druidentums. Diejenigen, die sich als Lehrer, Ärzte und Barden betätigt hatten, die *Fili,* wurden als Mönche und Priester übernommen. Jene Bereiche des Druidentums, die sich mit der christlichen Lehre nicht deckten, wurden dagegen verboten. Dazu gehörten Wahrsagerei und alle Formen der Beschwörung und Magie.

Zwar gibt es auch Berichte von Druiden, die erbitterte Gegner der neuen Religion waren, aber es überwog der Anteil derer, welche die neue

Religion annahmen. In der Mythologie der Iren gibt es Geschichten, die eine Hinwendung zum Christentum von der ersten Stunde an belegen. In der Legende *Aided Chonchobuir*, welche die Geschichte von König Conchobars Tod erzählt, deutet der Druide Cathbad dem König die Zeichen am Himmel als die Kreuzigung Christi. Diese Nachricht erzürnte den dahinsiechenden König so sehr, daß er sich von seinem Krankenlager erhob, um den Tod Christi mit Waffengewalt zu rächen. Durch diese Kraftanstrengung öffnete sich eine Wunde an seinem Kopf, und der König starb. Conchobar gilt als einer der ersten Männer Irlands, die zum Christentum übertraten.

Der berühmte Barde Taliesin soll im 6. Jh. sogar behauptet haben:

Christus das Wort war von Anfang an unser Lehrer; und wir haben seine Lehren niemals aufgegeben. In Asien war das Christentum eine Neuheit, aber zu keiner Zeit hielten sich die Druiden von Britannien nicht an seine Glaubenssätze.

(zitiert nach Ian Bradley, *Der keltische Weg*. 1996)

Die eigentliche Christianisierung Irlands erfolgte durch den Heiligen und Schutzpatron der Insel St. Patrick.

St. Patrick, der Schutzpatron Irlands

St. Patrick, der die irischen Kelten zum Christentum bekehrte, wird heute noch als Heiliger und Schutzpatron der Insel verehrt. Er organisierte die Kirche Irlands nach römischem Vorbild und missionierte vor allem im Norden und Westen der Insel, wohin bis dahin nur wenige christliche Missionare vorgedrungen waren. Doch schon vor seiner Ankunft auf der Insel im Jahre 432 n. Chr. gab es Anzeichen für eine Christianisierung der Inselkelten.

Gegen Ende seines Lebens, im fünften Jahrhundert, verfaßte Patrick eine Bekenntnisschrift. In dieser lateinisch verfaßten *Confessio*

(Es ist noch ein weiteres Schriftstück von St.Patrick erhalten: ein Brief an Coroticus Epistula ad Coroticum. Darin zieht er den britannischen Fürsten Coroticus wegen der Verschleppung irischer Christen in die Sklaverei zur Rechenschaft.) schildert er die wichtigsten Stationen seines Lebens und seine Beweggründe für die Missionierung des irischen Volkes. Demnach wurde er um das Jahr 385 geboren und wuchs im römischen Britannien auf dem Lande auf. Im Alter von 16 Jahren verschleppten ihn irische Seeräuber nach Irland, wo er als Sklave des Druiden Miluc sechs Jahre lang Schweine hüten mußte. Nach dieser Zeit gelang ihm, dank einer Eingebung Gottes, die Flucht zurück nach Britannien. Dort habe er durch himmlische Boten die Stimme der Iren vernommen, die ihn anriefen: *»Wir flehen dich an, Junge, komm und lebe wieder mit uns zusammen.«* So erkannte Patrick seine Mission, unterzog sich dem Studium der Heiligen Schrift und ließ sich zum Bischof weihen. Im Jahr 432 kehrte er schließlich nach Irland zurück, um die dort lebenden Menschen zum Christentum zu bekehren.

Der große Erfolg von St. Patricks Mission erklärt sich sicherlich durch seine genaue Kenntnis der Landessitten und der Landessprache, die er sich in den Jahren der Gefangenschaft erworben hatte. Indem er das irische Gebot der heiligen Gastfreundschaft in Anspruch nahm, stand er unter dem Schutz des Hochkönigs und der einzelnen Stammesfürsten, die er dann missionierte bzw. deren Einverständnis erhielt, ihre Untertanen zu missionieren. Gerade seine fehlende theologische Grundausbildung sowie mangelnde Rhetorikkenntnisse, welche ihn in den Augen der römischen Kirche eigentlich als für die Aufgaben des Missionars ungeeignet auswiesen, verhalfen ihm in Irland zum Erfolg. Patricks genaue Kenntnis der Heiligen Schrift, die er den irischen Kelten in ihrer eigenen Sprache vermittelte, überzeugte die einheimische Bevölkerung nachhaltiger als jeder theologische Disput. Außerdem gelang es Patrick, den Iren ein Bild Gottes zu vermitteln, das ihrer Naturverehrung entsprach und den Nerv der keltischen Spiritualität traf. Als er im Gespräch mit dem Hochkönig nach seinem Gott gefragt wurde, soll er, der Legende nach, folgendes geantwortet haben:

Unser Gott ist der Gott aller Menschen, der Gott des Himmels und der Erde, der Meere und Flüsse, der Sonne und des Mondes und der Sterne, des hohen Berges und des tiefen Tales, der Gott über dem Himmel, der Gott unter dem Himmel; Er hat seinen Sitz überall im Himmel und auf Erden und im Meer und in allem, was darauf ist. Er erleuchtet alles, Er beflügelt alles, Er beherrscht alles, Er erhält alles. Er entzündet das Licht der Sonne; Er gibt das Licht des Lichtes; Er schuf Quellen in trockenem Land … und Sterne, den größeren Lichtern zu dienen. (aus: Massingham, »The Tree of Life«, 1943 in: Thomas Lehner (Hg.), *Keltisches Bewußtsein*. 1985)

Der so beschriebene Gott deckt sich mit den Glaubensvorstellungen der Kelten.

Anonyme Darstellung des Hl Patrick aus dem 19. Jh.

Von besonderer Bedeutung ist die Heiligenlegende Patricks, die *Bethu Phátraic (Das Leben des Patrick)* – wegen ihres dreiteiligen Aufbaus auch *Vita Tripartia* genannt – aus der Zeit um 900 stammt und zum größten Teil in irischer Sprache geschrieben wurde. In dieser Biographie erscheint Patrick als Magier, der seine außerordentliche Zauberkraft und Wortgewalt seinem Gott verdankt. Mit Hilfe dieser Kräfte gelingt es ihm schließlich, die heidnischen Götter und Druiden zu bezwingen. Patrick besaß demnach mächtigere Zauberkräfte als die Druiden und konnte die Bevölkerung dadurch überzeugen. Er wurde zum neuen Helden der keltischen Mythen und später zu **dem** keltisch-christlichen Heiligen.

Der Legende nach entzündete Patrick, trotz eines königlichen Verbots, am Vorabend des Festes von Tara ein Osterfeuer auf dem Hügel von Slane. Die daraufhin entsandten Streitwagen konnte er mit Hilfe seiner Zauberkünste besiegen: Die Angreifer dachten, der Himmel stürze ein. Durch einen christlichen Zaubergesang entgingen der heilige Patrick und seine Gefährten laut der Heiligengeschichte auch einem weiteren Hinterhalt. Die Verfolger hielten die vorbeiziehenden Christen im Morgennebel für ein Rudel Rehe. Sogar in einem offenen Wettstreit zwischen den Zauberkünsten der Druiden und den Zauberkünsten Patricks trug Patrick den Sieg davon. In einigen der Legenden begegnete Patrick auch Helden der keltischen Mythologie, die er dann in einem Gespräch zum Christentum bekehrte. Auch hier zeigt sich eine Parallele zur keltischen Glaubensvorstellung. Beide Religionen messen der Macht des Wortes große Bedeutung zu. Die folgende Geschichte der »Unterredung mit dem Alten« ist dafür ein gutes Beispiel.

Die Unterredung mit dem Alten

(zitiert nach Christopher Bamford; Die keltischen Heiligen und die Natur, in: Thomas Lehner (Hg.): *Keltisches Bewußtsein*. 1985)

Nachdem Oisin mit seiner Frau Niamh und ihren drei gemeinsamen Kindern viele glückliche Jahre in der Anderswelt verbracht hatte, befiel ihn eines Tages große Sehnsucht nach seinem Vater und nach Irland. Niamh erklärte ihm, daß die Zeit in Irland anders vergangen sei als in der Anderswelt, und daß er nichts mehr so vorfinden würde, wie er es verlassen hatte. Aber das Heimweh Oisins war übermächtig. Schweren Herzens überließ ihm Niamh ihr weißes Pferd und schärfte ihm ein, daß er auf keinen Fall irischen Boden betreten dürfe. Sollte er gegen dieses Verbot verstoßen, so wäre ihm der Rückweg für alle Zeit versperrt.

Oisin ritt los und fand zu seiner großen Enttäuschung alles so vor, wie Niamh es ihm vorhergesagt hatte. Finns Palast war verfallen, und von Oisins Kameraden, den Fianna, berichteten nur noch die Legenden. Verzweifelt betrachtete Oisin die Menschen, die nun Irlands grüne Wiesen bevölkerten. Es waren schwache, zahme Gestalten, denen das einstige Heldentum der Fianna vollkommen fremd war. Oisin sah zu, wie sich ein Häuflein dieser Schwächlinge darum bemühte, einen Stein auf einen Wagen zu heben. Er beugte sich hinab, um ihnen zu helfen, und fiel dabei vom Pferd. Sobald er den Boden berührt hatte, verwandelte er sich in einen alten Greis. Die dreihundert Jahre, die er in der Anderswelt verbracht hatte, zeichneten nun seinen Körper. Die erschrockenen Menschen brachten Oisin zu Patrick, der damals in Irland weilte. Dieser pflegte den uralten Greis und ließ sich seine Geschichte erzählen. Am Ende der Erzählung spendete Patrick dem alten Mann die Taufe.

In einer späteren Version der Legende verzweifelte Oisin, als er von Patrick erfuhr, daß seine früheren Gefährten, die Fianna, allesamt von Gott besiegt worden waren und in der Hölle schmorten. Er lehnte die Taufe ab und bat Patrick statt dessen, ihm den Weg in die Hölle zu seinen Kameraden zu weisen.

Der Sonderweg der keltischen Christen

Die keltische Religion war also nicht vollkommen unterdrückt und ausgemerzt, sondern zu großen Teilen von der neuen christlichen Religion absorbiert worden. Die Schulen der Barden und Druiden wurden übernommen und in Klöster umgewandelt. Dies ist eine mögliche Erklärung für die Macht der Klöster. Besonders bekannt sind die Klöster Bangor, Confert und Lismore.

Um das 6. Jh. wandelte sich in Irland die Struktur der Kirche, die St. Patrick nach römischem Vorbild geschaffen hatte. Damals fand die Kirche zu einer Form, die der irischen Gesellschaft entsprach. Die Bischöfe verloren ihre Bedeutung, dafür entwickelten sich die Klöster und ihre Äbte zur entscheidenden religiösen Kraft im Lande. Die Klöster entstanden als eine Art religiöser Stammesverbände jeweils mit dem Abt als *tuath*, als Häuptling an der Spitze. In der Regel durfte nur ein Nachkomme des Abtes seine Nachfolge antreten. Die von Patrick geschaffene Bischofskirche nach römischem Vorbild verwandelte sich also in eine Mönchskirche.

Es gab jedoch noch andere Unterschiede zwischen der keltischen und der römischen christlichen Kirche. So benutzte die keltische Kirche zur Berechnung der kirchlichen Feiertage einen Mondkalender, während die römische Kirche nach dem Sonnenkalender vorging. Die Iren erhielten zudem eine andere Tonsur, nämlich eine Haarschur von Ohr zu Ohr, die angeblich auf die Tonsur der Druiden zurückging. Auch das Zölibat war bei den keltischen Christen zunächst unbekannt, und die Klöster wurden häufig von Frauen geleitet.

Im 8. Jh. entstand die christliche Bewegung der *Céli Dé* oder auch *culdees*, der »Diener Gottes«, bei denen es sich möglicherweise um frühere Druiden handelte. Von den *culdees* heißt es, daß sie zur Überraschung der ersten Missionare eine Lehre predigten, die jener aus den Anfängen des Christentums sehr ähnlich war. Eine beliebte Legende wird häufig als mögliche Erklärung dafür angegeben. Darin heißt es, daß Jesus selbst Glastonbury besucht haben soll.

Das Konzept der Dreifaltigkeit, das Patrick den Iren am Beispiel des Kleeblatts erklärte, welches heute noch das Wahrzeichen Irlands ist, war den Kelten nicht unbekannt. Die ursprüngliche Muttergöttin, die Verkörperung des Landes selbst, war ebenso dreifaltig wie alle anderen Göttinnen der Kelten. Ihrem Glauben nach war ja jede Göttin nur eine Ausformung der einzigen, ursprünglichen Muttergöttin. So wie sich also bei den Kelten der Übergang von einer matriarchalen zu einer patriarchalen Gesellschaftsform vollzog, verwandelte sich auch ihr Götterbild. Ausgehend von der weiblichen Urgöttin, gewannen die männlichen Götter zunehmend an Bedeutung, um sich dann zu einem monotheistischen christlichen Gott und seiner männlichen Dreifaltigkeit zu wandeln. Auch die große Begeisterung, mit der die Iren sich der Verehrung Marias als Mutter Gottes zuwandten, mag seine Wurzeln in der ursprünglichen Anbetung einer Muttergöttin haben.

Die Geschichte der Kinder Lirs ist ein Beispiel dafür, wie selbstverständlich der Religionswechsel Eingang in die Mythen der Iren fand.

Die Kinder Lirs

Die erste Gattin Lirs war gestorben. Um Lir aufzumuntern, bot ihm der König Bodh seine Ziehtochter Aeb zur Frau an. Lir heiratete sie und führte eine sehr glückliche Ehe mit Aeb. Sie gebar ihm zweimal Zwillinge: eine Tochter und drei Söhne. Bei der Geburt des zweiten Zwillingspaares verstarb sie. Daraufhin bot Bodh ihm Aebs Schwester Aoife zur Frau an. Lir heiratete Aoife, die den Kindern zunächst eine gute Stiefmutter war. Aber im Laufe der Jahre wuchs ihre Eifersucht auf die Kinder, die Lir über alles liebte. So beschloß sie, die Kinder töten zu lassen. Aber so sehr sie sich auch bemühte, es gelang ihr nicht, einen Mörder zu dingen. Sie selbst brachte es auch nicht übers Herz, die Kinder umzubringen. Da beschloß sie, die Kinder in Schwäne zu verwandeln. Sie sollten nacheinander auf drei verschiedenen Seen je dreihundert Jahre zubringen und erst dann ihre menschliche Gestalt zurückerhalten, wenn der König des Nordens sich mit der Königin des Südens vermählt hätte.

Als Aoifes Tat bekannt wurde, verwandelte Lir sie zur Strafe in einen grauen Geier. Aber es gelang ihm nicht, den Zauber zu brechen, den sie über seine Kinder verhängt hatte. Von diesem Tag an durfte in Irland kein Schwan mehr gejagt werden, ein Gebot, das sich bis in die heutige Zeit gehalten hat.

Die vier Schwäne hatten ihre menschliche Gestalt verloren, nicht jedoch ihre Stimmen. Mit ihrem wunderschönen Gesang verzauberten sie alle Menschen und brachten Frieden in ihre Herzen. Die ersten dreihundert Jahre verbrachten sie auf dem See von Derravarragh, wo ihnen die Zeit in der Gesellschaft von Lir und dem König Bodh recht angenehm verging. Die nächsten dreihundert Jahre verlebten sie in Schottland, wo sie sehr unter der Kälte litten. Am schlimmsten waren jedoch die letzten dreihundert Jahre, die sie am Meerstrom der Mullet-Halbinsel verbringen mußten. Um ihre Brüder vor der Kälte zu schützen, nahm Fionula, die Tochter Lirs, sie unter ihre Flügel an ihre Brust. Auf diese Weise überlebten die Schwäne sogar die große Kälte.

Am Ende der neunhundert Jahre wollten sie zu ihrem Vater zurückkehren, doch sie fanden sein Anwesen zerstört und verlassen vor. Enttäuscht ließen sich die vier Schwäne auf der Insel Inishglora nieder, wo sie sich mit dem Einsiedler Kemoc anfreundeten. Dieser erzählte ihnen von der Lehre Christi.

Indessen hatte der König von Connaught vom wunderbaren Gesang der vier Schwäne gehört und ritt zu Kemoc, um die Schwäne als Brautgeschenk für seine Verlobte zu erbitten. Als Kemoc sie nicht herausgeben wollte, nahm der König sie mit Gewalt an sich. Aber der Zauberbann war gebrochen. Er selbst war der König des Nordens, der sich mit einer Königin aus dem Süden vermählte. Zu seinem Entsetzen verloren die prächtigen Schwäne sämtliche Federn und verwandelten sich in vier weißhaarige Greise. Bevor sie starben, bat Fionula den Einsiedler Kemoc um die Taufe für sich und ihre Brüder.

Die heilige Brigid von Kildare

Ein gutes Beispiel für die Verwandlung einer keltischen Göttin in eine christliche Heilige ist die heilige Brigid von Kildare, die mit Patrick und Columba zur großen Trias irischer Heiliger gehört. Der christlichen Heiligenlegende zufolge wurde Brigid um 435 in Nordirland geboren. Ihre Mutter war eine Sklavin, aber ihr Vater ein hochgestellter Adliger. Noch vor Brigids Geburt wurde ihre Mutter an einen Druiden verkauft.

Glasfenster mit der Hl Brigid aus Ballylylan, Irland (19. Jh.)

Schon als Kind zeigten sich erste Anzeichen für Brigids Heiligkeit. Über ihrem Kopf erschienen Feuerflammen, alles was sie berührte, wuchs und gedieh. Sogar das Holz eines Altars, den sie zum Beweis ihrer Jungfernschaft berührte, soll grün ausgeschlagen haben.

Mit vierzehn Jahren errichtete sie sich eine Klosterzelle unter einer heiligen Eiche (*cill dare* = »Zelle der Eiche«). Schon bald darauf erhielt sie soviel Zulauf, daß sie ein Kloster gründete, in dem sich Frauen und Männer gemeinsam aufhielten. Dieses Kloster errichtete sie über einem heiligen Feuer, einem alten Heiligtum der Göttin Brigit.

Bis ins 12. Jh. war es Brauch gewesen, das »Feuer der heiligen Brigida« stets am Brennen zu erhalten. Erst um das Jahr 1220 wurde es vom Erzbischof verboten, um dem »Aberglauben« keinen weiteren Vorschub zu leisten.

Die heilige Brigid wurde indes schon bald »Maria der Gälen« genannt und zur Schutzpatronin des Herdes, des Heimes, der Fruchtbarkeit und des Heilens erklärt, eben jener Bereiche, die zuvor der dreifaltigen Göttin Brigit zugeordnet gewesen waren. Auch viele heilige Quellen und Brunnen, die einst der Muttergöttin Brigit geweiht waren, verehrte das Volk nun unter dem Namen der christlichen Heiligen.

Der Festtag der heiligen Brigid, die in manchen Legenden auch als die Hebamme Christi bezeichnet wurde, ist ihr Todestag, der 1. Februar. An diesem Tag feierten die Kelten das Feuerfest *Imbolc* zu Ehren ihrer Göttin Brigit.

Die hohen Feste der Kelten und die Übernahme keltischer Feiertage durch das Christentum

Das Fest der Göttin Brigit ist nicht das einzige keltische Fest, das in einem christlichen Feiertag weiterlebt. Dank Cäsars Berichten wissen wir, daß die Kelten den Ablauf der Zeit nach dem Mond und nicht nach der Sonne maßen. Ein neuer Tag begann für sie also mit der Nacht. Der Coligny-Kalender der gallischen Kelten aus dem 1. Jh. bestätigt diese Annahme. Es handelt sich bei diesem Kalender um eine Bronzetafel, die 1897 in der Nähe von Lyon gefunden wurde. Darauf sind fünf Jahre mit 62 Mondmonaten zusammengefaßt. Alle fünf Jahre wurde ein Schaltjahr eingeschoben.

Besonders interessant ist die Einteilung in »gute« und »nicht gute« Tage und Monate, wobei jedoch nicht überliefert ist, nach welchen Kriterien sie vorgenommen wurde. Die Jahreszeitenfeste bildeten feste Punkte im Jahreslauf, an denen religiöse Feiern abgehalten wurden. Sie wurden jeweils vierzig Tage nach der Sonnenwende sowie der Tagundnachtgleiche gefeiert. Diese »Feuerfeste« entsprachen dem Zyklus vom Werden und Vergehen in der Natur und standen in engem Zusammenhang mit der Landwirtschaft. Die Bezeichnung »Feuerfeste« rührt von dem Brauch der Druiden her, die Feiern jeweils am Vorabend des Festes mit dem rituellen Neuanzünden der Feuer zu beginnen.

Für die Inselkelten gab es nur zwei Jahreszeiten, den Sommer, der am 1. Mai mit dem Fest von *Beltane* begann, und den Winter, der am 1. November mit dem Fest von *Samhain* begrüßt wurde, das heute noch am bekanntesten ist.

Samhain

In der Nacht vor *Samhain* endete das alte Jahr, und am 1. November, dem Tag des Wandels, der Geburt und des Todes, began der Winter und damit das neue Jahr. Am Vorabend des *Samhain* -Festes mußten in Irland alle Feuer gelöscht werden, was wohl ein Symbol für das Sterben des alten Jahres war. Mit dem Entzünden des Feuers durch die Druiden am folgenden Tag begann das neue Jahr.

In dieser Nacht war also das Tor zwischen den Welten geöffnet. Geister gingen ungehindert hindurch, um unsere Welt zu besuchen, und die Menschen konnten den Bewohnern der Anderswelt einen Besuch abstatten. An *Samhain* bestimmte die Ewigkeit die Welt der Menschen und ließ die Zeit stillstehen. Die Zeitspanne von einem *Samhain-Fest* zum nächsten spielt in vielen Legenden eine bedeutsame Rolle. Bei Begegnungen von Menschen mit Wesen aus der Anderswelt mußte oft ein Jahr verstreichen, bevor sie einander wiedertreffen konnten.

Der junge Mac Oc machte sich der Legende nach mit ungemeiner Raffinesse die besonderen Zeitumstände von *Samhain* zunutze. Er bat seinen Vater am Vorabend des Festes, das Königreich für einen Tag und eine Nacht regieren zu dürfen. Der Vater willigte gutmütig ein, hatte jedoch nicht bedacht, daß dieser Zeitraum an *Samhain* die Ewigkeit bedeutete!

Das Wort *Samuin*, von dem sich *Samhain* herleitet, bedeutet »Vereinigung«. Die irischen Kelten feierten diesen Tag als die Vereinigung von Gut und Böse, Vernunft und Verwirrung, aber auch als Versöhnung des Stammesgottes mit der Muttergöttin. Symbolisch wurde diese Versöhnung durch die Vereinigung von Morrigan und Dagda dargestellt (siehe auch Seite 43). Sie diente der Wiederherstellung des

Kräftegleichgewichts von Gut und Böse und sollte die Fruchtbarkeit des Bodens sichern.

Das Fest von *Samhain* war auch für die keltische Gesellschaft von besonderer Bedeutung. Es kennzeichnete den Beginn der dunklen und kalten Jahreszeit; so wurde das Vieh in die Ställe getrieben, die Fianna, die Kriegertruppe Finns, bezogen ihr Winterquartier; und auch die Barden und Druiden, die *Fili*, begannen mit ihrer winterlichen Wanderung zu den einzelnen Fürsten- und Königshöfen, was sich im 7. Jh. zu einer wahren Plage auswuchs, weil die *Fili* mit großem Gefolge reisten, das verköstigt werden mußte.

In Irland fanden zu *Samhain* in Tara große Versammlungen von Vertretern der fünf Provinzen statt, bei denen politische Angelegenheiten besprochen und neue Gesetze erlassen wurden. Der König hielt bei dieser Gelegenheit ein großes Festmahl ab. Über die Dauer des Festes variieren die Angaben zwischen drei und dreißig Tagen. Genauso unklar ist, ob diese Vollversammlung alljährlich oder nur alle drei bis fünf Jahre stattfand.

Die christliche Entsprechung zu *Samhain* ist Allerheiligen, der Tag, an dem die »Gemeinschaft der Heiligen« gefeiert wird. Am Tag danach wird in der katholischen Kirche Allerseelen gefeiert, wobei der Verstorbenen gedacht und Fürbitte für die »Armen Seelen« im Fegefeuer geleistet wird.

In den USA, und neuerdings auch bei uns, wird in der Nacht vor dem 1. November »Halloween« gefeiert. Die Kinder verkleiden sich als Hexen und Gespenster. Sie ziehen von Tür zu Tür und fordern drohend »trick or treat« – »Süßigkeiten her, oder wir spielen euch einen üblen Streich!« (»Süßes oder Saures!«) was ebenfalls an die Verbindung zur Welt der Toten und Geister erinnert. Auch die alten Ägypter feierten in der Zeit vom 28. Oktober bis zum 3. November ein Fest zur Erinnerung an die Toten. Es hieß »das schöne Fest des Wüstentals« und erinnerte an die Auffindung und Wiederbelebung des toten Osiris.

Imbolc (Imbolg)

Imbolc war das zweite Feuerfest im keltischen Jahreslauf. Es wurde am 1. Februar zum Gedenken an Brigit, die Göttin der Fruchtbarkeit, gefeiert. Die Aufgaben der Göttin Brigit umfaßten unter anderem den Schutz der Frauen in den Wehen und die Überwachung des Bierbrauens. Darüber hinaus war sie die Göttin der Dicht- und Wahrsagekunst.

Imbolc bedeutet »Anlegen der Lämmer«, und es war die Zeit, in der die Mutterschafe begannen, ihre Lämmer zu säugen. Dieser Tag lag in der Mitte des Winters und war dem Feuer wie auch dem reinigenden Wasser geweiht. Das Feuerfest *Imbolc* diente der rituellen Reinigung von den Härten des Winters.

Von den Christen wurde die Göttin Brigit später als katholische Heilige übernommen (siehe auch Seite 39), behielt aber viele dieser Rollen bei. So wird der Festtag der heiligen Brigid von Kildare ebenfalls am 1. Februar begangen. Viele Zeremonien an diesem Tag erinnern an Bräuche aus vorchristlicher Zeit, zum Beispiel das Flechten des »Brigid-Kreuzes«, das an ein Sonnenrad erinnert. Heute trägt dieses Fest jedoch rein christliche Züge.

Beltane – »Feuer des Bel«

Am 1. Mai feierten die Kelten den Sieg der Sonne *(Bel)*, der Lebensspenderin, über den dunklen, kalten Winter. Es war die Zeit des Neubeginns, das Ende des Winters und der Beginn des Sommers. Die Feuer der Druiden wurden neu entzündet, wobei der irische König das Recht besaß, das Feuer als erster zu entzünden. Als der heilige Patrick sein Osterfeuer ungestraft vor ihm anzündete, war ihm ein wichtiger Schritt zur Bekehrung der Iren zum Christentum gelungen. Daß Patrick genau dieses Fest für seine Kampfansage benutzte, läßt darauf schließen, daß es sich bei *Beltane* um ein Fest der Priester handelte. Das wäre auch eine Erklärung dafür, daß so wenige Aufzeichnungen von diesem Fest existieren, da die christlichen Schreiber kein Interesse daran hatten, die Erinnerung an die Druiden aufrecht zu erhalten. (Vgl. C.-J. Guyonvarc'h/F. Le Roux, *Die Hohen Feste der Kelten*. 1977)

Beltane bedeutet »strahlendes, leuchtendes Feuer«. Es war die Zeit, in der man das Vieh nach dem langen Winter wieder auf die Weiden trieb. In *Cormacs Glossar wird* beschrieben, wie Druiden an *Beltane* zwei Feuer entfachten, zwischen denen Haustiere hindurchgetrieben wurden. Dieses Ritual sollte der Steigerung der Fruchtbarkeit und der Reinigung dienen.

Die Fianna, die den ganzen Winter in Häusern verbracht hatten, begannen nun wieder, durch die Wälder zu ziehen.

In der irischen Mythologie ereigneten sich alle Invasionen am Tag des *Beltane*-Festes. So sollen die göttlichen Wesen, die Tuatha de Danann, das erste Beltanefeuer Irlands, entzündet haben, als sie ihre Schiffe in Brand setzten.

Obwohl über die Hintergründe dieses keltischen Feuerfestes kaum etwas bekannt ist, hat sich dieser Tag als Festtag in weiten Teilen Europas erhalten. Die Nacht zum 1. Mai heißt Walpurgisnacht. Ähnlich wie an *Samhain* waren zu *Beltane* die Grenzen zur Anderswelt nicht so fest geschlossen. Daran erinnert auch die Walpurgisnacht, jene Nacht, in der sich die Hexen und Hexer versammeln, um gemeinsam zu feiern, bevor sie sich am nächsten Tag in das Dunkel zurückziehen müssen. Es könnte sich aber auch um ein letztes Aufbäumen der dunklen Mächte des Winters handeln, die dem nun beginnenden Sommer weichen müssen. Der Beginn des Sommers wird dann am 1. Mai mit dem Tanz um den Maibaum und vielen Fruchtbarkeitsriten gefeiert.

In Irland erzählt man sich noch heute, daß am 1. Mai bzw. am Ostersonntag die Sonne bei ihrem Aufgang vor Freude tanzt. Wenn sich das Licht der tanzenden Sonne in einer Quelle oder einem Wassereimer fängt, so wird diesem Wasser besondere Heilkraft zugeschrieben. Ein Rest dieser Verbindung von Feuer und Wasser spiegelt sich auch in dem Brauch, die Osterkerze im Taufwasser zu weihen und im Schöpfen des »Osterwassers« aus einer Quelle. (Ingeborg Clarus: *Keltische Mythen. Der Mensch und seine Anderswelt.* 1991)

Lugnasad (Die Hochzeit des Lug)

Lugnasad war das Fest, das der Sonnengott Lugh der Überlieferung zufolge zu Ehren seiner Amme Tailtiu abhalten ließ. Alljährlich fand am 1. August die »Versammlung von Tailtiu« statt. Dabei handelte es sich um ein Zusammentreffen in freundschaftlicher Atmosphäre, das für Angehörige aller gesellschaftlichen Schichten verpflichtend war. Es war eine Zeit des Waffenstillstands. Lüge und Täuschung waren ebenso verboten wie ausschweifende Orgien. Statt dessen wurden Wettkämpfe wie Sängerwettstreite oder Pferderennen veranstaltet. Das berühmteste Rennen war sicherlich das Rennen der hochschwangeren Macha gegen die Pferde des Königs (s. S. 47).

Lugnasad war darüber hinaus das Fest, bei dem die Muttergöttin in Verkörperung der Amme Tailtiu um eine gute Ernte gebeten wurde. Die Übersetzung von *Lugnasad* mit »die Hochzeit des Lug« deutet zudem auf den Brauch der Heiligen Hochzeit hin. Im Gegensatz zu den Feuerfesten von *Samhain* und *Beltane* gibt es für dieses Fest keine Überlieferung von Opferhandlungen oder anderen religiösen Zeremonien.

Lugnasad war wahrscheinlich auch ein Fest des Königs, der als Nachfolger des Sonnengottes Lug dafür Sorge zu tragen hatte, daß die Mutter Erde geehrt wurde, damit sie im Gegenzug seine Herrschaft stützte. An diesem Tag fanden viele Paare für immer oder auch nur für die Dauer eines Jahres zusammen, denn sie konnten ihre Ehe beim nächsten *Lugnasad* problemlos wieder lösen. Auch in späterer Zeit war dieser Tag ein beliebter Hochzeitstermin, denn Kinder, die in dieser Nacht gezeugt wurden, kamen in der warmen Jahreszeit zur Welt und hatten deshalb besonders gute Überlebenschancen.

Das Fest *Lugnasad* trägt von allen keltischen Festen die auffallendsten bäuerlichen Wesenszüge. Das wird auch in seiner heutigen, christlichen Form deutlich. In Irland feiert man den 1. August ausgelassen zu Ehren der Pflüger. Diese tragen durch ihre Arbeit einen wichtigen Teil zum Gelingen einer Ernte bei. Ein anderer Brauch, der sich bis in die heutige Zeit gehalten hat, ist das Besteigen eines Berges in den frühen Morgenstunden des 1. August, um den Sonnenaufgang zu begrüßen.

Die Legende vom rituellen Jahr der Kelten

Dem rituellen Jahr der Kelten liegt folgende Geschichte zugrunde, die eng mit dem Lauf der Sonne verknüpft ist:

Die Muttergöttin bekommt zu Anfang des neuen Jahres (an Samhain) einen Sohn, den neuen König. Beim Fest von Imbolc am 1. Februar gibt sie ihm einen Namen und stattet ihn mit Waffen aus. Am Tag der Frühlingstagundnachtgleiche bricht er auf und reitet im strahlenden Glanz davon. Die Sonne regiert nun diese Jahreszeit und steigt zu immer höherer Kraft auf. Zum Feuerfest von Beltane am 1. Mai vereinigt sie sich mit ihrem Sohn, dem König des Landes, in der Heiligen Hochzeit. Zur Sommersonnenwende am 24. Juni, beim höchsten Stand der Sonne – und dem Zenit der Macht des Sonnenkönigs –, beginnt sein Untergang. Er wird von seinem dunklen Ich, seinem Schatten, enteignet und als Opfer gekreuzigt. In der folgenden zweiten Jahreshälfte regiert der dunkle König. Zum Feuerfest Lugnasad wird dieser König symbolisch mit dem Korn verspeist. Zur Tagundnachtgleiche des Herbstes trauert seine Königin und Muttergöttin um ihn. Am Feuerfest von Samhain schließlich wird seine Seele in die Unterwelt entführt. Dort gelingt es der Seele, in Gestalt eines Adlers zu entfliehen. Am Tag der Wintersonnenwende tötet das kleine Kind, das die Göttin inzwischen geboren hat, den Dunklen König, und der Zyklus beginnt von neuem.

Viertausend Jahre keltische Kultur

Die hier folgenden Daten zeigen auf, daß sich der rote Faden einer ununterbrochenen Kontinuität keltischer Kultur durch die gesamte europäische Geschichte zieht. Die Entwicklungen und die Wandlungen des Keltentums als geistiges, religiöses, literarisches und politisches Phänomen, kurz: als kreatives Ferment unserer Geschichte, gehört untrennbar zu unserer europäischen Identität.

Die Zeit vor Christus

um 2200	Indoeuropäer erscheinen im griechischen Raum.
um 1800	Entstehung der Aunjetizer- Kultur, aus der später die Italiker, Illyrer, Veneter und Kelten hervorgehen.
um 1500	Blüte der bronzezeitlichen Kulturen an der Westküste Europas sowie im Süden von England und Irland.
um 900	Protokelten in Spanien
	Goidelisch sprechende Völker dringen nach England vor.
753	Gründung Roms
750 - 450	Hallstattzeit (Eiszeit)
um 750	wahrscheinlich Wanderung der Protokelten nach England.
600	Gründung von Massalia (Marseille)
um 600	Goidelische Kelten aus Spanien kommen nach Irland.
um 500	Hekataios von Milet berichtet über die Kelten.
	Brythonische Kelten erreichen die Inseln.
um 450	Herodot berichtet über die Kelten.
	Beginn der La-Tene-Zeit (späte Eiszeit)
450 - 300	Frühe La-Tene-Zeit
um 400	Kelten ziehen nach Italien und verdrängen die Etrusker.
390	Erste Kämpfe gegen Römer bei Clusium
387/86	Schlacht bei Allia: Niederlage der Römer, Kelten ziehen nach Rom und brennen die Stadt nieder.

369/68	Gallische Söldner treten in den Dienst von Syrakus.
354	Römer und Samniten verbünden sich gegen die Latiner.
um 350	Kelten dringen in die ungarische Tiefebene vor.
	Bericht des Pseudo-Skylax über die Donaukelten.
343 - 341	Erster Samnitenkrieg
343 - 338	Latinerkrieg: die Römer siegen über die Latiner.
335	Keltische Delegation bei Alexander dem Großen.
326 - 304	Zweiter Samnitenkrieg (ohne Sieger)
300 - 100	Mittlere La-Tene-Zeit
im 3.Jh.	Anfänge keltischer Münzprägung
um 300	Keltische Stämme aus Gallien kommen über England nach Irland.
	Beginn der irischen La-Tene-Zeit.
298 - 290	Dritter Samnitenkrieg
295	Sieg der Römer über die verbündeten Samniten, Kelten, Etrusker und einheimischen Bergvölker bei Sentium.
283	Schlacht am Vandimonischen See
279	Die Kelten unter Brennus vor Delphi.
278	Die Kelten setzen über den Hellespont, Antiochos I. von Makedonien besiegt die Kelten.
	Nikomedes gibt ihnen Siedlungsraum bei Ankara.
	Galatien entsteht.
264 - 241	Erster punischer Krieg unter Beteiligung keltischer Söldner.
um 250	Die Kelten besiedeln die Ostalpen Entstehung des Königreiches Noricum, einer lockeren Stammesgemeinschaft im Donauraum.
230	Attalos I. von Pergamon besiegt die Galater im Tal des Kaikos.
226	Ebrovertrag zwischen Karthago (Hasdrubal) und Rom, um ein karthagisch-keltisches Bündnis zu verhindern.
225	Die Kelten rücken wieder gegen Rom vor, und es kommt zur Schlacht von Telamon.
222	Schlacht von Clastidium
218	Keltische Stämme verbünden sich mit Hannibal gegen Rom.
209	Scipio vertreibt die Karthager aus Spanien und empfiehlt sich den Keltiberern als Befreier.
200 - 190	Erfolgloser Keltenaufstand in Oberitalien
197	Erster Aufstand der Keltiberer gegen Rom

189	Rom besiegt die Galater.
179	Letzter Kelteneinfall in Italien
150 - 125	Ankunft der Belgen in Nordgallien
141	Erfolgloser Kampf Roms gegen die keltischen Skordisker an der Donau.
	Die Römer erobern Numantia.
	Ende des keltischen Widerstandes in Spanien.
125 -121	Keltische Arverner und Allobroger kämpfen gegen Rom.
124	Die Römer erobern die Provence.
121 - 118	Die römische Provinz Gallia Narbonensis wird in Südfrankreich errichtet.
113 - 101	Kimbern undTeutonen (Germanen und Kelten) ziehen bis nach Oberitalien.
113	Die Kelten werden im Noricum von den Kimbern angegriffen.
105	Poseidonios von Apameia unternimmt ausgedehnte Reisen und beschreibt die Kelten.
102 - 101	Niederlage der Kimbern und Teutonen.
100 bis um 0	Späte La-Tene-Zeit
nach 100	Belgische Stämme wandern nach Großbritannien.
89	Kelten in Oberitalien erhalten »lateinisches Bürgerrecht«, um dem Angriff auf Rom vorzubeugen.
um 75	Belgische Gallier überqueren den Kanal.
61	Cäsar erobert Brigantium, die letzte Zuflucht der Keltiberer.
59	Cäsar wird Konsul und erhält für fünf Jahre die Provinzen Gallia Cisalpina,Illyricum und Gallia Narbonensis.
58 - 52	Cäsars Feldzüge in Gallien.
55/54	Cäsar kämpft in England gegen die ausgewanderten Belger.
52	Aufstand und Niederlage des Keltenfürsten Vercingetorix.
49 - 44	Bürgerkrieg in Rom
47	Cäsar erobert Pontos; damit fällt ganz Kleinasien einschließlich Galatiens in römische Hand.
46	Hinrichtung des Vercingetorix
44	Ermordung Cäsars
30	Octavianus wird Alleinherrscher in Rom; Beginn der »Kaiserzeit« im römischen Reich.
25	Gallitien wird römische Provinz.

16 - 12	Neuordnung Galliens durch Aufteilung in drei Provinzen.
15	Alpenfeldzug der Römer: die keltischen Räter und Vindeliker werden unterworfen.

Die Zeit nach Christus

43 - 47	Aulus Plautius besetzt im Namen des Kaisers Claudius Englands Süden.
47 - 52	Ostorius Scapula stößt bis Wales vor.
51	Bündnis zwischen den Römern und Königin Cartimandua
60	Julius Agricola erhält sein erstes Kommando im keltischen Britannien.
61	Aufstand der Icener gegen die Römer unter Königin Boudicca Julius Agricola wird Statthalter in Britannien; er reformiert die Verwaltung in Britannien Feldzüge bis weit in den Norden.
84	Am Mons Graupius schlägt Julius Agricola den Piktenführer Calgacus.
98	Tacitus veröffentlicht die Biographie seines Schwiegervaters: *De vitae Iulii Agricolae*.
um 120	Bau des Hadrian-Walls zwischen Solway und Tyne
um 140	Ein zweiter, nördlicher liegender Befestigungswall vom Oyde zum Forth unter Antonius Pius wird erbaut.
193	Mit Hilfe der römischen Truppen in Britannien versucht Clodius Albinus Kaiser zu werden.
286	Bagaudenaufstand in Nordgallien
287	Carausias ernennt sich selbst zum Herrscher über Britannien.
um 360	Der Hl. Martin gründet das erste gallische Mönchskloster in der Nähe von Tours.
367	Pikten, Scoten, Angeln und Sachsen beginnen Angriffe auf das römische Britannien; Magnus Maximus schlägt die Angriffe zurück und geht dafür als Held in die keltische Überlieferung ein.
383	Magnus Maximus wird zum Augustus ausgerufen.
388	Magnus Maximus wird in Aquileia als Usurpator hingerichtet.
391	UnterTheodosius I. wird das Christentum röm. Staatsreligion.
um 400	Der Ire Pelagius bekämpft die augustinische Gnadenlehre.

407	Konstantin verläßt Großbritannien. Kaiser Honorius teilt den Britanniern mit, daß sie sich künftig selbst gegen ihre Feinde verteidigen müssen. Ende der römischen Herrschaft über die Insel.
412	Die Pelagianer werden zum ersten Mal verurteilt und geächtet.
417	Sagenhaftes Datum: Kaiser Konstantinus entsendet eine Legion nach Britannien, die die Sachsen in der »Halleluja-Schlacht« besiegt.
um 425	Vortigern übernimmt die Macht in Britannien.
429	Der Abgesandte der katholischen Kirche, Germanus, Bischof von Auxerre, besucht Britannien.
431	Palladius wird von Papst Coelestin I. als Missionar nach Irland geschickt.
432	Der Hl. Patrick gründet das Bistum Armagh.
440	Aufstand heidnischer Fürsten in Britannien gegen das aus Irland eingeführte Christentum.
um 400	Vortigern holt 450 Sachsen unter den Herzögen Hengist und Horsa als Hilfstruppen ins Land.
440	Sagenhaftes Datum: Die Römer ziehen ab und Ambrosius Aurelianus übernimmt die Macht.
449	Guortigernus, sagenhafter *Dux britannicus*, soll die Sachsen zum Schutz gegen die Pikten ins Land gerufen haben.
um 450	Sagenhaftes Datum: Ambrosius schlägt Vortigern und die mit ihm verbündeten Sachsen.
um 450	Ende der irischen La-Tene-Zeit. Die Hauptstadt der sagenhaften Ulsterkönige wird zerstört; es entsteht je ein südliches und ein nördliches Königreich, Ausbreitung des Christentums.
um 450	Gildas veröffentlicht seine historische Streitschrift *De Excidio Britanniae* (Über den Untergang Britanniens). Rebellion Hengists gegen Vortigern Gründung des Königreiches Kent
um 455	Schlacht am Mons Badonicus, der Sage nach der erste entscheidende Sieg von König Artus.
461	Rebellion der Sachsen: Tausende von Briten fliehen in die Bretagne nach »Armorica«.

(461)	Vortigern stirbt, Ambrosius Aurelianus wird sein Nachfolger; nach seinem Tod übernimmt ein junger Nachfahre die Herrschaft und vernichtet den Feind (wahrscheinlich eine Verwechslung mit der Schlacht am Badon Hill).
	Um diesen Herrscher entsteht möglicherweise die Artus-Sage.
um 475 - 537	Lebensspanne des Artus, des sagenhaften Königs und wahrscheinlich erfolgreichen *Dux bellorum* (Heerführer).
nach 490	Sagenhaftes Datum: König Artus schlägt in zwölf Schlachten die Sachsen.
um 500	St. Patrick kommt als Missionar nach Irland.
nach 500	Sachsen, Jüten und Angeln reiben die Kelten endgültig auf und gründen sieben Königreiche.
515 oder 537	Sagenhaftes Datum: Artus stirbt im Kampf gegen seinen Sohn Mordred in der Schlacht bei Scamlann in Cornwall.
550	Der Stein von Drustanus wird errichtet.
563	Der Hl. Columban beginnt, ausgehend von der Insel Iona, mit der Missionierung der Pikten.
575	Die Verkündung der Selbständigkeit der Scoten außerhalb Irlands durch den Hl. Columban.
	Die Schlacht von Arfderydd, in der Myrddin (laut *Annales Cambriae)* den Verstand verliert.
600	Gründung des angelsächsischen Königreiches Marcia
610	Das Gedicht »Gododdin« wird verfaßt.
635	König Oswald von Northumbria holt den Iren Aidan von Iona als Bischof ins Land. Dieser gründet ein Kloster auf Lindisfarne und missioniert das anglische Königreich nach dem Vorbild der »keltischen Kirche«.
663	Das Konzil von Whitby entscheidet den sogenannten »Osterstreit« zwischen römischer und keltischer Kirche zugunsten der keltischen.
nach 741	Pippin, der Sohn Karl Martells, ernennt den Iren Fergal zum Bischof von Salzburg. Lindisfarne und Iona werden von Wikingern zerstört.
	Irische Mönche und Gelehrte wandern auf das Festland.
	Die *Codices Celtici* entstehen.
um 790	Irische Mönche vollenden das *Buch von Kells*.

um 820	*Historia Brittonum* (Geschichte der Briten) von Nennius, einem Mönch aus Bangor in Nordwales, entsteht; es enthält die erste Biographie des Artus und eine Schilderung seiner zwölf Schlachten.
nach 1000	Die nördlichen Invasoren werden von den Iren besiegt, und die irische Kirche und Kultur erleben eine neue Blüte.
1019	Erste Erwähnung von Artus als König in der bretonischen Legende des St. Goeznovius.
1066	Herzog Wilhelm von der Normandie besiegt in der Schlacht von Hastings Englands König; sein Versuch, keltischeTraditionen wiederzubeleben, fördert die Ausformung der Artus- und Gralslegenden.
1100	Zusammenstellung des *Chronicle of Mont Saint Michel*, in dem Artus als König von Britannien genannt wird.
1120 - 1140	Das nördliche Portal der Kathedrale von Modena wird mit eine Artusszene verziert.
1125	William of Malmesbury schreibt die *Gesta Regum Anglorum* und bezieht sich dabei auf König Artus.
1130 - 1140	Hermann von Tournai schildert den Besuch der Abordnung der Laon Kathedrale in England; dabei wurden ihnen die Artuslegenden Cornwalls erzählt.
1135	*Historia Anglorum* von Henry of Huntington entsteht; darin übernimmt er Nennius' Liste der Schlachten von König Artus.
um 1136	Geoffrey of Monmouth (1100-1154) beendet die *Historia Regum Britanniae* (Geschichte der Könige Britanniens).
1140	Caradoc of Llancarfan berichtet in seinem *Leben des Mönches Gildas* über Artus.
vor 1150	Chretien de Troyes wird geboren.
um 1150	*Vita Merlini* (Das Leben Merlins) von Geoffrey of Monmouth entsteht.
um 1155	*Roman de Brut* von Robert Wace von der Insel Jersey entsteht; hier wird erstmals die Tafelrunde erwähnt.
um 1170 - 1220	Lebensspanne des Wolfram von Eschenbach
um 1170	*Erec* von Chretien de Troyes entsteht.
um 1171	*Le Chevalier de la Charette* (Der Ritter mit dem Karren) ein

Lancelot-Roman und *Yvain-Le Chevalier au Lion* (Iwain – der Ritter vom Löwen) von Chretien de Troyes, entstehen.

um 1176 *Cliges* von Chretien de Troyes entsteht.

um 1182 *Perceval* oder *Le Conte del Graal* von Chretien de Troyes entsteht.

1190 Mönche der Glastonbury-Abtei behaupten, sie hätten das Grab von König Artus und Guinevre gefunden.

vor 1190 Tod des Chretien de Troyes

um 1194 Der mittelhochdeutsche *Lanzelet* des Schweizers Ulrich von Zatzikhoven entsteht.

1180 - 1210 Wahrscheinlich die Hauptschaffenszeit von Hartmann von Aue; sein *Iwein* wird auf 1205 datiert; er stirbt zwischen 1210 und 1220.

1200 Layamon, ein englischer Priester, überträgt als erster die Artussage ins Englische, es handelt sich dabei um eine Adaption von Waces *Roman de Brut*.

um 1200 - 1212 Robert de Boron, burgundischer Dichter, schreibt *Joseph von Arimathie* und die Fortsetzung *Merlin*.

um 1200 Wolfram von Eschenbach verfaßt den *Parsival*.
Wahrscheinlich Hauptschaffenszeit Gottfrieds von Straßburg

um 1210 *Parzival* von Gottfried ist abgeschlossen.

um 1215 *Tristan* von Gottfried ist abgeschlossen.
Diu Crône, eine Gralsgeschichte des Kärntners Heinrich von dem Türlin, entsteht.

1220 Auf Geheiß des Erzbischofs wird in Kildare das Heilige Feuer der Göttin Brigit, das achthundert Jahre gebrannt hatte, gelöscht, um der Bevölkerung den Anlaß zum »Aberglauben« zu nehmen.

1215 - 1235 Viele zusammenhanglose Artusgeschichten von anonymen Verfassern werden unter dem Titel *Vulgate Cycle* bekannt. Die Sammlung, die auch »Lancelot-Gral-Zyklus« genannt wird, erscheint 1235.

um 1220 *Lancelot do Lac*, früheste französische Prosafassung der Lancelot-Geschichte, erscheint; der Dichter ist nicht bekannt.

um 1225 *Daniel von dem blühenden Tal* von dem »Stricker«; der erste deutsche Artus-Roman entsteht.

1226	*Tristrams Saga ok Isöndar*, isländische Tristan-und-Isolde-Geschichte, wird auf Anordnung von König Haakonson (etwa 1217-1263) ins Norwegische übersetzt.
um 1226	Erste Nachahmung des Runden Tisches der Tafelrunde auf Zypern; wird später in ganz Europa nachgeahmt.
um 1230	*Lancelot und Ginevra*; der sogenannte »Prosa-Lancelot« entsteht.
1250	Das *Schwarze Buch von Carmarthen*, das älteste überlieferte Manuskript mit walisischen Gedichten über Artus entsteht.
um 1250	Das *Mabinogion*, eine mittelalterliche walisische Sammlung von Erzählungen, entsteht.
um 1265	*Garel von dem blühenden Tal*, *Tandareis und Flordibel* und *Meleranz*, drei Artus-Romanzen des Österreichers »der Pleier«, entstehen.
1275	Das *Buch von Taliesin* wird verfaßt.
13. Jh.	Der Name »Ossian« taucht zum ersten Mal bei Giraldus Cambrensis (Gerald Harry 1220) auf.
um 1313	Juan Vives übersetzt altspanische Texte und faßt diese zum *Roman du Graal* zusammen.
um 1320	Dante Alighieri (1265 - 1321) erwähnt Artus in seiner *Divina Comedia* (Die göttliche Komödie).
1325	Das *Weiße Buch von Rhydderch* mit dem ersten Teil von *Culhwch und Olwen* entsteht.
nach 1345	*Sir Gawain and the Green Knight* (Gawain und der Grüne Ritter), ein anonymes Gedicht und mit ihm ein Höhepunkt der arthurischen Dichtung, entsteht.
um 1350	*Roman van Lancelot* und die mittelholländische Version *Lantsloot vaneter Haghedochte* entstehen.
1355 - 1362	Giovanni Boccaccio erzählt die Artus-Legende in seinem Werk: *De Casibus Virorum Illustrium*.
1400	Das *Rote Buch von Hergest* wird verfaßt.
um 1400	Drei *Walisische Romanzen* nach französischem Vorbild entstehen: *Geraint and Enid*, *Owein* und *Peredur*.
1470	*Morte Darthur* von Sir Thomas Malory (um 1416 bis 1471), der bedeutendste Roman der Artus-Legende, entsteht.
1493 - 1584	Der anonyme franz. *Petit Artus de Bretagne* erlebt 14 Auflagen

1519	Edmund Spenser (1552-1599) veröffentlicht die ersten drei Bücher von *The Faerie Queene* (Die Feenkönigin).
1588	Der Barde Llewellyn Sion aus Glamorgan veröffentlicht *The Book of Pherrylt* und stellt das Werk *Barddas* zusammen, das 1862 ins Englische übertragen wird (siehe dort)
1627	*Gesänge von Finn*, handgeschriebene Sammlung von 69 Liedern, entsteht.
1691	Uraufführung des *King Arthur* von John Dryden mit der Musik von Henry Purcel
22.9.1717	John Toland (1669-1722) gründet den »Druid Order«.
1747	Morganwg (Edward Williams) wird in der Grafschaft Glamorgan (Wales) geboren.
1753	Der Schweizer Gelehrte und Dichter Johann Jacob Bodmer übersetzt Wolfram von Eschenbachs *Parzival*.
1760	James Macpherson gibt die *Fragments of Ancient Poetry, collected in the Highlands of Scotland, and translated from the Gaelic or Erse Language* in Edinburgh heraus.
1762	Macpherson gibt in London *Fingal, an ancient epic Poem, in six Books, Together with several other Poems, composed by Ossian, the son of Fingal. Translated from the Gaelic by James Macpherson* heraus.
1763	Erste Ausgabe von *Temora. An ancient epic Poem. In eight books: Together with several other Poems, composed by Ossian, the son of Fingal. Translated from the Gaelic Language by James Macpherson*
1768/69	Erste deutsche Gesamtausgabe der *Ossianischen Gesänge*, übersetzt von dem Wiener Jesuiten Denis, der sich selbst Barde Sined nannte.
1771	Goethe (1749 - 1832) übersetzt *Die Gesänge von Selma* von Ossian und schenkt die Reinschrift Friederike Brion.
1772	*Trenmor und Inibaca* von Angelika Kauffrnann (1744 - 1803) Die deutschen Barden-Dichter um Klopstock geben sich bardische und ossianische Namen (Klopstock = Werdomar / Gerstenberg = Thorlang / Hartmann = Telynhard usw.); man spricht von deren Dichtung als von »Bardengebrüll«. Die Forscher Banks, Permant und Troil dringen als erste in die

	Grotte »Fingalshöhle« (der Sage nach Fingais Palast) auf der Hebrideninsel Staffa ein.
1773	»Auszug aus einem Briefwechsel über Ossian und die Lieder alter Völker« in der Sammlung *Von deutscher Art und Kunst. Einige fliegende Blätter* von Johann Gottfried Herder erscheint.
1774	Edmund von Harold, schottischer Offizier in Deutschland, übersetzt den *Ossian* und fügt weitere »neu entdeckte« Gedichte bei.
1777	*Merlin der Zauberer* von Christoph Martin Wieland (1733-1813) erscheint.
	Johann Wolfgang von Goethe gibt zusammen mit Merck *Works of Ossian* bei J. G. Fleischer heraus und versieht diese mit eigenhändigen Titelvignetten.
1778/79	Übersetzungen aus *Ossian* (zurückgehend auf Goethes Prosaübersetzungen) werden von Johann Gottfried Herder in seinen *Volksliedern* (später *Stimmen der Völker)* veröffentlicht.
1781	Henry Hurle gründet den »Ancient Order of Druids«.
1782 - 1795	Ossian-Gemälde und -Zeichnungen von Nicolai Abraham Abildgard entstehen.
1786	Joseph Walker verfaßt *Historical Memoirs of the lrish Bards*.
1787	»Ossians Gebet, ein Dialog zwischen Ossian und Saint Patrick« und andere ossianische Gedichte von Arthur Young, Bischof von Clonfert, erscheinen.
1791	Die Gedichte »Ullins Gesang« und »Ullins und Linufs Gesang«, das Prosastück »Ieryno«und die ossianische Skizze »Iwona« von Ludwig Tieck (1773-1853) entstehen.
21.6.1792	Iolo Morganwg beruft in London den »Gorsedd«, die erste Versammlung von Druiden und Barden ein.
1793	Chateaubriand (Lamartine wird ihn den »französischen Ossian« nennen) beginnt mit der Übersetzung von *Ossian*.
	Samuel Taylor Coleridge schreibt zwei Gedichte: »Imitated from Ossian« und »The Complaint of Ninathng«.
1795	»Homer und Ossian« in *Die Horen* von Johann Gottfried Herder erscheint.
(1795)	»Das Mädchen von Kola, ein Gesang Ossians« (Lied) von Karl Ditters von Dittersdorf (1739 -1799) entsteht.

12. 2. 1796	Macpherson stirbt und wird in Westminster Abbey bestattet.
1799	*Ossians Harfe,* Oper für die dänische Bühne von Friedrich Ludwig Aemilius Kunzen, entsteht nach Texten von Jens Baggesen.
1800	In Deutschland erscheinen vier vollständige Übersetzungen des *Ossian* und 34 (!) Teilübersetzungen, unter anderem von Goethe, Herder, Schubart, Bürger und Lenz.
1801/1802	Gerard und Girodet malen je ein Ossian-Bild für den Salon dore des Schlosses Malmaison.
1802/1803	Zusammen mit dem Stecher Piroli und dem Verleger Piranesi plant Joseph Anton Koch (1768 - 1839) eine illustrierte *Ossian-* Ausgabe.
1804	*Geschichte des Zauberers Merlin* wird von Dorothea Schlegel (1763 - 1839) übersetzt und von Friedrich Schlegel (1772 - 1829) herausgegeben.
1811	August Wilhelm Schlegel (1767 - 1845) beginnt eine Versübersetzung des *Tristan* von Gottfried von Straßburg, die aber Fragment bleibt.
1815/16	Franz Schubert komponiert eine Reihe von »Ossian-Liedern« (nach den Übersetzungen Harolds und Hummelauers), unter anderem »Bardengesang«, »Colmas Klage«, »Ossians Lied nach dem Fall von Natos« und »Oskars Tod«.
1818	*Derniers Bardes* (Die letzten Barden) von Victor Hugo (1802 - 1885) erscheint.
1829	*Merlin der Wilde* von Ludwig Uhland (1787 bis 1862) entsteht. »Die Hebriden (Fingalshöhle)«, Konzertouvertüre op. 26 von Felix Mendelssohn-Bartholdy, entsteht unter den Eindrücken einer Schottlandreise.
1831	Uraufführung von Bellinis Oper *Norma* in Mailand; das Libretto von Felice Romani erzählt die tragische Liebesgeschichte zwischen einem römischen Besatzungsoffizier und einer britannischen Priestertochter.
1831/32	*Parcival,* episches Gedicht von Friedrich de la Motte-Fouque (1777 - 1843) entsteht.
1832	*Merlin, ein Mythos* von Karl Immermann (1796 - 1840) erscheint.

1833	*Oskars Tod*, große Oper von Johann Georg Kastner entsteht.
1841	»Tristan und Isolde«, ein Gedicht in Romanzen von Karl Immermann, entsteht.
12.2.1885	Fiona McLeod (d. i. William Sharp) wird geboren.
1859	Beginn der Artus-Renaissance: Alfred Lord Tennyson (1809 - 1892) veröffentlicht die ersten vier seiner *The Idylls of the King*. *Tristan und Isolde*, Oper von Richard Wagner (1813 - 1883) entsteht.
1860/61	Johannes Brahms' *Gesang aus Fingal* (vier Gesänge für Frauenchor) und *Darthulas Grabgesang* (nach Ossian von Herder) werden veröffentlicht.
1862	J. A. Williams übersetzt und publiziert die *Barddas* aus dem 16. Jh. für die Welsh Manuscript Society of Llandovery unter dem Titel: *Eine Sammlung von Originaldokumenten zu Theologie, Weisheit und Bräuchen des Barddo-Druidismus auf der Britischen Insel.*
1872	Gründung der ersten deutschen Druidenvereinigung.
1877 - 1882	*Parsifal*, Oper von Richard Wagner, entsteht.
1886	Uraufführung von Karl Goldmarks (1830 bis 1915) Oper *Merlin*
1889	*A Connecticut Yankee in King Arthur's Court* (Ein Yankee am Hofe König Artus'), Artus-Persiflage von Mark Twain (1835 - 1910) entsteht.
1894	*Pharais* von Fiona McLeod, das Hauptwerk der »keltischen Renaissance« erscheint Gründung des Verlages Patrick Geddes & Co in Edinburgh und damit Schaffung eines Zentrums der keltischen Bewegung durch die Verbreitung von literarischen und wissenschaftlichen Werken über das Gälentum.
1895	Lady Gregrory und William Butler Yeats gründen in Irland die »Gälische Liga«.
1902	Eduard Stucken (1856 - 1936) veröffentlicht *Gawan*, das erste von acht Stücken über Artus; Gesamttitel: *Der Gral. Ein dramatisches Epos*.
12. 12. 1905	Fiona McLeod stirbt.
1908	Aufnahme von Winston Churchill in die »Albion Lodge of the Ancient Order of the Druids« auf Schloß Biensheim.

1909	*Tantris der Narr;* Tristan-Drama von Ernst Hardt (1876 - 1947) entsteht.
1913/1914	*Parsifal* und *Lohengrin* von Gerhard Hauptmann (1862 - 1946) entstehen; Gerhard Hauptmann hinterläßt noch zwei Fragmente: *Galahad* und *Der neue Christophorus* (ursprünglicher Titel: *Merlin*).
1922	Einzug der keltischen Überlieferung in die Moderne mit T. S. Eliots (1888 - 1965). Veröffentlichung von *The Waste Land.*
1923	*The famous Tragedy of the Queen of Cornwall at Tintagel in Lyonesse* (Die berühmte Tragödie der Königin von Cornwall auf Tintagel in Lyonesse), »ein Stück für Vermummte in einem Akt« von Thomas Hardy (1840-1928) entsteht.
1934	Entdeckung des Malory-Manuskriptes in Winchester.
1947	Eugene Vinaver (1899 - 1977) gibt das Manuskript von Winchester heraus und verändert damit entscheidend die Artusforschung.
1954	»Ginevra verrät sich im Schlaf und der König antwortet ihr mit einem Gedicht« von H. C. Artmannn (*1921) entsteht.
1959	Werner Helwig veröffentlicht seine »gefälschte« Sage: *Die Waldschlacht.*
1961	Basierend auf der altfranzösischen Vulgata veröffentlicht Ruth Schirmer ihre beiden Nachdichtungen *Lancelot und Ginevra, ein Liebesroman am Artushof* und den *Roman von Tristan und Isolde.* In *Pilote*, einem französischen Magazin für Kinder, erscheint zum ersten Mal *Asterix* von Rene Goscinny.
1970 - 1984	Vier erfolgreiche Romanfassungen der Artussage der englischen Schriftstellerin Mary Stewart erscheinen.
1972	Collagen von Max Ernst (1891 - 1976) mit Ossian-Motiven entstehen.
9.5. - 23.6.1974	Ausstellung: »Ossian und die Kunst um 1800« in der Hamburger Kunsthalle
1975	In der DDR erscheint *Tristan und Isolde* von Günther de Bruyn (*1926).
1981	In Düsseldorf Premiere von Tankred Dorsts (*1925) Mysterienspiel *Merlin oder das wüste Land.*

1982	Der erfolgreichste populäre Artusroman der Neuzeit erscheint: *The Mists of Avalon* (Die Nebel von Avalon) von Marion Zimmer Bradley; im gleichen Jahr erscheint die Artus-Trilogie der amerikanischen Schriftstellerin Gillian Bradshaw.
1984	Internationaler Kongreß: »Keltisches Bewußtsein« im Herbst 1984 in Stift Zwettl, Niederösterreich. Die »Keltische Reihe« im Göttinger Verlag Bert Schlender wird gestartet mit Titeln: »*Schottische Gedichte über Bäume*« und Edna O Briens »*Mein Irland*«.
1985	Das »Keltische Baum-Horoskop« von Paule del Sol erscheint in der »Keltischen Reihe« des Verlages Bert Schlender.
1.2.1995	Das Heilige Feuer zu Ehren der Göttin Brigit ist in Kildare wieder entzündet worden!
1995/1996	»Der Gral – Artusromantik in der Kunst des 19. Jahrhunderts«, Ausstellung vom 25.10.1995-21.1.1996 im Bayerischen Nationalmuseum, München.
Sommer 2002	Auf der Landesgartenschau des Landes Nordrhein-Westfalen auf Schloß Dyck wird der erste »Keltische Baumhoroskop-Garten« unter Anleitung von Bertram Wallrath angelegt. Dazu gibt es ein umfangreiches Veranstaltungsprogramm mit Druid/inn/en und Barden. In der Folge werden an vielen Orten in Deutschland und Österreich Gärten und Lehrpfade zum »Keltischen Baum-Horoskop« angelegt.
Sommer 2004	»Das keltische Baum-Tarot. Geschichte – Rituale – Legungen. Das Kartenset zum keltischen Baumhoroskop von Leah Levine & Bertram Wallrath erscheint im Verlag Die Silberschnur in Neuwied.

Die Jahrhunderte der Kelten – ein zeitloses Phänomen

Weißt Du, wo die Nacht bleibt, wenn sie dem Lauf des Tages folgt? Kennst Du das Zeichen? Hast Du der Bäume Blätter gezählt? Weißt Du, wer die Berge baute vor dem Sturz der Elemente?

Weißt Du, wer die belebte Erde stützt? Die Seele klagt, weiß keine Antwort. Wer hat es erschaut? Wer weiß das alles? Ich achte die Bücher wie auch das, was sie nicht wissen.

Taliesin
(zitiert nach Jean Markale: *Les Grand Bards Gallois*)

Bis zu seiner Entdeckung Trojas galt Heinrich Schliemann als belächelter »Hobby-Archäologe«. Seither ist Historikern bewußt, daß sie nie ganz sicher davor sein können, daß die Ideen von Autodidakten und Amateuren sich letztlich doch als die richtigeren erweisen. Das Handicap aller Fachleute, auch der besten Wissenschaftler, ist das, was Psychologen den »Tunnelblick« nennen: die Fixierung auf einen zu engen Gesichtskreis, vor allem aufgrund vorgefaßter Meinungen. Das Ergebnis der eigenen Forschungen wird dadurch nicht selten vorweggenommen. Alles, was neu entdeckt wurde, wird sofort zur Beweisführung der eigenen, vorgefaßten Thesen herangezogen. Die Geschichte der Erforschung des Keltentums ist ein Paradebeispiel für die Verzerrung des Blickwinkels aus ideologischen, politischen und sonstigen Gründen – und sei es nur deshalb, um selbst recht zu behalten, nach dem Motto: Was nicht sein darf, kann auch nicht sein.

So redet und schreibt man seit Jahren viel vom Untergang des Keltentums, andererseits liegen unzählige Beweise dafür vor, daß keltische

Sprache und Kultur in den Nischen der sogenannten Hochkulturen überlebt haben, vor allem auf den brit(on)ischen Inseln. Man nimmt Begriffe wie die »keltischen Länder« in den Mund (gemeint sind die Bretagne, Cornwall, Wales und Irland), aber wenn sich dort Gruppen und Kirchen auf druidische Traditionen berufen und diese pflegen, werden sie als »Neo- oder Pseudo-Druiden« abgewertet – und dies, obwohl beispielsweise der »Druid Order« des John Toland seit 1717, also seit fast dreihundert Jahren, existiert. (Die Relgionsgemeinschaft der »Altkatholiken« die sich aus Protest gegen das »Unfehlbarkeitsdogma des Papstes« 1870 von der offiziellen katholischen Kirche abspalteten, würde doch auch niemand in Frage stellen!)

Wie kommt es zu solchen Widersprüchen, selbst in der heutigen Zeit, die von Meinungsfreiheit und unbegrenztem Zugang zu fast jeglicher Information gekennzeichnet ist? Wird hier vielleicht immer noch das Prinzip einer »Geschichtsschreibung der Sieger« angewendet? Ist, was die Kelten betrifft, um mit Voltaire zu sprechen, *»Geschichte nichts weiter als eine allgemein akzeptierte Lüge?«*

Ein Vergleich mit der Entwicklung des Christentums liegt hier gar nicht so fern. Als Christen in den atheistisch geprägten sozialistischen Staaten des früheren Ostblocks an einer freien Ausübung ihrer Religion gehindert wurden, sprach in der westlichen Welt niemand vom Ende des Christentums. Dies taten nur die Machthaber der kommunistischen Länder, denn diese hatten natürlich ein Interesse an dieser Interpretation, die nichtsdestoweniger eine Verzerrung der Realität darstellte. Die Realität ist und bleibt, daß *»keine wahre Religion je ganz zugrundegeht«*.

Insofern kann man in bezug auf die Kelten von einer Diaspora des Druidentums sprechen. Umgeben von einer großen Mehrheit Andersgläubiger lebte ihr Glaube im kulturellen Untergrund des Abendlandes weiter. Wenn sich heute naturreligiös orientierte Menschen auf die keltischen Traditionen besinnen und eine druidische Glaubensgemeinschaft gründen, dann sind das, vorurteilslos betrachtet, nicht einfach »esoterische Randgruppen«. Möglicherweise sind sie die Vorhut einer

Religiosität der Zukunft, die das spirituelle Bewußtsein im aufdämmernden Wassermann-Zeitalter von Angst- und Wahnvorstellungen befreien wird, die in der Epoche des Christentums den Nährboden theologischer Intoleranz, ja teilweise sogar exzessiver Mißachtung der Menschenrechte im Namen des rechten Glaubens bildeten.

Unter den maßgebenden Meinungsbildern, gleich welcher Couleur, herrscht ungewohnte Einigkeit, was den Umgang mit dem wieder erwachenden Interesse an den naturreligiösen Wurzeln Europas betrifft. Das Zusammenspiel zwischen religiösem und wissenschaftlichem Establishment, die sonst gern die Unversöhnlichkeit zwischen theistischer und atheistischer Weltsicht kultivieren, funktioniert erstaunlich gut, wenn es um die »neuen Heiden« geht. Was schon im 18. Jh. einem Amateur-Forscher wie Iolo Morganwg (Edward Williams) geschah, dessen Publikationen alter keltischerTexte kurzerhand als »Fälschungen« deklariert wurden (was auch dem Ossian Macphersons und den Barzaz Breiz des Grafen Villemarques widerfuhr), ist auch heute noch zu beobachten. Die Weltanschauungsbeauftragten der großen christlichen Kirchen sind schnell mit dem Etikett »Sekte« bei der Hand, und alteingesessene Universitätsprofessoren assistieren mit den Verdikten »Fälschung«, »Phantasterei« oder »Irrationalismus«.

Es ist eine Binsenweisheit, daß sich eine Religion im Laufe von mehreren Tausend Jahren stark verändert. So wie die heutige katholische Weltkirche und die Vielzahl protestantischer Kirchen mit dem Urchristentum nur noch wenig bis gar nichts gemein haben, so hat sich auch die keltische, besser druidische Religion im Laufe von immerhin dreitausend Jahren spürbar gewandelt. Im Gegensatz zum Selbstbild des Christentums ist im keltischen Glauben der eigene Wandel nichts Unfreiwilliges, sondern, im Gegenteil, etwas Positives und Selbstverständliches. Jean Markale, Wissenschaftler und Visionär der Wiedergeburt einer – verwandelten! – keltischen Naturreligion, zieht in seinem Buch *Die Druiden* Resümee:

Das Druidentum hatte nur im Rahmen der keltischen Gesellschaft seine Daseinsberechtigung, da das druidische System in gewissem Sinne das Bewußtsein dieser Gesellschaftsordnung verkörperte. Von dem Augenblick an, als die keltische Gesellschaftsform untergegangen war, mußte aber als logische Folge auch das Druidentum untergehen, und zwar deshalb, weil es nicht in Form einer Religion gelebt werden konnte. Was übrig blieb, waren die geistigen Prinzipien des Druidentums. Und daß diese nicht voll und ganz mit untergegangen sind, ist sicher!

Die Keltenbegeisterung bereits vergangener Jahrhunderte, immer wieder mit dem Tendenzbegriff der »Keltomanie« abgetan, erweist sich also auch in der Gegenwart als unverwüstlich, und sie wird wahrscheinlich auch in Zukunft ihre sprühende Lebenskraft behalten. Wagen wir es zum Abschluß, vielleicht im Sinne der bardischen Tradition des Sprechens in Bildern und Metaphern, ein »sprechendes Bild« zu entwerfen, das als Fazit dessen dienen kann, was in diesem Buch an Informationen, Eindrücken und Gedanken vermittelt wurde.

Die »neuen Kelten« sind nichts anderes als neue Zweige am Baum der Druiden. Ein Baum wächst von unten nach oben. Vor Jahrtausenden haben unsere keltischen Ahnen den Samen ihrer Zivilisation in den europäischen Grund gelegt. Bis heute hat es niemand geschafft, den seither gedeihenden Baum keltischen Wissens und keltischer Spiritualität abzusägen, obwohl es an Versuchen nicht gefehlt hat. Es kann keine Rede vom Untergang der keltischen Kultur oder der druidischen Religion sein. Seit den Anfängen der europäischen Kultur haben die Kelten unser Weltbild und unsere religiösen Vorstellungen mitgeprägt. In manchen Bereichen war ihr Einfluß sogar bestimmend. Viele berühmte Mythen unserer Kulturgeschichte, sei es der Gral, die Tafelrunde des idealen Herrschers oder die vom Erzzauberer Merlin, sind und bleiben keltisch – in Vergangenheit, Gegenwart und Zukunft.

»Keltisches Denken« beeinflußt gerade heute die Entstehung eines ganzheitlichen, spirituellen und ökologischen Weltbildes, zu dem auch

»Ossian am Ufer des Lora« von Francois Gerard (1770 - 1837)

die Gleichberechtigung der Geschlechter gehört, maßgeblich mit. Es wird überdies in einem Zuge mit der wieder wachsenden Bedeutung von Esoterik, Magie, Naturheilkunde und Astrologie – um nur einige Bereiche eines nicht mehr »verbotenen Wissens« zu nennen – wieder erstarken. So schlagen an der alten Eiche namens »keltische Kultur« viele neue Triebe aus und bringen diesen wunderschönen Baum zu neuer Blüte.

Anhang

Die Schriften – Mythologische Quellen

Buch der Eroberungen (Lebor Gabála Érenn)
Im Buch der Eroberungen läßt sich die gesamte Geschichte der Einwanderungen der keltischen Stämme nachlesen, wobei unklar ist, ob es sich hier um Menschen oder um Götter handelte.

Finn-Zyklus
Die mündlichen Quellen dieses Sagenzyklus, der sich um den Helden Finn mac Cumaill und seiner Gefolgschaft, der *Fianna* dreht, stammen aus der Zeit zwischen dem 6. und 10. Jh. n. Chr. Sie wurden um das 10. Jh. n. Chr. aufgeschrieben. Die Handlung der Sagen spielt Anfang des 3. Jh. n. Chr. zur Regierungszeit des Königs Cormac mac Airt. Die wichtigsten Helden dieses Zyklus sind, neben Finn, Oisin und Oscar. Die Geschichte von Diarmaid und Grainne entstammt ebenfalls dem Finn-Zyklus, der auch als »südlicher Sagenkreis« bezeichnet wird. Er trägt auch den Namen »Ossianischer Zyklus«, weil James Macpherson hier die Vorlage für seine Ossian-Gesänge fand.

Mythologischer Zyklus
Bei der Sammlung dieser Sagen stehen nicht Menschen, sondem Feen *(fairies)* im Mittelpunkt, die in Irland *Aes Síde* heißen. Es handelt sich um die Geschichte der Tuatha de Danann, der späteren Götter der irischen Kelten. Die wichtigste Geschichte dieses Zyklus ist die Geschichte der Schlacht von Mag Tuired, des Kampfes der Tuatha de Danann gegen die Fomorier um die Vorherrschaft auf der Insel.

Mabinogion
Der walisische Sagenzyklus handelt von Göttern und Halbgöttern, die das Land als Könige und Fürsten regierten. Die Sagen wurden im 14. Jh. von Mönchen in der Landessprache aufgezeichnet und 1849 erstmals ins Englische übersetzt. Die Übersetzung erschien unter dem Titel *Mabinogion*. Erzählt wird die Geschichte der königlichen Familien von Wales, deren Leben mit dem der Götter der Anderswelt untrennbar verbunden ist. Der Sagenzyklus ist in vier Abschnitte, die sogenannten »Zweige« unterteilt.

Der erste Zweig beschreibt die Geschichte des Menschenfürsten Pwyll und der Göttin Rhiannon. Der zweite

Zweig erzählt die Geschichte der Kinder Llyrs. Der dritte Zweig des Mabinogion handelt von Pwylls Sohn Pryderi und von Rhiannon. Der vierte Zweig schließlich berichtet von den Kindern der Göttin Don, Gwydion und Arianhod. Dieser Sagenzyklus ist mit den irischen Sagen um die Tuatha de Danann vergleichbar.

Ulster-Zyklus
Das ist der Sagenkreis um König Conchobar und seine Krieger, dessen Residenz Emuin Macha in Ulster war. Er regierte angeblich zur Zeit um Christi Geburt. Möglicherweise hat er wirklich gelebt. In dieser Sammlung alt- und mittelirischer Geschichten steht der Held Cuchulain im Mittelpunkt. Auch die Geschichte des »Rinderraubs von Cuailnge« wird in diesem Zyklus erzählt.

Yellow Book of Lecan
In diesem Buch wird anhand einer Frauenfigur – Etain – die berühmte Sage des irischen Königtums erzählt, das tausend Jahre währt. Etain war auch deshalb von Bedeutung, weil sie die Anderswelt mit der realen Welt verband, da sie in beiden Welten geliebt wurde.

Das *Yellow Book of Lecan* befindet sich heute in der Nationalbibliothek von Dublin und wurde in der Zeitschrift *Eriu XII*. publiziert.

Die Schreiber und Chronisten

Ammianus Marcellinus (4. Jh. v. Chr.), Historiker aus Kleinasien, beruft sich auf Timagenes aus Alexandrien aus der Zeit des Augustus und stützt sich in seinen Behauptungen über die Herkunft der Kelten angeblich auf druidische Überlieferungen.

Apollonios von Rhodos (3. Jh. v. Chr.), griechischer Dichter und Gelehrter aus Alexandria, Leiter der Alexandrinischen Bibliothek

Aristoteles (384 - 322), griechischer Philosoph und Schriftsteller, beschrieb die absolute Furchtlosigkeit der Kelten.

Athenaios (um 200 n. Chr.), griechischer Schriftsteller aus Naukratis (Ägypten). Sein Werk *Deipnosophistai* (»Gastmahl der Gelehrten«) enthält viele Zitate des verlorengegangenen Werkes über die Kelten von Poseidonios.

Gaius Julius Cäsar (100 - 44 v. Chr.), römischer Staatsmann und Schriftsteller, schilderte die Eindrücke, die er während seiner Feldzüge in Gallien in den Jahren 58-51 v. Chr. sammelte, in seinem Werk *De bello Gallico* (Der Gallische Krieg)

Cassius Dio Cocceianus (um 155 - 235 n. Chr.), griechischer Geschichtsschreiber aus Kleinasien, verfaßte die Geschichte Roms von den Anfängen bis zum Jahr 229 in 80 Bänden.

Diodoros Siculus (Diodoros von Sizilien) (um 60 v. Chr. bis 20 n. Chr.), griechischer Historiker, verfaßte eine Universalgeschichte von der Entstehung der Welt bis zu Cäsars Expedition nach Gallien im Jahre 54 v. Chr. Im Buch V berichtet er unter anderem von den Druiden und von den Menschenopfern der Kelten.

Hekataios von Milet (540 - 480 v. Chr.), griechischer Schriftsteller; in seiner Beschreibung der Erde finden die Kelten erstmals Erwähnung.

Titus Livius (um 59 v. Chr. - 17 n. Chr.), römischer Geschichtsschreiber; beschreibt in seiner Geschichte Roms (*Ab urbe condita libri)* den Angriff der Kelten auf Rom im 4. Jh. v. Chr. Er bezieht sich dabei auf ältere Schriften unter anderern Poseidonios.

Loukianós (Lukian) von Samosata (um 115 - 180 n. Chr.), griechischer Schriftsteller; ihm verdanken wir die Beschreibung eines Bildes des gallischen Gottes Ogrna, den er als Heraktes bezeichnete.

Lucan (Marcus Annacus Lucanus) (39 - 65), römischer Dichter. Sein Epos *Pharsalia* (Verse 396 - 465) enthält eine Beschreibung der keltischen Barden und Druiden sowie die Erwähnung der keltischen Götter Teutates, Esus und Taranis.

Pomponios Mela (um die Mitte des 1. Jh. n. Chr.) römischer Schriftsteller, verfaßte in den Jahren 43/44 n. Chr. das Werk *De Chorographika*, die älteste erhaltene Geographie lateinischer Sprache. Darin sind besonders seine Berichte über die Druiden und die Fraueninsel Sena von Bedeutung.

Plinius der Ältere (Gaius Plinius Secundus) (23 oder 24 - 79 n. Chr.), römischer Historiker, Naturforscher und Schriftsteller. In seiner Naturgeschichte *Naturalis historia* ist vor allem die Erwähnung der Druiden interessant; ebenso Plinius' Beschreibung der Mistel und der besonderen Bedeutung welche die Druiden dieser Pflanze beimaßen.

Polybios (um 120 n. Chr.), griechischer Geschichtsschreiber, verfaßte eine 40 Bände umfassende Universalgeschichte der Zeit von 264 bis 144 v. Chr., die nur noch teilweise erhalten ist. Im zweiten Buch schildert er die Schlacht von Telamon (225 v. Chr.), wobei er das Kriegswesen der Kelten und ihre schonungslose Gewalt beschrieb. (Kapitel 27 - 31) Berühmt geworden ist seine Schilderung der nackten Krieger die sich – Hörner und Trompeten blasend – furchtlos ins Schlachtgetümmel stürzten.

Poseidonios (um 135 - 51 v. Chr.), in Syrien geborener stoischer Philosoph, Geograph und Historiker, der das Gallien, das er beschrieb, um das Jahr 80 v. Chr. auch selbst bereiste. Sein Hauptwerk war eine Universalgeschichte (*Polybios*), die 52 Bände umfaßte, von denen die meisten verschollen sind. Der 23. Band der *Polybios* befaßte sich mit den Kelten. Der Inhalt dieses Bandes wurde in erster Linie aus den Zitaten bei Athenaios, Diodoros Siculus und Strabon rekonstruiert und prägte lange Zeit das moderne Bild der Kelten. Besonders seine Berichte über die Druiden und die keltischen Menschenopfer fanden große Beachtung.

Strabon (um 64 v. Chr. - 23 n. Chr.), griechischer Geograph und Geschichtsschreiber, geboren in Kleinasien. Verfasser einer Erdkunde (*Geographika*), in der er vor allem Berichte anderer Autoren verarbeitete. Der Bericht über die Kelten im vierten Buch basiert in erster Linie auf den Schriften Poseidonios', dessen Werk verlorengegangen ist.

Publius Cornelius Tacitus (um 55 - 115 n. Chr.), römischer Geschichtsschreiber, hinterließ ausgezeichnete Beschreibungen der Germanen und Britannier in seinen Werken *Agricola, Germania* und *Annales*. Sein Schwiegervater Julius Agricola war von 78 - 84 n. Chr. Statthalter Britanniens. Vermutlich erhielt Tacitus seine Informationen direkt von ihm.

Die Quellen (verwendete Literatur)

Antpöhler, Werner. *Unterm Keltenkreuz. Auf Pilgerpfaden in Irland und Schottland*. Neue Erde, Saarbrücken 1998.

Ashe, Geoffrey. *Kelten, Druiden und König Arthur: Mythologie der Britischen Inseln*. Walter Verlag, Solothurn und Düsseldorf, 1993.

Birkhan, Helmut. *Kelten*. Verlag der Österreichischen Akademie der Wissenschaften, Wien 1997.

Bradley, Ian. *Der Keltische Weg. Keltisches Christentum auf den britischen Inseln, damals und heute*. Verlag Josef Knecht, Frankfurt/M.,1996.

Buber, Martin. *Die vier Zweige des Mabinogi. Ein keltisches Sagenbuch*. Insel Verlag, Leipzig, 1922.

Cäsar, Gaius Julius. *De bello Gallico. Der Gallische Krieg*. Phillip Reclarn Jun. Verlag, Stuttgart 1980.

Caldecott, Moyra. *Frauen in keltischen Mythen*. Neue Erde, Saarbrücken, 1996.

Carr-Gomm, Phillip. *Der Weg des Druiden. Eine Reise durch die keltische Spiritualität*. Heinrich Hugendubel Verlag, München,1998.

Cassius Dio, *Römische Geschichte*. Band V. Epitome der Bücher 61-80. Übersetzt von Otto Veh. Artemis Verlag Zürich/ München,1987.

Clarke, Lindsay. *Die Zauberharfe der Druiden. Die schönsten keltischen Mythen aus Irland und Wales*. Herder Verlag, Freiburg i. B., 1998.

Clarus, Ingeborg. *Keltische Mythen. Der Mensch und seine Anderswelt*. Walter Verlag, Olten, 1991.

Cunliffe, Barry. *Die Kelten und ihre Geschichte*. Gustav Lübbe Verlag, Bergisch Gladbach, 1980.

Das keltische Jahrtausend. Ausstellungskatalog der prähistorischen Staatssammlung. Herausgegeben von Hermann Dannheimer. Verlag Phillip von Zabem, Mainz, 1993.

Demandt, Alexander. *Die Kelten*. C. H. Beck-Verlag München, 1998.

Der Gral. Artusromantik in der Kunst des 19. Jahrhunderts. Herausgegeben von Reinhold Baumstark und Michael Koch, Dumont Verlag, Köln, 1995.

Der keltische Kessel. Wandlung und Wiedergeburt in der Mythologie der Kelten. Irische, walisische und arthurianische Texte. Ausgewählt und neu übersetzt von Fritz Lautenbach. Urachhaus, 1991.

Derungs, Kurt (Hg.). *Keltische Frauen und Göttinnen. Matriarchale Spuren bei Kelten, Pikten und Schotten*. Edition Amalia, Bem, 1995.

Dottin, Georges. *Die Welt der Kelten*. F. A. Herbig Verlagsbuchhandlung, München / Berlin, 1977.

Ellis, Peter Berresford. *Celtic Women. Women in Celtic Society and Literature*. William B. Eerdmans Publishing Company, Grand Rapids, Michigan, 1995.

Ellis, Peter Berresford. *Die Druiden. Von der Weisheit der Kelten*, Eugen Diederichs Verlag, München 1996.

Elsbeth, Marguerite, Kenneth Johnson. *Kriegerin, Königin, Zauberin. Verborgene Urbilder keltischer Göttinnen wecken und erfahren*. Ansata Verlag, 1997.

Godwin, Malcolm. *Der Heilige Gral. Ursprung, Geheimnis und Deutung einer Legende*. Wilhelm Heyne Verlag, München, 1994.

Golowin, Sergius. *Magier Merlin. Von Märchenreichen und Rittern im Mittelalter*. Merlin Verlag, Gifkendorf, 1981.

Göttner-Abendroth, Heide. *Die Göttin und ihr Heros*. Verlag Frauenoffensive, München, 1997.

Green, Miranda Jane. *Keltische Mythen*. Phillip Reclam jun. Verlag, Stuttgart, 1994.

Guyonvarch / Le Roux, Françoise: Die Hohen Feste der Kelten, Arun-Verlag Engerda 1997

Heinz, Sabine. *Symbole der Kelten*. Darmstadt, 1997.

Helwig, Wemer. *Die Waldschlacht. Eine Saga*. Verlag Jakob Hegner, Köln/Olten, 1959.

Herder Lexikon. *Germanische und keltische Mythologie*. Herder, Freiburg, 1982.

Herm, Gerhard. *Die Kelten. Das Volk, das aus dem Dunkel kam*. Rowohlt Verlag, Reinbek bei Harnburg, 1977.

Hill Elder, Isabell. *Celt, Druid and Culdee*. 1973.

Hope, Murry. *Magie und Mythologie der Kelten. Das rätselhafte Erbe einer Kultur*, Wilhelm Heyne, München, 1998.

Hopman, Ellen Evert. *Die Weisheit der Druiden. Magisches Heilwissen rund ums Jahr:* Falken, Niedernhausen, 1998.

Jacobi, Bernhard. *Als die Götter zahlreich waren. Frühkulturen der Menschheit*. Bastei Lübbe Verlag, Bergisch Gladbach, 1978.

Kircher, Bertram. *Das Buch vom Gral. Mythen, Legenden und Dichtungen um das größte Geheimnis des mittelalterlichen Abendlandes*. Wilhelm Heyne Verlag, München, 1989.

Kluge, Manfred. *Das Buch Merlin. Mythen, Legenden und Dichtungen um den Zauberer Merlin*. Wilhelm Heyne Verlag, München, 1989

Kruta, Vencelas und Forman, Werner. *Die Kelten. Die Herren des Westens*. Atlantis, Luzern/Herrsching, 1986.

Lehner, Thomas (Hg.). *Keltisches Bewußtsein. Wissenschaft.*

Musik. Poesie. Trikont-Dianus, München, 1985.

Lengyel, Lancelot. *Das geheime Wissen der Kelten*. Verlag Hermann Bauer, Freiburg i. Br., 1995.

Levine, Leah / Wallrath, Bertram: *Das keltische Baum-Tarot. Das Kartenset zum keltischen Baum-Horoskop. Geschichte-Rituale-Legungen*. Verlag Die Silberschnur, Neuwied 2004

Lincoln, Baigent, Leigh. *Der Heilige Gral und seine Erben. Ursprung und Gegenwart eines geheimen Ordens. Sein Wissen und seine Macht*. Gustav Lübbe, 1984.

Löpelmann, Martin. *Erinn. Keltische Sagen aus Irland*. Eugen Diederichs, Köln, 1977.

Lukan, *Der Bürgerkrieg*. Lateinisch und Deutsch von Georg Luck. Akademie Verlag, Berlin, 1985.

Lurker, Manfred. *Lexikon der Götter und Dämonen*. Alfred Kröner Verlag, Stuttgart,1989.

Macleod, Fiona. *Das ferne Land des Glanzes und des Schreckens. Naturmagische Geschichten der Inselkelten*. Edition Tramontane, Bad Münstereifel 1986.

Macleod, Fiona. *Iona*. J. Ch. Mellinger Verlag, Stuttgart, 1978.

Maier, Bernhard. *Lexikon der keltischen Religion und Kultur*. Alfred Kröner Verlag, Stuttgart, 1994.

Marcellinius, Ammianus. *Römische Geschichte. VierterTeil. Buch 26 - 31*. Akademie Verlag, Berlin, 1986.

Markale, Jean. *Die Druiden. Gesellschaft und Götter der Kelten*. Goldmann, München, 1989.

Markale, Jean. *Die keltische Frau. Mythos, Geschichte, soziale Stellung*. Dianus-Trikont, München, 1984.

Matthews, John. *Keltischer Schamanismus. Rituale, Symbole, Traditionen*. Eugen Diederichs, München, 1998.

Matthews, John und Caitlin. *Lexikon der keltischen Mythologie*. Wilhelm Heyne, München, 1994.

Messadie, Gerald. *Teufel, Satan Luzifer: Universalgeschichte des Bösen*. Eichborn, Frankfurt a. M., 1995.

Monaghan, Patricia. *Lexikon der Göttinnen*. O. W. Barth, 1997.

Monmouth, Geoffrey von. *Das Leben des Zauberers Merlin. Vita Merlini*. Castrum Peregrini Presse, Amsterdam, 1964.

Moreau, Jacques. *Große Kulturen der Frühzeit: Die Welt der Kelten*. Phaidon, Akademische/Athenaion. 1958-1966.

Müller-Lisowski, Käte (Hg.). *Irische Volksmärchen*. Eugen Diederichs, Köln, 1969.

Mythen der Menschheit. *Reise in die Anderswelt. Die Kelten*. Time-Life Books B. V. Amsterdam, 1997.

Nichols, Ross. *Das magische Wissen der Druiden. Tradition und Geschichte der keltischen Geheimlehre.* Wilhelm Heyne, München, 1998.

Ossian und die Kunst um 1800. Katalog der Ausstellung in der Hamburger Kunsthalle 9. Mai bis 23. Juni 1974. Prestel, 1974.

Patterson, Helena. *Keltische Astrologie.* Aus dem Englischen von Momo Edel. Verlag die Silberschnur, Neuwied, 1998.

Pennick, Nigel. *The Sacred World of the Celts. An Illustrated Guide to Celtic Spirituality and Mythology.* Thorsons / Harper Coltins Publishers, 1997.

Poeplau, Wolfgang. *Der Gott der Iren und der Kelten.* Pattloch Verlag, 1995.

Polybios. *Geschichte.* Gesamtausgabe in zwei Bänden. Eingeleitet und übertragen von Hans Drexler. Artemis-Verlag, Zürich/Stuttgart, 1961.

Powell, T. G. E. *Die Kelten.* Verlag der M. DuMont Schaubergschen Buchhandlung, Köln, 1959.

Ranke-Graves, Robert. *Die weiße Göttin. Sprache des Mythos.* Rowohlt, Reinbek bei Hamburg, 1985.

Royen, Rene von und Sunnya van der Vegt. *Asterix. Die ganze Wahrheit.* C. H. Beck Verlag, München, 1998.

San-Marte (d. i. Albert Schulz) (Hg.). *Die Sagen von Merlin.* Georg Olms Verlag, Hildesheim/NewYork, 1979.

Sharkey, John. *Die Keltische Welt. Religion und Gesellschaft.* Insel, Frankfurt a. M., 1982.

Sills-Fuchs, Martha. *Wiederkehr der Kelten.* Dianus-Trikont, München, 1983.

Staudte-Launer, Annalena. *Stichwort Kelten.* Wilhelm Heyne, München, 1997.

Sykes, Homer. *Celtic Britain.* Weidenfeld & Nicolson, London, 1997.

Tacitus, Publius Cornelius. *Die Annalen (Römische Geschichte von Augustus bis Nero).* Erläutert und übersetzt von Dr. Wilhelm Harendza. Steffen Verlag, Limburg-Lahn, 1951.

Tacitus. *Historien.* Heimeran Verlag, München, 1959.

Tolstoj, Nicolai. *Auf der Suche nach Merlin. Mythos und geschichtliche Wahrheit.* Eugen Diederichs Verlag, Köln, 1987.

Toulson, Shirley. *The Celtic Year: A Month-by-Month Celebration of Celtic Christian Festivals and Sites.* Element Books, Longmead, Dorset, 1993.

Untergegangene Kulturen. *Die Kelten: Europas Volk der Eisenzeit.* Time-Life Bücher, Amsterdam, 1995.

Villemarqué, *Bretonische Volkslieder:* Verlag der M. Dumont Schaubergschen Buchhandlung, Köln, 1959.

Vries, Ian de. *Heldenlied und Heldensage.* Francke, Bern / München,1961.

Vries, Ian de, *Keltische Religion.* Kohlhammer Verlag, Stuttgart, 1961.

Walker, Barbara G. *Das geheime Wissen der Frauen. Ein Lexikon.* Deutscher Taschenbuchverlag München, 1997.

Wallrath, Bertram (Hg.). *Das Buch Camelot. Sagen, Lieder und Geschichten von König Artus und den Rittern der Tafelrunde.* Knaur Taschenbuch, München, 1989.

Wallrath, Bertram: *Das echte keltische Baum-Horoskop,* Smaragd-Verlag Woldert

Wallrath, Bertram: *Das keltische Baum-Horoskop. Magie und Heilkunde der alten Druiden.* Smaragd-Verlag Woldert

Wallrath, Bertram: *Märchen zum keltischen Baum-Horoskop.* Smaragd-Verlag Woldert, 2002

Walton, Evangeline. *Die vier Zweige des Mabinogi.* Ernst Klett, Stuttgart 1979.

Wie sie damals lebten. Im Irland der Hochkönige. 400 - 1200 n. Chr., Time-Life Bücher, Amsterdam, 1998.

Young, Ella. *Keltische Mythologie.* Celtica I. + III. J. Ch. MellingerVerlag, Stuttgart,1977.

Glossar

Adomnán: Verfasser des *Lex innocentium* (697 n. Chr.)

Aeb: zweite Frau von König Lir

Aes Síde: Feenvolk, Bewohner der Anderswelt

Afangdu: Sohn der Ceridwen

Aífe: Amazone, Gegnerin Scáthachs, Mutter von Cuchulains Sohn Conlai

Ailill: Gatte der Königin Medb; Bruder des Hochkönigs Eochaid Airern

Alba: Schottland

Amatheon: Bruder von Gwydion und Arianrhod

Amergin: Druide der Milesier

Ammianus Marcellinus: römischer Historiker (4. Jh. v. Chr.)

Anderswelt: Sitz der Götter und Jenseits der Kelten

Aneírín: berühmter keltischer Barde

Angus: siehe *Oengus*

Annli: Sohn des Uisnech

Annwn: Name für die walisische Anderswelt

Anu: siehe *Dana*

Aoife: dritte Frau von König Lir; Stiefmutter der Kinder Lirs

Arawn: Herrscher der walisischen Unterwelt

Ardan: Sohn des Uisnech

Argentocoxos: keltische Fürstenfrau (3. Jh. n. Chr.)

Arianrhod: walisische Göttin

Aristoteles: griechischer Schriftsteller (384 - 322)

Athenaios: griechischer Schriftsteller (um 200 n. Chr.)

Augustus: römischer Kaiser, der den Druiden ihre Staatsrechte aberkannte

Avalon: möglicher Sitz der Anderswelt

Balor: einäugiger Riese der Fomorier

Banba: keltische Göttin, Verkörperung Irlands (»Mutter Irlands«)

bardocullus: »Bardenkapuze«; Nationaltracht der Gallier

Barzaz Breiz: angeblich gefälschtes bretonisches Nationalepos

Beli: keltischer Sonnengott

Beltane: Fest am 1. Mai

Blodeuwedd: künstlich aus Blüten geschaffene Frau; Gattin von Llew
Bluchbard: berühmter keltischer Barde
Boane: Flußgöttin, Mutter von Etain und Oengus
Bodhmhall: Druidin, zog Finn auf
Borrach: Barde
Boudicca: Königin der Icener (1. Jh. n. Chr.)
Bran: legendärer König von Wales
Brehon, Recht von: irisch-keltisches Rechtssystem aus dem 5. Jh. n. Chr.
Bress: König der Schlacht von Mag Tuired
Bri Leith: Midirs Reich in der Anderswelt
Bricriu: Unruhestifter aus dem Ulster-Zyklus
Brigantia: siehe *Brigit*
Brigid von Kildare: katholische Heilige
Brigit: keltische Göttin
brithem: keltischer Richter, Gesetzgeber, Botschafter
Buch der Einwanderungen (Eroberungen): siehe *Lebor Gablila Erenn*
Buinne: Sohn des Fergus
Caer Arianrhod: Schloß von Arianrhod
Cäsar: römischer Staatsmann und Schriftsteller, Verfasser des Werkes *De bello Gallico* (100 - 44 v. Chr.)
cainte: Barde mit der Macht des Spottes
Cairill: König von Ulster
Camma: Druidin, Frau des Sinatos
Caractacus: Keltischer Widerstandskämpfer (1. Jh. n. Chr.)
Cartimandua: Königin der Briganten (43-69 n. Chr.)
Cassius Dio: Historiker (* um 155 - +235 n. Chr.)
Cathbad: Druide
Celtoi: »Das verborgene Volk«; so nannten sich die Kelten selbst und so wurden sie von ihren Nachbarn genannt
Ceridwen: keltische Todesgöttin, Hüterin des Kessels der Wiedergeburt
Cernunnos: keltischer Hirschgott
Cessair: Urfrau, die erste Frau Irlands
Chatillon-sur-Seine: Fundort des Grabmals der Prinzessin von Vix
Chiomara: Frau des Häuptlings Ortagion
Cian: Sohn von Diancecht, Vater des Lug; berühmter keltischer Barde
Cimbaoth: Bruder von Hugh dem Roten, Gatte von Macha Mong Ruadh
coirbre: Barde, Spötter
Coligny-Kalender: gallischer Kalender
Conall Cernach: großer Held des Ulster-Zyklus
Conchobar mac Nessa: sagenhafter König von Ulster (ca. 1. Jh. n. Chr.)
Conlai: Sohn von Aífe und Cuchulain
Cormac, Glossar von: siehe *Glossar von Cormac*
Cormac: Hochkönig von Tara
Corona Borealis: Sternbild Nördliche Krone, Sitz des Schlosses v. Arianrhod
Crunnchu: Gatte der Macha
crutire: magische Harfenspieler
Cuchulain: größter Held des Ulster-Zyklus
Culann: Schmied
culdees: »Diener Gottes«, vermutlich frühere Druiden
Dagda: keltischer Gott
Dana: Große Göttin in Irland
Danae: siehe *Dana*
Danu: siehe *Dana*

Dare von Ulster: Besitzer des Stiers Don de Cuailgne

Dechtire: Mutter des Cuchulain

Deirdre: tragische Gestalt des Ulster-Zyklus; Gattin von Naoise

Deirdriu: siehe *Deirdre*

deogbaire: Druiden, Mundschenke

Diancecht: Gott der Heilkunde der Tuatha de Danann

Diarmaid: Sohn des Uisnech, Gatte von Grainne

Diodoros Siculus: griechischer Historiker (um 60 v. Chr. bis 20 n. Chr.)

Diokletian, Gaius Aurelius: römischer Kaiser (284 - 305 n. Chr.)

Dis Pater: keltischer Herr der Unterwelt

Dithorba: Bruder von Hugh dem Roten

Don de Cuailgne: brauner Stier des Dare von Ulster

Don: walisische Entsprechung Danas

Druiden: Priester

Dryaden: altgriechische Orakelpriesterinnen

Dylan: erster Sohn Arianrhods

Dyved: Königreich im Südwesten von Wales

Eire: Irland

Eithne: Tochter Balors, Mutter von Lug

Elcmar: Gatte von Boane

Elphin: Talisiens Herr

Emer: Gattin Cuchulains

Emuin Macha: Ort, an dem Macha mit ihren Zwillingen niederkam

Eoachaid Airern: Hochkönig, Gatte von Etain

Eochaid Ollathair: »der Vater aller«, Beiname Dagdas

Eochaid von Connacht: Hochkönig, Vater von Medb

Eogan: enthauptet die Söhne von Uisnech

Epona: keltische Pferdegöttin

Erinn: Irland

Eriu: Irland

Esus: keltischer Gott

Etain: Tochter von Boane und Dagda

Euhagen: siehe *Ovaten*

Excalibur: Schwert von König Artus

faith: auf die Kunst der Weissagung spezialisierte Druiden

Falias: legendäre Stadt im Norden

Fann: Frau aus der Anderswelt, Geliebte von Cuchulain

Fedelm: Gattin von Loegaire Buadach

Fergus: großer Held des Ulster-Zyklus

Festlandkelten: Kelten auf dem europäischen Kontinent

Fianna: Kriegerschar um Finn

Fidelma: Seherin

fili: Druiden

Findbennach »der Weißhörnige«: Stier von König Ailill

Findrias: legendäre Stadt im Osten

Finn: Anführer der Fianna

Finn-Zyklus: Sagenzyklus um Finn

Fionula: Tochter Lirs

Fir Bolg: dritte Eroberer Irlands

Fomorier: Ureinwohner Irlands

Foster, Harold: Erfinder von Prinz Eisenherz

Fuamnach: Gattin von Midir

Gallicanae: Bewohnerinnen d. Insel Sena

geis: Zauber, Tabu

Geoffrey of Monmouth: Erster Biograph des Zauberers Merlin

Gilvaethwy: Bruder von Gwydion und Arianrhod

Giraldus Cambrensis: Geschichtsschreiber im 12. Jh. n. Chr.

Glossar von Cormac: Kompendium altirischer Wörter aus dem 9. Jh. n. Chr.
Gnawl: Verehrer Rhiannons aus der Anderswelt
Goewin: jungfräuliche Fußhalterin von Math
Goibnu: walisischer Schmiedegott
Gorias: legendäre Stadt im Süden
Gorowny: Liebhaber von Blodeuwedd
Gorsedd: Versammlung der walisischen Kelten
Govannon: walisischer Schmiedegott, Bruder von Gwydion und Arianrhod
Grainne: Tochter von Cormac
gutater: siehe *Cainte*
Gwion Bach: wird als Taliesin wiedergeboren
Gwydion: Druide des walisischen Sagenkreises
Gwynedd: Wales
Hallstatt: Ausgrabungsstätte in Oberösterreich
Hannibal: Feldherr von Karthago
Havgan: Sonnengott, Widersacher Arawns
Hechtsprung: berühmter Sprung Cuchulains
Heilige Hochzeit: siehe *Hieros Gamos*
Hekataios von Milet (540 - 480 v. Chr.)
Hieros Gamos: Vereinigung des Königs mit der Göttin des Landes
Hu Hesus: siehe *Esus*
Hugh der Rote: Vater von Macha Mong Ruadh
Icener: keltischer Stamm im heutigen Norfolk
Ilan: Sohn des Fergus
Imbolc: Fest am 1. Februar zu Ehren der Göttin Brigid
Imbolg: siehe *Imbolc*
Insel Mona: siehe *Mona*
Insel Sena: siehe *Sena*
Inselkelten: Kelten in Irland und Großbritannien
Joseph von Arimathea: angeblich der Begründer des britischen Christentums
Jupiter: oberster römischer Gott
Keltomanie: Keltenbegeisterung i. 19. Jh.
Kessel des Dagda: Geschenk der Tuatha de Danann
Kildare: Ort in Irland, Abtei der Hl. Brigit und Stätte ihres Feuers
Kivga: Gattin Pryderis
La Tène: Ausgrabungsstätte i. d. Schweiz
Lailoken: historisches Vorbild des Zauberers Merlin
Lámfadha: »der Langarmige«, Beiname von Lug
Lebor Gabaála Érenn: Buch der Einwanderungen
Leborcham: Amme von Deirdre
Lennabair: Gattin von Conall Cernach
Lex innocentium: Gesetz zum Schutz der Frauen im Krieg (697 n. Chr.)
Lia Fál, Stein von: siehe *Stein von Fál*
Liaig: Druiden, Ärzte und Chirurgen
Lir: König der irischen Sage
Livius: (um 59 v. - 17 n. Chr.) römischer Historiker
Llew Llaw Gyffes: zweiter Sohn Arianrhods
Llyr: walisischer Gott und Sagenheld
Loegaire Buadach: großer Held des Ulster-Zyklus
Loukianos: Geschichtsschreiber (um 115 - 180 n. Chr.)
Lucan: römischer Dichter (39 - 65)

Lug Samildanach: irisch-keltischer Gott
Lugnasad: »die Hochzeit des Lug«, Jahresfest der Kelten am 1. August
Mabinogi(on): walisischer Sagenkreis
Macha Mong Ruadh: historische Königin Irlands (377 - 331 v. Chr.)
Macha Rothaar: siehe *Macha Mong Ruadh*
Macha: Entfaltung der großen Göttin; Gattin von Nemed
Macpherson, James: Entdecker des *Ossian*
Maelgwns: walisischer König
Maeve: siehe *Medb*
Mag Tuired: legendäre Schlacht
Manannán: irischer Meeresgott
Manawyddan: walisischer Meeresgott; zweiter Gatte Rhiannons
Mars: römischer Gott
Math: Fürst von Gwynedd
Matholwch: legendärer König von Irland
Matres: Abbildung der dreifachen Muttergöttin
McLeod, Fiona: (alias William Sharp) gälische Dichterin
Medb von Leinster: Verkörperung der großen Göttin; Königin, Tochter von Eochaid von Connacht
Mela, Pomponius: römischer Geschichtsschreiber (um die Mitte des 1. Jh. n. Chr.)
Mercurius: römisch-keltischer Gott
Merkur: römischer Gott
Merlin: Zauberer der Artuslegenden
mesrad machae: Pfähle, auf welche die abgeschlagenen Häupter der Feinde aufgespießt wurden
Midir: Fürst der Anderswelt; Gatte von Fuamnach und Etain
Mile: Anführer der fünften Gruppe von Eroberern Irlands
Milesier: fünftes Einwanderungsvolk in Irland
Miluc: Druide
Miraculix: Druide aus den Asterix-Comics
Modron: walisische Muttergöttin
Mog Ruith: Druide
Mona: Insel in Anglesey, Druidenzentrum
Monmouth, Geoffrey von: siehe *Geoffrey von Monmouth*
Morgan die Fee: Nachfolgerin Arianrhods in den Artuslegenden
Morganwg, Iolo: (alias Edward Williams) Amateurforscher über die Kelten
Morrigan: irische Kriegsgöttin, Erscheinungsform der großen Göttin Morrigna
Morrigna: die große, zerstörerische Göttin
Murias: legendäre Stadt im Westen
Myrddin: siehe *Lailaken*
Mythologischer Zyklus: Sagen um die Tuatha de Danann
Naoise: Sohn des Uisnech, Gatte Deirdres
Nechta: Flußgöttin
Nemed: Anführer des zweiten mythologischen Eroberungsvolkes Irlands
Nessa: Mutter von Conchobar
Niamh Goldhaar: Frau aus der Anderswelt, heiratete den Sterblichen Oisin
Norikum: Königreich der Kelten
Norsen: Völker des Nordens
Nuada: König der Tuatha de Danann
Oengus: jugendlicher Liebesgott; Ziehvater von Diarmaid, Sohn von Dagda
Ogham-Schrift: keltische Geheimschrift

Ogma: keltischer Gott der Beredsamkeit

Oisin: Sohn Finns, Gatte von Niamh Goldhaar

Oliver Cromwell: Eroberer Irlands 1649

Oílam: Dichter des neunten Grades

Onomaris: keltische Stammesfürstin in Gallien

Ortagion: Häuptling der Tolisobii, Gatte von Chiomara Oskar: Sohn von Oisin

Ossian: Homer des Nordens

Ovaten: keltische Seher und Wahrsager

Partholon: mythischer Anführer der ersten Invasion Irlands

Patrick: bekehrte Irland zum Christentum

Plinius der Ältere: römischer Offizier und Naturforscher (23 oder 24 - 79 n. Chr.)

Polybios: griechischer Historiker (um 120 n. Chr.)

Pomponius Mela: siehe Mela, Pomponius

Poseidonios: stoischer Philosoph (um 135 - 51 v. Chr.)

Prasutagus: Gatte von Boudicca

Prinzessin von Vix: keltische Stammesfürstin; ihr Grab wurde in Chatillon-sur Seine entdeckt

Pryderi: Sohn von Rhiannon und Pwyll

Pwyll: König von Dyved, Gatte von Rhiannon

Recht von Brehon: siehe *Brehon*

Rhiannon: walisische (Pferde-)Göttin

Rigani: keltische Göttin

Rigatona: siehe *Rhiannon* und *Rigani*

Rinderraub von Cuailgne: siehe *Cuailgne*

Rosmerta: keltische Göttin, Gefährtin von Mercurius

Ruad Rofessa: »Herr großen Wissens«, Beiname des Gottes Dagda

Samhain: Neujahr der Kelten am 1. November

Samildanach: Beiname von Lug, »Herr aller Künste«

Scáthach: sagenhafte Amazone aus dem Ulster-Zyklus

Scelaige: Druide, Kenner und Bewahrer der Epen und Mythen

Schwert von Nuada: Geschenk der Tuatha de Danann

Sena: Insel der Gallicenae (heiligen Jungfrauen)

sencha: Barde/Geschichtsschreiber; Druide

Sequona: Göttin der Seine

Setanta: erster Name Cuchulains

Sharp, William: siehe *McLeod, Fiona*

Síde: Feen

Sinatos: Gatte der Camma

Sinorix: Mörder von Sinatos

Smertulus: keltischer Held

Speer des Lug: Geschenk der Tuatha de Danann

Stein von Fál: Geschenk der Tuatha de Danann

Strabon: römischer Geograph (um 64 v. Chr. - 23 n. Chr.)

Suetonius Paulinus: römischer Statthalter, besiegte Boudicca im 1. Jh. n. Chr.

Suibne: Bardenkönig

Tacitus, Comelius: römischer Historiker (um 55 – 115 n. Chr.)

Taíltiu: Amme Lugs

Talhaem: berühmter keltischer Barde

Taliesin: berühmtester keltische Barde

Tara: Mitte Irlands, Sitz des Hochkönigs

Taranis: keltischer Gott

Terra Mater: Große Göttin

Teutates: keltischer Gott

Teymon: Ziehvater von Pryderis

Tiberius: römischer Kaiser, ließ die Druiden ächten und verfolgen

TIr Nan Og: »Land der Jugend« bzw. »Insel der Seligen«, Bezeichnung für die Anderswelt

Tolisoboii: keltischer Stamm

Tolkien, J. R. R.: Verfasser von *Der* Herr *der Ringe*

Tuan: Zeuge der fünf mythischen Eroberungen Irlands

tuath: Häuptling eines Stammes

Tuatha de Danann: »Kinder der Danu«, irisches Göttergeschlecht

Uathach: Tochter Sccáhachs

Uisnech: Vater von Naoise, Ardan und Annli

Ulad: Ort der Jahresversammlung

Ulster-Zyklus: Sagenkreis um König Conchobar

Vellocatos: Geliebter von Cartimandua

Venutios: Gatte von Cartimandua

Verba Scáthaige: Geschichte der Scáthach

Villemarques de, Hersart: Verfasser der *Barzaz Breiz*

Danksagung

Dies ist ein Buch aus dem KulturGut Alte Schmiede. Das Buch, welches uns sehr am Herzen lag, wurde von uns für die Jahrtausendwende geschrieben. Im Jahre 2000 erschien es dann in einer vom Lektorat (welches diesen Namen nun wirklich nicht verdiente) zu verantwortenden fehlerhaften und entstellten Form und unter einem unsinnigen Titel im Ansata-Verlag. Glücklicherweise nahm der damalige Verlagsleiter Eckart Graf den Titel nach wenigen Monaten aus dem Programm. Dafür sind wir ihm heute noch dankbar.

Nun freuen wir uns natürlich, daß der Verleger Andreas Lentz uns in seinem Verlag die Möglichkeit gegeben hat, dem Buch einen angemessenen Platz in seinem Programm einzuräumen. In diesem Programmumfeld und dank der einfühlsamen Gestaltung von Fred Hageneder wird dieses Buch sicher die Resonanz finden, die ihm laut dem Urteil vieler Leser zusteht. Dafür möchten wir Andreas Lentz ganz besonders danken.

Index

Eligio Stephen Gallegos

Little Ed und seine Reise zu den Tieren der Kraft

Eine indianische Einweihung

Diese bewegende Geschichte schildert, wie Little Ed lernt, einen Totempfahl zu schnitzen. Dabei führt ihn sein Meister behutsam nach innen, wo der Schüler seine ureigenen Totemtiere in den Chakrazentren findet. Im aktiven Erleben seiner geistigen Bilder lernt Little Ed, mit den Chakra-Tieren zu sprechen, und erfährt durch sie Transformation, Heilung und Wissen. Dieses Buch ist ein wirkliches Kleinod, in seiner Ausstrahlung und Liebenswürdigkeit vielleicht sogar mit »Der kleine Prinz« vergleichbar.

Paperback, 160 Seiten, 14,5, x 20,5 cm

ISBN 3-89060-028-X

David Ashworth

Tanz mit dem Teufel?

Das Dunkle in der Lichtarbeit

Ein Selbstschutzbuch für Reiki-Praktiker, Heiler und Therapeuten

David Ashworth, ein erfahrener Heiler, Lichtarbeiter und Reiki-Meister, zeigt an vielen Beispielen aus seiner Praxis, daß Lichtenergie dunkle Kräfte anzieht, die ernstzunehmende Probleme verursachen können. »Tanz mit dem Teufel?« handelt davon, wie man heilt; es geht um übersinnliche Angriffe und darum, wie man sich gegen sie wehrt; um Reiki, die Chakren und die feinstofflichen Körper und um die Verantwortung, die all jene haben, die mit Energien arbeiten, denn: »Energie folgt dem Denken.«

Pb., 320 Seiten, ISBN 3-89060-067-0

Steven Ash
Heiliges Trommeln im Medizinrad
Rituale und Zeremonien mit der Trommel

Die Trommel gilt den Schamanen als Brücke in die Welt der Geister. »Heiliges Trommeln im Medizinrad« beschreibt, wie man dieses Instrument bei Zeremonien und Ritualen einsetzt – lebendig in seiner Sprache, ästhetisch und anschaulich durch seine Bilder. Eine CD mit Trommelmusik für Trancen, Meditationen und Heilungen zum Zuhören oder zum Mitspielen ergänzt dieses Buch, das uns alle dazu einlädt, mit Hilfe der Trommel geistige Dimensionen zu erkunden.

Pb., 144 Seiten durchgehend farbig, mit CD (60 Minuten)
ISBN 3-89060-066-2

Fred Hageneder
Geist der Bäume
Eine ganzheitliche Sicht ihres unerkannten Wesens

Im vorchristlichen Europa wie in allen anderen Teilen der Welt wurde die ganze Erde als ein atmendes Wesen gesehen, erfüllt von sichtbaren und unsichtbaren Lebensformen. Bäume waren in dieser heiligen Landschaft hochangesehene Pforten der Einweihung. Die Kraft und Energie heiliger Haine und einzelstehender alter Bäume half den Kelten, Germanen, Römern und Griechen, aber auch schon den Menschen der Bronzezeit und der Jüngeren Steinzeit, die Grenzen ihres Bewußtseins zu erweitern und Kontakt mit dem Unsichtbaren aufzunehmen.

3. erweiterte Auflage. Gebunden mit Schutzumschlag, 416 Seiten, 17 x 24 cm, reich illustriert, viele Farbabbildungen
ISBN 3-89060-472-2